Heike Lettner

Wenn Menschen töten

Heike Lettner

Wenn Menschen TÖTEN

Steckt in jedem von uns ein Mörder?

Bildrechte Autorenfoto: © Clemens Haller, 2012
Bildrechte Umschlag: © Jens Hilberger, © Fotokon – Fotolia.com

Alle Rechte, insbesondere das Recht der Vervielfältigung und Verbreitung sowie der Übersetzung, vorbehalten. Kein Teil des Werks darf in irgendeiner Form (durch Fotokopie, Mikrofilm oder ein anderes Verfahren) ohne schriftliche Genehmigung des Verlags reproduziert werden oder unter Verwendung elektronischer Systeme gespeichert, verarbeitet, vervielfältigt oder verbreitet werden.

Die Beispielfälle verstehen sich als typische Fallgestaltungen, die auf jahrelanger Erfahrung der Autorin beruhen, es handelt sich nicht um reale Patientenfälle. Alle Namen sind frei erfunden. Ähnlichkeiten oder Übereinstimmungen mit Namen lebender Personen sind rein zufällig.

Die Autorin und der Verlag haben dieses Werk mit höchster Sorgfalt erstellt. Dennoch ist eine Haftung des Verlags oder der Autorin ausgeschlossen. Die im Buch wiedergegebenen Aussagen spiegeln die Meinung der Autorin wider und müssen nicht zwingend mit den Ansichten des Verlags übereinstimmen.

Der einfacheren Lesbarkeit halber wird die männliche und weibliche Person im Text abwechselnd verwendet. Sofern es im Text nicht ausdrücklich anders angeführt ist, beziehen sich diese Erwähnungen jeweils auf beide Geschlechter.

Der Verlag und seine Autorin sind für Reaktionen, Hinweise oder Meinungen dankbar. Bitte wenden Sie sich diesbezüglich an verlag@goldegg-verlag.at.

ISBN Print: 978-3-902729-55-2
ISBN E-Book: 978-3-902729-56-9

© 2012 Goldegg Verlag GmbH, Wien
Mommsengasse 4/2 • A-1040 Wien
Telefon: +43 (0) 1 5054376-0
E-Mail: office@goldegg-verlag.com
http://www.goldegg-verlag.com
Herstellung: Goldegg Verlag GmbH, Wien
Druck: CPI Moravia Books

Vorwort

Tagtäglich lesen wir in den Zeitungen über Gewalttaten, sehen Berichte im Fernsehen. Sei es in anderen Ländern oder in unserer unmittelbaren Nachbarschaft: Es scheint, als passierten überall und rund um die Uhr immer grausamere Gewaltverbrechen – als würden Naturkatastrophen, Finanzkrisen und andere erschütternde Meldungen nicht reichen. Erst kürzlich erschien die Statistik über Gewaltverbrechen in Österreich für 2011: 174 Morde wurde begangen, im Jahr 2008 waren es noch 103. Eine stattliche Steigerung.

Warum also dieser täglich über uns hereinbrechenden Flut an Informationen noch ein Buch hinzufügen? Weil Gewalt und das, wozu Menschen fähig sind, trotz allem faszinierende Themen sind. Weil wir diese Geschichten ganz einfach gerne lesen. Sie sind spannend, anziehend und abstoßend zugleich. Wir sind froh, dass es uns nicht selbst erwischt hat, ganz gleichgültig, um welche Katastrophe es geht. Erdbeben gibt es bei uns zum Glück kaum, aber wir können den Blick nicht vom Fernseher wenden, wenn die Spürhunde über die Trümmer laufen. Tropenstürme kommen in unseren Breitengraden auch nicht vor, vielleicht sind wir gerade deshalb so gefesselt von den Bildern der Zerstörung in den Medien.

Genauso geht es uns mit Mord und Totschlag. Gott sei Dank ist der Großteil von uns damit noch nie persönlich konfrontiert worden. Es ist kaum vorstellbar, einen geliebten Menschen oder Bekannten durch ein Gewaltdelikt zu verlieren. Wie muss es sein, wenn spätnachts plötzlich die Polizei vor der Tür steht und mitteilt, dass sie leider schlechte Nachrichten überbringen muss? Wie ist das Gefühl, wenn das Telefon klingelt und am anderen Ende ein Krankenhausmitarbeiter sagt, man solle doch bitte schnell kommen, weil der Sohn, der Mann, die Mutter es vielleicht nicht mehr lange schafft.

Aber trotz des Mitgefühls, das wir für die Opfer empfinden und trotz all des Schreckens und des Leids, die Gewalttaten begleiten, sind wir auf eigenartige Weise auch davon fasziniert! Wir wollen alles darüber wissen: Wer, wann, was, wo, welche Waffe wurde verwendet, wie oft wurde geschossen oder zugestochen? Wir wollen Aussagen der Nachbarn hören, die ganz entsetzt sind, dass „so etwas" passieren konnte. Niemals hätte man sich das gedacht, „er war doch immer so freundlich und nett". Ich schreibe hier übrigens bewusst „er", weil Gewalt, wie wir auch im Zuge dieses Buches noch sehen werden, hauptsächlich männlich ist. Mit Gewalt meine ich in diesem Zusammenhang hauptsächlich häusliche Gewalt. Wir werden in einem späteren Kapitel noch näher darauf eingehen. Es ist mir natürlich durchaus bewusst, dass auch Frauen Gewalt ausüben und Morde begehen.

Die Gründe, warum uns dieses Thema so sehr fasziniert, mögen vielfältig sein. Vielleicht sind wir einfach nur neugierig und können nicht fassen, wozu Menschen fähig sind. Vielleicht aber fürchten wir uns vor bösen Anteilen, die in uns verborgen sind, die wir manchmal gerne ausleben würden. Vielleicht sind wir deshalb so fasziniert, weil wir uns absolut sicher fühlen, dass uns „so etwas" niemals passieren wird: Wir werden niemals Gewalt anwenden und wir werden niemals Opfer sein. Vielleicht ist es aber auch nur die Flut an Informationen, die dazu führt, dass wir nur mehr das Grausamste und Abstoßendste wahrnehmen, alles andere ist langweilig.

Die Frage, die sich jedenfalls stellt, ist: Könnten wir auch auf der „anderen Seite" landen? Könnten wir jemanden töten? *Steckt in jedem von uns ein Mörder?*

Natürlich hat jeder von uns schon einmal gesagt: „Ich hätte ihn (oder sie) umbringen können!", wenn wir uns über jemanden geärgert haben. Bei bestimmten Fällen von Selbstjustiz, wie zum Beispiel im Fall Marianne Bachmeier, der uns später noch begegnen wird, bringen wir vielleicht sogar Verständnis für die Tat auf. Ein Mann, der kleine Kinder missbraucht oder tötet, hat es „nicht verdient zu leben. Der soll nicht auch noch auf unsere Kosten ein gemütliches und versorgtes Leben im Gefängnis haben." Könnten Sie, liebe Leserinnen und Leser, jemandem das Leben nehmen? Könnten Sie abdrücken oder zustechen oder jemanden mit bloßen Händen erwürgen?

Ich behaupte: Ja, Sie könnten es und ich ebenso! Damit will ich natürlich nicht sagen, dass wir alle gefühllose Psychopathen sind, die mordend durch die Welt ziehen. Aber wir haben die Anlagen zu Gewalttätigkeit in uns, biologisch, genetisch und auch sozial. Haben wir Todesangst, werden wir selbst oder jemand, den wir kennen und lieben, bedroht, so bin ich der Überzeugung, dass jeder von uns bis zum Äußersten gehen könnte.

Dieses Buch soll versuchen, die Hintergründe genauer zu beleuchten. Wieso kann es passieren, dass Menschen töten? Was treibt sie dazu? Könnte es verhindert werden? Wenn ja, wie?

Es soll in diesem Buch nicht darum gehen, Entschuldigungen zu finden für Menschen, die getötet haben. Ich möchte versuchen die Hintergründe verständlicher zu machen und aufzuzeigen, wie es zu solch einer Eskalation von Gewalt kommen kann.

In meiner früheren beruflichen Praxis hatte ich mit schwer persönlichkeitsgestörten Menschen zu tun, die zum Teil unfassbare Straftaten begangen haben. In den Gesprächen mit ihnen dachte ich mir sehr oft, dass es viele Momente in ihrem Leben gegeben hat, an denen andere hätten eingreifen können. Hätte es einen aufmerksamen Lehrer, eine mitfühlende Verwandte gegeben, wäre vieles vielleicht nicht passiert.

Während meiner Tätigkeit im Asylbereich habe ich dann die andere Seite, nämlich die der Opfer, kennengelernt. Was macht es mit einer Frau, wenn sie vergewaltigt wurde? Was passiert mit einem Mann, der wochenlang gefoltert wurde? In meiner aktuellen beruflichen Praxis habe ich ebenfalls mit Straftätern zu tun. Mit solchen, die an seelischen Störungen höheren Grades leiden, wie es unser Gesetzgeber so schön ausdrückt. Auch hier denke ich oft, dass es auf den Lebenswegen meiner Klienten immer wieder Kreuzungen gegeben hat, an denen ein Abbiegen in eine andere Richtung viel Leid verhindert hätte.

Sehen wir uns nun aber an, was auf den nächsten Seiten auf Sie, liebe Leserinnen und Leser, wartet.

In *Kapitel I* beschäftigen wir uns zu Beginn mit einigen Begriffen und Definitionen von Mord, Gewalt und Aggression wie Serienmord, Amoklauf, Stalking oder Ehrenmord. Einige davon werden vor allem in den Medien leider immer wieder falsch verwendet.

Wir befassen uns auch mit unserem Gehirn – einem enorm wichtigen, interessanten und faszinierenden Organ, ohne das rein gar nichts bei uns abläuft. Daher ist es unerlässlich, auch wenn es nach langweiligem Biologieunterricht klingt, sich mit der Anatomie und den Funktionen unseres Gehirns näher auseinanderzusetzen. Ich halte dieses Kapitel so leicht verständlich und interessant wie möglich und möchte Sie die Faszination, die mich während der Recherche zu diesem Kapitel gepackt hat, spüren lassen.

Dann befassen wir uns damit, welche Hemmungen es bezüglich Gewalt und Aggression gibt. Gibt es diese überhaupt? Welche Mechanismen können verhindern, dass jemand zu Schaden kommt, verletzt oder getötet wird?

In *Kapitel II* gebe ich einen Überblick darüber, wie Gewalt entstehen kann. Sind es Erlebnisse in der Kindheit, ist es die Genetik, die Umwelt, die gewalttätig werden lassen? Oder ist es doch eine Mischung aus allem?

Wir beschäftigen uns mit dem Lernen am Modell, mit Bewältigungsstrategien und mit einem Phänomen, das sich Resilienz nennt. Es beschreibt die Fähigkeit, trotz widrigster Umstände etwas aus sich und seinem Leben machen zu können.

Auch mit den verschiedenen Formen von Gewalt setzen wir uns auseinander – männliche, weibliche und jugendliche Gewalt. Erstere und Letztere begegnet uns fast täglich in den Medien. Zweitere tritt sehr viel seltener auf, ist aber oft genauso grausam und erschüttert uns daher umso mehr.

Wie schon in Kapitel I treffen wir immer wieder auf jene Rolle, die unser Gehirn spielt. Was geht darin vor? Kann man gewisse Verhaltensweisen in Gehirnaktivitäten wiederfinden und sie so erklären? Wir werden sehen! Hoch interessante Fallbeispiele zeigen dabei konkret, was in unserem Gehirn wirklich passiert.

In der Folge stelle ich Ihnen noch zwei sehr berühmte und in die Forschungsgeschichte eingegangene Experimente vor: das Stanford Prison Experiment von Philip Zimbardo und die Gehorsamsstudien von Stanley Milgram. Beide Experimente fragen sich, wie es zu gewalttätigem Verhalten kommen kann, gehen aber aus unterschiedlichen Perspektiven an das Problem heran. Lassen Sie sich beim Lesen auf eine kleine Zeitreise entführen.

Zu guter Letzt widmen wir uns in Kapitel II noch den besonders extremen Ausprägungen von Gewalt. Zum einen ist das die Folter. Sie wird seit Menschengedenken angewandt, um Informationen zu erhalten, um Geständnisse zu erzwingen, um zu bestrafen und um zu töten. Sie ist ein Kriegsmittel geworden, um den Gegner zu zermürben.

Aber Folter wird auch von Einzeltätern im Rahmen von Straftaten angewendet, dann freilich mit ganz anderen Zielen: der Befriedigung der eigenen Bedürfnisse nach Sex, Macht oder Überlegenheit.

Zu Beginn von *Kapitel III* fragen wir uns, was denn eigentlich „normal" ist. Wir sehen uns verschiedenste Normen an, statistische, gesellschaftliche und ideelle. Dann beschäftigen wir uns kurz mit den Gesetzen, die die Rahmenbedingungen dafür abstecken, was erlaubt und was verboten ist. Und außerdem bekommen Sie in diesem Kapitel wichtige Grundinformationen, um sich dem folgenden Thema über geistig abnorme Rechtsbrecher zuwenden zu können. Dazu passend gibt es noch Ausführliches zu Krankheiten aus dem schizophrenen Formenkreis und zu Psychopathie.

In der Folge betrachten wir einige Exemplare der wohl berüchtigtsten Gruppe von Tätern näher: Serienmörder. Sie sind es, die besonders faszinieren und gleichzeitig abstoßen. Sie sind es auch, die von vielen Wissenschaftern, vor allem in den USA, erforscht werden. Auch damit werden wir uns näher befassen und sehen, ob man denn das Böse messen kann.

Am Schluss wollen wir uns noch mit der Frage auseinandersetzen, ob man Gewalttäter eigentlich behandeln kann. Und wenn ja, wie und womit.

Ein ganz persönliches Anliegen war es für mich, das letzte Kapitel in diesem Buch zu schreiben: jenes über die Opfer und Überlebenden von Gewaltverbrechen. So „faszinierend" Berichte über Mord und Totschlag sein mögen, es darf nicht vergessen werden, dass hinter jeder Schlagzeile auch unfassbar tragische persönliche Schicksale der Opfer und ihrer Angehörigen stehen.

Warum habe ich mich auf dieses „Abenteuer Buch" eingelassen? Eine gute Frage! Weil mich das Thema schon seit sehr langer Zeit interessiert und beschäftigt. Weil ich seit vielen Jahren beruflich damit zu tun habe. Weil ich aus persönlicher Erfahrung weiß, wie viele Missverständnisse, Fehlinformationen und Vorurteile es gibt. Und weil ich ein abenteuerlicher Mensch bin, der auch gerne mal etwas Neues ausprobiert, wie zum Beispiel ein Buch zu schreiben!

Ich hoffe, es gelingt mir, Sie zu faszinieren, Ihnen Neues zu erzählen und Ihnen einen anderen Zugang zu einem höchst spannenden und zutiefst menschlichen Thema zu vermitteln.

Heike Lettner

Inhaltsverzeichnis

Vorwort 5

I. Wenn Menschen töten 15
1. Steckt in jedem von uns ein Mörder? 15
   Ich beobachte dich – und vielleicht mehr 15
   Wenn Liebe zu Hass wird 33
   Bei meiner Ehre … 38
   Ich töte … 49
   Und keiner hat etwas bemerkt … 68
2. Wie kann *das* passieren? 76
   Das Gehirn – ein unbekanntes Land 76
   Aggressionen und Gewalt 85
3. Welche Hemmschwellen gibt es? 98
   Warum Menschen nicht töten 98
   Wer bringt uns das Töten bei? 101

II. Die Spirale der Gewalt 103
4. Wie fängt Gewalt an? 103
   Von Anfang an im Abseits? 104
   Die Spirale der Gewalt beginnt sich früh zu drehen . 114
5. Formen der Gewalt 119
   Männliche Gewalt – der ganz normale Wahnsinn ... 119
   Weibliche Gewalt – selten, aber doch 123
   Jugendliche Gewalt – eine Zeitbombe? 134
6. Die Faszination der Gewalt 158
   Das Gefängnis im Keller 158
   Der moralische Kompass 163
7. Macht und Gewalt – das Böse im Spiegel 170
   Es ist doch nur ein kleiner Stromschlag … 170
   Wie weit würden Sie gehen? 173
8. Folter als extreme Gewaltform 179
   Folter als Kriegsmittel 179
   Mr. Serienkiller – Folter im Zusammenhang mit Straftaten 193

III. Abnorme Taten 202
9. Was ist „normal"? 202
10. Was sind abnorme Rechtsbrecher? 213
    Ed Gein – unheimliche Inspiration? 215
    Armer Kranker, armer Irrer oder gefährliches Monster? 218
    Schizophrenie – wenn die Welt ver-rückt 220
    Die sogenannten Psychopathen 236
    Therapie oder nicht Therapie – das ist hier die Frage! 253
11. Kaum nachvollziehbar: Serienmorde 262
    Spitzname: Coast to Coast Killer – Tommy Lynn Sells 262
    Kann man das Böse messen? 265
12. Ich will, dass du leidest! 274
    David Parker Ray und die Toy Box 274
    Gary Heidnick – nenn' mich Papa 277
    Formel für Psychopathen? 279

IV. Täter und Opfer 283
13. Kann man Gewalttäter behandeln? 283
14. Die Opfer nicht vergessen! 294

V. Anhang 299
Beratungsstellen 299
Quellen 300

I. Wenn Menschen töten

1. Steckt in jedem von uns ein Mörder?

Eifersuchts- und Beziehungsdramen, die mit dem Tod eines Beteiligten enden, Totschlag im Affekt, geplanter Mord, kaum nachzuvollziehende Amokläufe, Massen- und Serienmorde – all dessen sind Menschen fähig. Oft scheinen diese Taten geradezu vorhersagbar: „Der landet sicher einmal im Gefängnis." Doch immer wieder überraschen auch jene Menschen mit Gewaltexzessen, von denen Angehörige und Nachbarn dies nie vermutet hätten.

Kann also aus jedem von uns unter bestimmten Voraussetzungen ein Mörder werden? Sind wir alle des Tötens fähig?

„Ich bringe Dich um!" – Wie rasch ist ein solcher Satz gesagt. Was aber muss passieren, damit er Wirklichkeit wird?

Ich beobachte dich – und vielleicht mehr

> Every breath you take
> Every move you make
> Every bond you break
> Every step you take
> I'll be watching you ...
> (The Police)

Diese Passage aus dem Lied „Every breath you take" der Gruppe „Police" möchte man für wunderschöne Zeilen eines Liebesliedes halten. „Jeden deiner Atemzüge, jede deiner Bewegungen, jeden deiner Schritte – ich sehe alles, ich sehe dich." Tatsächlich handelt es sich dabei aber um ein Lied über Stalking. „I'll be watching you" meint also nicht gut gemeinte Fürsorge, damit der Geliebten nichts passiert. Es bedeutet Überwachung im Sinne von einer eher beunruhigenden Botschaft: „Ich sehe alles, was du tust, ich weiß, wann du wo und mit wem bist."

Das Thema „Stalking" scheint mir ein guter Einstieg zum Thema Gewalt und Töten zu sein. Hinter anfangs vielleicht harmlos scheinenden Taten, die keiner ernst nimmt, verbirgt sich das Potenzial zu weitaus mehr. Schlagartig gerät das Opfer in einen Strudel bedrohlicher Ereignisse, aus dem es manchmal kein Entkommen gibt. Und keiner kann sicher sein, nicht selbst einmal Opfer zu werden und vielleicht auch Täter ...

Petra – die gejagte Frau
Eine junge Frau, nennen wir sie Petra, lebt in einer größeren Stadt und studiert. Sie ist eine lebenslustige, hübsche, junge Frau Anfang zwanzig, die ihr Studentinnendasein in vollen Zügen genießt, ihr Studium aber sehr ernst nimmt. Wie viele junge Menschen in diesem Alter möchte sie es bald abschließen, ihr eigenes Geld verdienen und von zu Hause ausziehen.

In einer der Vorlesungen, die sie besucht, befindet sich auch ein junger Mann, wir wollen ihn Wolfgang nennen, der sich auf den ersten Blick in Petra verliebt. Immer wieder sehen sie sich über die Sitzreihen hinweg lange in die Augen, Petra lächelt Wolfgang an, auch sie hat sich verliebt. So geht es über ein paar Wochen, Wolfgang schwebt auf Wolke sieben, obwohl er noch kein Wort mit seiner Angebeteten gewechselt hat. Er ist davon überzeugt, dass sie ihn ebenso liebt wie er sie und dass sie schon bald eine glückliche Beziehung haben werden. Das Dumme an der ganzen Sache ist nur, dass Petra von Wolfgangs Existenz gar nichts weiß. Sie hat ihn in der völlig überfüllten Vorlesung noch nie bemerkt, geschweige denn ihn angelächelt. All diese Geschehnisse sind nur in Wolfgangs Kopf passiert. Er weiß inzwischen, wo Petra wohnt. Immer wieder hat er sie auf ihrem Nachhauseweg verfolgt. Er weiß auch, dass sie einen Bruder hat, einen Hund und natürlich Eltern. Wolfgangs Verhalten ist relativ ungefährlich, Petra hat bisher noch nicht bemerkt, dass sie einen so hartnäckigen „Verehrer" hat. Bis zu dem Tag, an dem er herausfindet, dass Petra einen Freund hat. Dieser ist gutaussehend und fährt ein großes Auto. Wolfgang versteht die Welt nicht mehr, wie kann das sein? Petra und ihm ist doch ein schönes gemeinsames Leben vorherbestimmt, mit einer prachtvollen Hochzeit, Kindern und einem Haus mit Garten.

Er beginnt Briefe an sie zu verfassen. Darin beschreibt er seine Träume und will von ihr wissen, wieso sie mit einem anderen Mann zusammen ist. Petra geht mit diesen Briefen zur Polizei. Sie hat keine Ahnung, wer Wolfgang ist, woher er sie kennt. Aber die Briefe machen ihr Angst. Die Polizei erklärt ihr, dass sie nicht viel tun könne, es sei ja auch noch nichts passiert.

Eines Tages taucht Wolfgang dann vor Petras Wohnung auf. Er wartet, bis sie nach Hause kommt, bedrängt sie, stellt sie zur Rede. Gott sei Dank ist Petras Bruder zu Hause, er ruft die Polizei, die Wolfgang mitnimmt. Doch die Polizei kann ihm auch diesmal nicht wirklich etwas anlasten. Er ist nicht in die Wohnung eingedrungen und hat Petra nicht verletzt. Sie müssen ihn laufen lassen. Wolfgang hat aber mit seinem Verhalten eine Grenze überschritten, das Anhimmeln aus der Ferne ist ihm nicht mehr genug, er sucht persönlichen Kontakt.

Diese Vorkommnisse wiederholen sich über Wochen und

Monate. Petra und ihre Familie sind zermürbt und am Ende mit ihren Nerven. Die psychischen Auswirkungen sind massiv: Schlafstörungen, Konzentrationsprobleme, kein Appetit, Magenschmerzen, Kopfschmerzen, Angstzustände. All das und noch mehr sind Symptome, die nicht nur Petra zeigt. Auch der Rest ihrer Familie ist betroffen und kann kaum noch ein normales Leben führen.

Sie wenden sich an verschiedenste Stellen, nur um jedes Mal das Gleiche zu hören: Man könne nichts tun, Wolfgang habe keine Straftat begangen. Petra flüchtet schließlich immer wieder für längere Zeit zu Verwandten in eine andere Stadt.

Wolfgang überschreitet aber schließlich doch eine strafrechtlich relevante Grenze: Er droht, Petra und ihren Freund umzubringen. Man ist versucht zu sagen, das sei ein Klassiker: „Wenn ich dich nicht haben kann, dann soll dich keiner haben!" Aufgrund des „Anti-Stalking-Gesetzes" kann nun auch, abgesehen vom Vorgehen gegen die gefährliche Drohung, endlich amtsgehandelt werden. Wolfgang wird zu einer mehrmonatigen unbedingten Haftstrafe verurteilt, was für einen Ersttäter ein sehr hartes Urteil ist. Petra und ihre Familie haben zumindest für kurze Zeit Ruhe.

Nach seiner Entlassung dauert es aber keinen Tag und Wolfgang steht wieder vor Petras Haus. Er schreibt ihr erneut Briefe, findet immer wieder ihre Telefonnummer heraus, so oft sie diese auch wechselt, steht einfach nur vor ihrem Haus, beobachtet Petras Wohnung und macht Fotos. Sie zeigt ihn wieder an und er wird auch diesmal nach dem Stalkingparagrafen verurteilt. Er muss für acht Monate ins Gefängnis.

In dieser Zeit gelingt es Petra trotz der massiven psychischen Belastungen ihr Studium zu beenden. Eine absolut bewundernswerte Leistung! Wolfgang befindet sich noch im

Gefängnis, als sie mit ihrem Freund gemeinsam ins Ausland geht. Sie bauen sich dort ein neues Leben auf, Wolfgang hat sie (noch) nicht gefunden.

Ich habe diesen Fall aus relativ großer Nähe miterlebt und hatte zuvor keine Ahnung, was Stalking für die Betroffenen wirklich bedeutet. Ja, man liest immer wieder darüber und denkt sich: Mein Gott, ich kann mir das gar nicht vorstellen! Das muss wirklich schlimm sein, wenn einem das passiert. Es ist in der Tat schlimmer als schlimm! Die Hilflosigkeit und Angst der Opfer sind unfassbar groß, als Außenstehende kann man kaum helfen.

Das Opfer ist nicht mehr Herr über sein Leben, jemand anderer übernimmt die Kontrolle und die Verfolgten haben oft keine andere Möglichkeit, als sich dem zu beugen. Depressionen, sozialer Rückzug, Wut, Scham, Schuld, Probleme in der Arbeit – all das sind Folgen von Stalking. Oft gehen die Opfer so weit, dass sie bestimmte Orte gar nicht mehr aufsuchen oder sogar umziehen, um sich ihren Verfolgern zu entziehen. Und dann bekommen diese Opfer auch noch in regelmäßigen Abständen von der Polizei und anderen offiziellen Stellen zu hören, dass leider nichts zu machen sei, es sei ja noch nichts passiert.

Das Strafgesetzbuch formuliert dieses Delikt folgendermaßen: „Wer eine Person widerrechtlich beharrlich verfolgt, ist mit Freiheitsstrafe bis zu einem Jahr zu bestrafen. Beharrlich verfolgt eine Person, wer in einer Weise, die geeignet ist, sie in ihrer Lebensführung unzumutbar zu beinträchtigen, eine längere Zeit hindurch fortgesetzt ihre räumlich Nähe aufsucht, im Weg der Kommunikation (…) oder über Dritte Kontakt zu ihr herstellt, unter Verwendung ihrer personenbezogenen Daten Waren oder Dienstleistungen für sie bestellt oder unter Verwendung ihrer personenbezogenen Daten Dritte veranlasst, mit ihr Kontakt aufzunehmen." So ist Stalking, im Jargon auch „Psychoterror" genannt, im österreichischen Gesetz geregelt.

Das Wort Stalking leitet sich vom englischen Wort „to stalk" ab und kommt eigentlich aus der Jägersprache. Es bedeutet so viel wie „sich anpirschen", „anschleichen", „die Beute einkreisen". Ich finde, das trifft es recht gut. Ein Stalker schleicht sich auch unbemerkt an und kreist seine Beute ein, bis sie in der Falle sitzt.

Eine erste wissenschaftliche Definition stammt aus dem Jahr 1993 und spricht von „einem obsessiven oder unnormal langen Muster von Bedrohung oder Belästigung, das gegen ein bestimmtes Individuum gerichtet ist". Zwei Jahre später wurde, um den psychiatrischen Anteil hervorzuheben, der Begriff „obsessives Verfolgen" hinzugefügt.

Eine deutsche Studie hat gezeigt, dass 86% der Stalkingopfer Frauen sind, die Täter sind zu 83% männlich. Durchschnittlich wird eine Person fast zwei Jahre lang belästigt, ungefähr die Hälfte aller Stalker sind Expartner. Diese Zahlen können gut auf Österreich umgelegt werden, wie eine Studie der Universität Wien aus dem Jahr 2008 zeigt. Auch hier sind 86% der Opfer Frauen, die Täter sind zu 81% Männer. 70% der Opfer kannten den Täter, 40% der Täter waren frühere Intimpartner. Kann man so ein Verhalten als Frau vorhersehen? Gibt es Anzeichen dafür, ob ein Mann später zum Stalker wird oder nicht? Vielleicht. Ist ein Mann eher eifersüchtig und besitzergreifend, ist er aufbrausend und leicht erregbar, dann wird er vielleicht eher zum Stalker. Aber auch ruhige Männer, die man gemeinhin als „normal" bezeichnen würde, denen man es nicht im Vorhinein „ansieht" und auch nicht zutraut, können sich durchaus zu bedrohlichen Stalkern entwickeln. Im Prinzip kann jeder zu einem Stalker mutieren!

Auch Freunde, Bekannte und Arbeitskollegen sind unter den Tätern. Es sei hier gesagt, dass natürlich auch Männer

Opfer von Stalking werden und Frauen ebenfalls Täterinnen sind. In der Folge konzentrieren wir uns aber auf den umgekehrten Fall, da er schlicht und ergreifend häufiger vorkommt.

Neu ist das Phänomen Stalking mit Sicherheit nicht. Einige Forscher meinen, dass es dies schon in der Antike gegeben haben wird. Es ist nur in den letzten Jahrzehnten immer mehr in den Fokus der Medien und somit in unsere Aufmerksamkeit gerückt.

Stalking tauchte zu Beginn der 1990er-Jahre in den USA erstmals so auf, dass es wirkliches Problembewusstsein zur Folge hatte. Es wurde im Zusammenhang mit Berühmtheiten bekannt, die beharrliche und aufdringliche Fans hatten. Sehr häufig ging diese irregeleitete „Liebe" zu einem Star sogar tödlich aus. Lange Zeit war man der Meinung, dass es Stalking überhaupt nur in diesem Zusammenhang geben könne.

Mark Chapman ermordete am 8. Dezember 1980 John Lennon und sicherte sich so Berühmtheit und die Tatsache, für immer mit seinem Idol verbunden zu sein. Kurz zuvor hatte er ihn noch um ein Autogramm gebeten, ein zufällig anwesender Fotograf hielt das Zusammentreffen fest. Als John Lennon gegen 23 Uhr nach Hause kam, streckte Chapman ihn mit fünf Schüssen nieder. „Ich fühlte mich wie ein Nichts und ich dachte, wenn ich ihn erschieße, würde ich etwas sein, aber das war ein Trugschluss", sagt Chapman vor dem Bewährungskomitee.

John Hinckley, jr. schoss am 30. März 1981 Ronald Reagan an, um der Filmschauspielerin Jodie Foster zu imponieren. Er hatte sie in dem Film Taxi Driver gesehen und mehrmals erfolglos versucht, Kontakt mit ihr aufzunehmen. Er hatte ihr unzählige Briefe geschrieben und versucht, sie telefonisch zu erreichen. Um wirklich Eindruck machen zu können, überlegte er sich, vielleicht ein Flugzeug zu entführen, entschloss sich aber dann zu dem Attentat auf Reagan. Nach seiner Verhaftung wurde er für zurechnungsunfähig erklärt und in eine psychiatrische Anstalt eingewiesen.

Aber nicht nur verschmähte Liebhaber oder von Wahnideen Getriebene stalken jemanden. Auch frühere Arbeitgeberinnen und Chefs sind Ziele solchen Psychoterrors.

Sehr oft sind Stalker Menschen, die grundsätzlich sehr eifersüchtig und besitzergreifend agieren. Ausgelöst wird Stalking häufig durch Zurückweisung oder das Ende einer Beziehung. Alle Energie wird dann auf das Zurückgewinnen der verlorenen Person gerichtet. Es geht manchmal im wahrsten Sinne des Wortes um Leben und Tod. Stalkerinnen und Stalker müssen zu jeder Tages- und Nachtzeit wissen, was die Angebetete macht, wo sie ist, mit wem sie zusammen ist. Gibt es womöglich eine neue Partnerin, einen Konkurrenten?

In diesem Strudel aus Gefühlen und Verwirrung ist der Schritt von Verfolgung zu Mord nur ein sehr kleiner.

Rebecca und Richard – eine verhängnisvolle „Liebe"
Richard Bardo wächst als Kind in Tucson, Arizona, hauptsächlich vor dem Fernseher auf, Stunden verbringt er vor dem Gerät. In seiner Familie geht es chaotisch zu, er hat viele Geschwister, sodass er sich gerne in die heile Welt der TV-Serien, die er sich ansieht, flüchtet. Er ist ein auffälliges Kind, wird in jungen Jahren als manisch-depressiv diagnostiziert, verletzt sich selbst und versucht sogar sich umzubringen.

Einer der Stars dieser Soaps, die Richard sich ansieht, ist die hübsche Schauspielerin Rebecca Schaeffer. Er verliebt sich in sie und kann irgendwann den Unterschied zwischen der Realität und dem Inhalt der Serien nicht mehr erkennen. Sein Leben ist untrennbar mit dem von Rebecca verbunden. Unzählige Briefe schreibt er ihr. Alles, was er als Antwort erhält, ist eine Standardautogrammkarte. Richard fühlt sich davon aber ermutigt und reist mehrmals nach Los Angeles, um seine geliebte Rebecca zu treffen. Die Sicherheitskräfte weisen ihn immer wieder ab. Unverrichteter Dinge kehrt er nach Tucson zurück – seine Wut darüber steigert sich mehr und mehr.

Stundenlang sieht er Folgen ihrer Serie an, keinen Tag kann er ohne Rebecca sein. Eines Tages allerdings kommt eine erotische Szene mit einem Mann vor. Richard ist fassungslos, er ist unglaublich wütend. Rebecca hat ihre Unschuld verloren, sie hat ihn betrogen!

Er muss zu ihr! Abermals reist er nach Los Angeles und es gelingt ihm, ihre private Adresse herauszufinden. Am 18. Juli 1989 erschießt er sie, als sie ihr Haus verlassen will.

In einem Interview sagt er später, dass er sie einfach nur sehen und habe töten wollen. Es sei alles sehr schnell gegangen. Er sei nervös gewesen und habe sich auch sehr unwohl gefühlt.

Noch zwanzig Jahre später sagt er in einem Gespräch mit einem Psychiater, dass er nach wie vor an Rebecca denken müsse. Die Besessenheit ende nicht mit ihrem Tod. Sie sei so schön gewesen, gleichzeitig Kind und Frau. Er träume immer noch von ihr.

Der Fall Rebecca Schaeffer war in den USA ausschlaggebend für erste Gesetze gegen Stalking. Vier weitere innerhalb von sechs Wochen von Expartnern ermordete Frauen führten dazu, dass in Los Angeles die erste eigene Polizeieinheit für Stalkingfälle geschaffen wurde, die „Threat Management Unit". Bis 1993 hatten alle Bundesstaaten der USA Gesetze gegen Stalking verabschiedet.

Wenn ich dich nicht haben kann, soll dich auch kein anderer bekommen

Einerseits existiert Stalking im Zusammenhang mit einer beendeten Beziehung. Sehr häufig trat in dieser Beziehung auch schon Gewalt auf. Andererseits gibt es Stalking durch Bekannte, Freundinnen oder Arbeitskollegen, wo es im Vorfeld keine intime Beziehung gab. Petras Fall könnte man hier einordnen. Und schließlich gibt es das Stalking von Prominenten und Stars durch Fans.

Der US-amerikanische Forscher Dr. Brian Spitzberg hat sich eingehend mit den verschiedenen Ausprägungen und Taktiken von Stalking beschäftigt.

Am Anfang des Prozesses steht Hyperintimität. Ein Stalker will zum Beispiel wieder eine Beziehung zu seiner Expartnerin, zum Objekt seiner Anbetung herstellen. Er schmeichelt ihr, lädt sie zum Essen ein, immer wieder kommt es auch zu sexuellen Anspielungen.

Dann verfolgt und überwacht der Täter sein Opfer. Er möchte körperliche Nähe herstellen, taucht unangemeldet an der Arbeitsstelle oder bei der Wohnung auf. Er weiß, wann sein Opfer wo ist und mit wem es sich gerade unterhält oder trifft.

Schließlich passieren die ersten ganz klaren Straftaten. Der Stalker dringt in das Haus oder die Wohnung seines Opfers ein. Es kann zu Sachbeschädigung kommen, in dem er etwas zerstört, wie zum Beispiel Fotos von Ehemännern, Lebensgefährten oder Kindern. Manchmal stiehlt der Stalker Dinge, nimmt sich „Souvenirs" mit – ein Kleidungs- oder Schmuckstück, eine Parfumflasche, den Polster, auf dem das Opfer schläft.

Auch Dritte werden miteinbezogen. Der Stalker versucht Menschen, die sein Opfer kennen, auszufragen oder diese dazu zu bringen, ihm Nachrichten zu überbringen. Oft merken diese Menschen gar nicht, dass sie in eine Straftat verwickelt werden.

In einem nächsten Schritt beginnt der Stalker zu drohen, Druck auszuüben, auch Gewalt gegen Dritte, wie zum Beispiel die Kinder des Opfers, anzudrohen. Ziel ist es, das Opfer einzuschüchtern und so dazu zu bringen, seinem Drängen nach einer Beziehung endlich nachzugeben.

Kommt er damit auch nicht ans Ziel, kann er zu massiverem Vorgehen übergehen. Das Opfer wird womöglich entführt, festgehalten, gefesselt, um endlich mit ihm zu reden. Es kann sich nun physisch nicht mehr entziehen.

Im schlimmsten Fall kommt es zu wirklich heftiger körperlicher Aggression wie Körperverletzung oder einer Vergewaltigung. Haustiere werden getötet, eventuell auch Freunde und Angehörige verletzt. Immer wieder enden solche Fälle mit dem Tod des Opfers.

Stalkingtaktiken werden selten einzeln angewandt, es ergibt sich meist ein Muster. In einer deutschen Befragung von Stalkingopfern in den Jahren 2004 und 2005 stellte sich heraus, dass nur drei Prozent mit einer einzigen Form von Stalkinghandlungen, z.B. Belästigung am Telefon, konfrontiert waren. Durchschnittlich kam es zu 7,5 verschiedenen Verhaltensweisen, wobei das schon erwähnte Belästigen am Telefon am häufigsten auftrat, gefolgt von Herumtreiben in der Nähe des Opfers und Kontaktaufnahme über Dritte.

Erst vor Kurzem wurde eine 22-jährige Frau aus Bayern von einem Stalker erstochen. Sie hatte ihn im Internet im Rahmen eines Onlinespiels kennengelernt. Als sie seine Avancen ablehnte und ihm erklärte, dass sie an einer intimen Beziehung mit ihm nicht interessiert sei, begann er sie zu belästigen. Er gab sein Leben in einem 300 km entfernten Ort auf und fuhr in die Heimatstadt der jungen Frau. Unzählige Male rief er sie an, schickte SMS, lauerte ihr schließlich vor ihrer Wohnung auf. Sie zeigte ihn bei der Polizei an, die ihn jedoch nach einem Gespräch wieder laufen lassen musste. Kurz darauf erstach er sie – wenn er sie nicht haben konnte, sollte es auch kein anderer können.

Seit Stalking zu etwas geworden ist, dessen wir uns bewusster sind, nicht zuletzt durch eine oft reißerische Berichterstattung in den Medien, beschäftigt sich auch die wissenschaftliche Forschung mit diesem Phänomen. Eine US-amerikanische Neurologin hat sich mit dem Gefühl von emotionaler Zurückweisung beschäftigt, welches sie mit Stalking in Verbindung bringt. Es ist ein sehr prägendes Gefühl, dass einhergeht mit Wut und Scham. Diese beiden Empfindungen wiederum schränken unser normales, rationales Denkvermögen ein.

Fünfzehn Probanden wurden untersucht, die kurz zuvor von ihrem Partner oder ihrer Partnerin verlassen worden waren. Sie alle gaben zu nach der Trennung sehr viel, fast schon besessen, gegrübelt zu haben. Auch hatten sie ihre Expartner und Expartnerinnen wiederholt in einem nicht mehr nachvollziehbaren Maß angerufen und ihnen Briefe geschrieben.

Es wurde nun die Gehirnaktivität dieser fünfzehn Männer und Frauen gemessen, während sie sich Fotos der Exfreundinnen und Exfreunde ansahen. Im Gehirn waren ausschließlich jene Regionen aktiv, in denen Wut und aggressives Verhalten lokalisiert sind. Dies lässt den Schluss zu, dass aufgrund einer emotionalen Verletzung wirklich rationales Denken nur mehr sehr eingeschränkt möglich ist. Das Handeln ist von Wut und Ärger bestimmt, es gleicht fast einer Sucht, sich nur mehr mit dem Tun des Expartners zu beschäftigen.

Ob Stalking auch eine psychische Krankheit ist, lässt sich insofern schwer beantworten, als es einerseits zu wenige gesicherte Zahlen und Daten dazu gibt, andererseits auch zu einfach und zu kurz greifend ist, einen Stalker als „kranken

Irren" abzutun. Die wenigen Ergebnisse, die es dazu gibt, zeichnen wiederum ein Bild der Extreme, da die Befragten in der Psychiatrie oder im Rahmen von forensischen Begutachtungen untersucht wurden und somit häufig wirkliche Extremfälle sind. Das „alltägliche" Stalking ist noch nicht so ausgiebig erforscht. In den USA wurden drei Studien durchgeführt, bei denen sich ergab, dass etwa die Hälfte der Täter und Täterinnen an einer Persönlichkeitsstörung litt. Ein weiterer großer Teil der Untersuchten litt an Wahnstörungen, 25–50% an einer Alkohol- oder Substanzabhängigkeit, 10–17% an einer Schizophrenie. Auch hier muss noch einmal gesagt werden, dass es sich um sehr extreme Beispiele handelt, was das Stalking von Expartnern betrifft.

Anders verhält es sich bei Menschen, die Prominente verfolgen, hier scheint es einen höheren Prozentsatz von Psychopathologien zu geben. Mitte der 1990er-Jahre kam eine Untersuchung zu dem Ergebnis, dass bei 95% der Fälle von Prominentenstalking beim Täter eine psychische Störung vorlag.

Trotzdem geht die Wissenschaft heute davon aus, dass es sich bei Stalking vielmehr um ein Verhaltenssyndrom denn um eine Krankheit handelt. Eine Psychopathologie kann hinter diesem Syndrom stehen, muss aber nicht. Sehr häufig sind Stalker recht umgänglich und sozial unauffällig, sodass dem Opfer oft nicht geglaubt wird. „Wie kann denn der nette Herr X, die nette Frau Y, so etwas tun, das kann nicht sein!" Sie sind auch in den seltensten Fällen eiskalte Psychopathinnen, genauso wenig leiden sie an einem sogenannten Liebeswahn. Ein solcher konnte lediglich bei zehn Prozent der Stalker festgestellt werden.

Wie schon erwähnt sind Stalker in den seltensten Fällen Fremde. Viel häufiger ist es jemand aus dem sozialen Umfeld, wobei hier anzumerken ist, dass diese Täter auch die gefährlicheren sind.

Woher kommt Stalking? Gibt es dazu wissenschaftliche oder psychologische Überlegungen?

Man kann das Phänomen auf einer lerntheoretischen Ebene betrachten. Das bedeutet, dass jemand bestimmte Handlungen setzt, um eine bestimmte Belohnung dafür zu bekommen. Räumt ein Kind zum Beispiel sein Zimmer auf und darf daher am Abend eine halbe Stunde länger fernsehen, so merkt es sich diesen Zusammenhang und wird auch in Zukunft häufiger sein Zimmer aufräumen. Ein Stalker wiederum wird für seine Handlungen mit Aufmerksamkeit und Zuwendung durch das Opfer belohnt, wenn auch in einer sehr verqueren Weise.

Ein anderer Zugang auf dieser Ebene ist der, dass spätere Täter nie gelernt haben, wie man nach den gängigen sozialen Regeln zwischenmenschlichen Kontakt aufnimmt, sodass sie zum Beispiel höfliche Zurückweisung schlicht nicht als solche erkennen können. Sie setzen also ihr beharrliches Verhalten fort und reagieren dann auch mal mit Wut, wenn die verfolgte Person deutlicher und klarer ihre Ablehnung zum Ausdruck bringt.

Es gibt ebenso eine evolutionäre Betrachtungsweise von Stalking. Sie geht davon aus, dass dieses Verhalten eine Extremform von männlicher Kontrolle über die Partnerin ist, mit dem Ziel der Sicherung der Beziehung.

Bindungstheoretiker gehen davon aus, dass Störungen im Sozialverhalten sehr früh in der Kindheit anzusiedeln sind. Gibt es keine Person, zu der ein Kind eine stabile und vertrauensvolle Bindung aufbauen kann, finden bestimmte soziale und emotionale Entwicklungsprozesse nicht statt. Im Erwachsenenalter können diese frühen Erfahrungen und Konflikte wieder aktiviert werden, was zu dysfunktionalem Verhalten und auch Wut führen kann. Dieses dysfunktionale Verhalten wird heute als Stalking bezeichnet.

Im Zusammenhang mit Stalking sei hier noch eine besondere Ausformung, das Phänomen des Cyberstalkings, erwähnt. Es handelt sich dabei um die Belästigung von Menschen im Internet. Die weltweite Vernetzung schafft nicht nur Kontakt- und Informationsmöglichkeiten, sie macht uns auch alle anonym. Ich kann mir jeden Namen aussuchen, jede Identität zulegen, die ich möchte. Und dann kann ich fröhlich andere Menschen belästigen, ihnen massenweise E-Mails mit bedrohlichen oder sexuellen Inhalten schicken, rufschädigende Informationen verbreiten, sie beschimpfen und verleumden. Das Ziel der Organisation „Working to Halt Online Abuse" (WHOA) ist es, gegen Belästigungen im Internet vorzugehen. In einer Untersuchung von insgesamt 609 Fällen stellte sich heraus, dass 85% der Opfer weiblich, 15% männlich waren. Diese Zahlen stimmen recht gut mit denen des traditionellen Stalkings überein. Bei den Tätern lag die Verteilung etwas anders, das Übergewicht der Männer war nicht ganz so groß. Ein Drittel der Stalker war weiblich, zwei Drittel männlich.

Auch über Kontinente hinweg kann gestalkt werden, zu jeder Tages- und Nachtzeit. Es können Chatrooms und Homepages angelegt werden, in denen die Opfer entweder gepriesen oder verleumdet werden. Eine sehr grausame Form des Cyberstalkings passierte in den USA. Ein verschmähter Liebhaber veröffentlichte in einem Chatroom im Namen des Opfers Name und Adresse mit dem Wunsch, sie wolle ihre Vergewaltigungsfantasien ausleben. Gott sei Dank passierte nichts Schlimmeres, da die potenziellen „Täter" zwar bei der Frau zu Hause auftauchten, aber klingelten und ihr Vorhaben vorab bekannt gaben.

Das Internet bietet eine Vielzahl von Möglichkeiten, jemanden zu belästigen. Die betroffene Person wird mit E-Mails bombardiert, es werden private Informationen ins Netz gestellt, ebenso wie verleumderische und rufschädigende Aussagen oder Fotomontagen, oft sexuellen Inhalts.

Auch virtueller Identitätsraub oder Virenangriffe zählen zu Cyberstalking.

Bei Cyberstalking handelt es sich, ebenso wie beim Cybermobbing, um eine besonders grausame Form von psychischer Gewalt. Nicht nur, dass es ein leidendes Opfer gibt, werden die Demütigungen und Erniedrigungen auch noch im Internet für den Rest der Welt sichtbar. In den USA hat dies in den vergangenen Jahren immer wieder zu Selbstmorden unter Jugendlichen geführt.

Seit das Anti-Stalking-Gesetz in Österreich in Kraft getreten ist, stieg die Anzahl der Anzeigen bundesweit von 930 (im zweiten Halbjahr 2006) auf 2.464 im Jahr 2009. In allen Bundesländern hat sich die Zahl der Anzeigen zumindest verdoppelt, in einigen sogar verdrei- bzw. vervierfacht (z.B. in Vorarlberg, Tirol, Salzburg, Kärnten).

In Wien ist laut einer Umfrage des Frauennotrufs jede vierte Frau zumindest einmal in ihrem Leben von Stalking betroffen gewesen. Insgesamt wurden 24% aller Frauen und 10% aller Männer schon einmal in dieser Form belästigt oder beharrlich verfolgt.

In Deutschland wurden im Jahr 2007 ca. 12.000 Fälle von Stalking polizeilich bekannt. 2008 und 2009 lagen die Zahlen schon bei knapp unter 30.000, im Jahr 2010 gingen die Zahlen leicht zurück, es wurden ca. 27.000 Fälle von Stalking polizeilich erfasst.

Wenn Sie sich in Ihrem Bekanntenkreis einmal umhören, bin mich mir sehr sicher, dass Sie jemanden finden, der in der einen oder anderen Weise schon einmal mit Stalking konfrontiert war. 1996 wurde eine der ersten großen Studien mit 6.300 Befragten in Australien durchgeführt. 15% der Befragten (es wurden nur Frauen befragt, was als Kritikpunkt zu sehen ist) gaben an, schon Erfahrungen mit Stalking gemacht zu haben.

Bei durchschnittlich 30–50% der Täter kommt es zu Gewaltanwendung, wobei sich der höchste Prozentsatz auf das Stalking von Expartnerinnen und Expartnern bezieht. Aus Opferbefragungen ergaben sich ähnliche Zahlen. In einer Befragung aus Deutschland aus dem Jahr 2005 stellte sich heraus, dass 39% der Befragten Opfer von körperlicher Gewalt wurden. Diese ging von Schlägen mit der Hand, über Attacken mit Gegenständen bis hin zu Würgen, Messerattacken und Versuchen, das Opfer mit dem Auto zu überfahren. 14% der Opfer waren sexuellen Übergriffen bis hin zu Vergewaltigung ausgesetzt.

Die mediale Berichterstattung berichtet gerne über dramatische Stalkingfälle. Einerseits ist dies einfach interessanter und bringt mehr Auflage, als würde „nur" darüber berichtet, dass jemand am Telefon oder durch Briefe belästigt wird. Andererseits kommt Mord als letzte Konsequenz in einem Stalkingfall häufiger vor. Tötungsdelikte von Männern an ihren (Ex-)Partnerinnen, die mit Stalkingverhalten im Vorfeld einhergehen, rücken immer mehr in den Fokus der Aufmerksamkeit. Oft gehen den Morden diverse Hilferufe der späteren Opfer und auch polizeiliche Anzeigen voraus, verhindert werden können sie aber trotzdem nicht. Schätzungen zufolge kommt es alleine im deutschen Bundesland Hessen pro Jahr zu zehn bis fünfzehn Fällen von Stalking mit tödlichem Ausgang.

Stalkingopfer sind ihrem Schicksal nicht tatenlos ausgeliefert. Sie können sich gegen ihre Verfolgung wehren und müssen diese Belästigungen nicht einfach hinnehmen. Sicher, viele Betroffene schämen sich. Sie glauben, sie hätten nach wie vor Verantwortung für den Stalker, wenn es sich zum Beispiel um einen Expartner handelt. So ist es aber nicht! Wichtig ist es, dem Stalker oder der Stalkerin einmal, und wirklich nur einmal, ganz klar und deutlich mitzuteilen, dass man keinerlei Kontakt möchte. Am besten ist es, wenn jemand dabei ist, damit diese unmissverständliche Mitteilung für ein eventuelles späteres Gerichtsverfahren gleich dokumentiert ist. Von jeglichem weiteren Kontakt zum Stalker ist absolut abzuraten. E-Mails, SMS und Telefonanrufe sollten nicht beantwortet werden. Sollte es zu einem direkten Kontakt kommen, ist es am besten auszuweichen. Viele Opfer glauben, wenn sie sich weiterhin mit dem Täter treffen, könnten sie eine weitere Eskalation der Situation vermeiden. Oder sie könnten ihn endlich davon überzeugen, dass er sie in Ruhe lassen soll. Das ist die falsche Strategie! Mit jeder weiteren Einwilligung zu einem Treffen schöpft er wieder Mut und deutet diesen Kontakt als Beziehungswunsch seines Opfers. Erst durch konsequentes Ignorieren besteht die Chance, dass er irgendwann einsieht, dass seine Bemühungen nicht zum gewünschten Ziel führen, und er das Interesse verliert.

Alles was vonseiten des Stalkers kommt, muss dokumentiert werden. Anrufe, SMS, E-Mails, Briefe, wenn er persönlich auftaucht – alles aufheben und die genaue Uhrzeit und das Datum notieren. Das alles sind wichtige Beweise, sollte es zu einer Anzeige und in der Folge zu einer Gerichtsverhandlung kommen.

Auch das Umfeld eines Gestalkten muss informiert werden, um Manipulationen durch den Stalker oder die Stalkerin zu verhindern.

Das Opfer muss ganz klar zum Ausdruck bringen, dass es mit dem Täter oder der Täterin nichts zu tun haben will und alle Versuche, Kontakt aufzunehmen, ausnahmslos unerwünscht sind. Informationen das Opfer betreffend dürfen auf keinen Fall weitergegeben werden.

In der Folge können auch Handalarmgeräte, Sicherheitsvorkehrungen für zu Hause und Selbstverteidigungskurse ratsam sein. Persönliche Gegenstände sollten außerdem nicht in den Hausmüll geworfen werden, der Stalker könnte sie finden und für seine Zwecke missbrauchen.

Und als letzte Konsequenz kann und soll auch Anzeige erstattet werden!

Wenn Liebe zu Hass wird

Dramatische Beziehungen boten von jeher Anlass für verschiedenste Gewaltakte. Wo Gefühle im Spiel sind, schaukeln sich Situationen über viele Jahre hinweg auf, bis sie sich explosionsartig entladen.

Maria und Heinz – wahre Liebe?

Wie im Fall von Maria und Heinz. Die beiden kennen sich bereits seit der Schulzeit. Mit Mitte zwanzig laufen sie sich zufällig wieder über den Weg, sie verlieben sich ineinander und gehen eine Beziehung ein. Sie heiraten, bekommen Kinder, bauen ein Haus und leben ein nach außen hin ordentliches, normales, ja, fast schon spießiges Leben.

Was hinter den Mauern des trauten Heimes passiert, weiß aber keiner. Heinz, den alle für einen hilfsbereiten und freundlichen Mann halten, trinkt gerne einmal einen über den Durst. Er ist generell leicht reizbar und immer wieder aggressiv. Schon kurz nach der Hochzeit schlägt er seine Frau zum ersten Mal. Nie ins Gesicht, das weiß er, damit es niemand merkt. Manchmal vergehen Wochen, ohne dass er sie schlägt, dann passiert es wieder mehrmals im Monat, je nachdem, was Maria falsch macht, wodurch sie ihn verärgert.

Über die Jahre lernt Maria mit den Gewalttätigkeiten ihres Mannes zu leben, wenigstens greift er die Kinder nicht an. Außerdem liebt sie ihn doch und es gibt ja auch schöne Zeiten. Die gemeinsamen Urlaube, die gemeinsamen Abendessen, zu denen er sie immer wieder ausführt. Mit Schmuck ist Heinz ebenfalls recht großzügig, was immer Maria gefällt, erhält sie auch.

Aber dann kommt doch der Zeitpunkt, an dem Maria einfach nicht mehr kann. Die Demütigungen, die Schmerzen, die Ohnmacht, Angst und Ausweglosigkeit, die sie immer wieder fühlt, werden übermächtig. Die Kinder sind fast erwachsen und werden bald ausziehen. Was passiert dann mit ihr? Werden sich die Übergriffe verschlimmern? Wenn ja, muss sie um ihr Leben fürchten?

Maria beschließt, sich nach all den Jahren Hilfe bei einer Beratungsstelle zu holen, sie will ihren Mann verlassen, notfalls will sie sogar ins Frauenhaus gehen.

Als sie ihm dies eröffnet, rastet Heinz aus. In einem schlimmen Tobsuchtsanfall greift Heinz zu einem Küchenmesser und ersticht seine Frau. Diesen Verlust, diese Schmach, dass seine Frau ihn verlassen will, kann er nicht ertragen.

Eine tragische Geschichte, die jedoch auch anders ausgehen könnte, nämlich so:

Irgendwann kommt doch der Zeitpunkt, an dem Maria einfach nicht mehr kann. Die Demütigungen, die Schmerzen, die Ohnmacht, Angst und Ausweglosigkeit, die sie immer wieder fühlt, werden übermächtig. Die Kinder sind fast erwachsen und werden bald ausziehen. Was passiert dann mit ihr? Werden sich die Übergriffe verschlimmern? Wenn ja, muss sie um ihr Leben fürchten?

Maria beschließt, sich nach all den Jahren Hilfe bei einer Beratungsstelle zu holen, sie will ihren Mann verlassen, notfalls wird sie sogar ins Frauenhaus gehen. Als sie ihm dies eröffnet, beginnt Heinz seine Frau zu prügeln wie selten zuvor. Er gerät immer mehr in Rage, diesen Verlust, diese Schmach, dass seine Frau es wagt, ihn verlassen zu wollen, sind zu viel für ihn, das kann er nicht ertragen. Er schlägt auf seine Frau ein, tritt sie, knallt ihren Kopf gegen die Wand.

In diesem Moment hat Maria die Wahl: Erträgt sie die Gewalt ihres Mannes weiter und riskiert schlimme Verletzungen oder sogar zu Tode geprügelt zu werden? Oder wehrt sie sich zum ersten Mal? Sie entscheidet sich zu leben und kämpft gegen ihren Mann! Doch dies verstärkt die Raserei ihres Mannes. Als ihr Mann sie mit seinen Schlägen in die Küche treibt, fällt ihr Blick auf ein großes Küchenmesser. Ohne lange nachzudenken, ergreift sie es und sticht so lange auf ihren Mann ein, bis er regungslos liegen bleibt. Er ist tot.

Tragischer Kreislauf: häusliche Gewalt

Betrachten wir nun den ersten Ausgang der tragischen Geschichte von Maria und Heinz, so haben die beiden den Kreislauf häuslicher Gewalt in fast schon klassischer Form durchlaufen. Dieser Kreislauf ist meist der gleiche und kann in drei Phasen unterschieden werden. Viele Betroffene haben ihn nahezu identisch geschildert.

Zuerst kommt es zu einem Spannungsaufbau. Diese Phase spielt sich zumeist nur intern in der Familie ab und fällt außer den Betroffenen niemandem auf. Der Mann ist gereizt, wütend, angespannt. Vielleicht wird auch schon mit Gegenständen geworfen oder es werden häufig Türen zugeknallt. Die Frau verdrängt noch ihre Gefühle wie Wut oder Ärger. Sie versucht alles, um es ihm recht zu machen und keinen Wutausbruch zu provozieren. Dies gelingt eine Zeit lang, bis es aber dann doch zur zweiten Phase, dem Gewaltausbruch, kommt.

Dieser unkontrollierten Gewalt kann die Angegriffene meist kaum etwas entgegensetzen. Das Opfer spürt, dass es sich besser nicht wehrt, da sonst alles noch schlimmer wird. Es folgen Schock und absolute Ungläubigkeit, dass ihr das passieren konnte. Weil diese Situation für die Frau so unglaublich ist, wird oft keine Hilfe gesucht.

In der dritten Phase kommt es zu tränenreichen Versöhnungen, Entschuldigungen und Treueschwüren. Nie wieder werde so etwas passieren, der Mann zeigt sich großzügig, macht Geschenke, ist aufmerksam und liebevoll. Betroffene Frauen beschreiben den Zauber der wahren Liebe, den sie in diesen Phasen spüren. Aber all das hält meist nur kurz an. Diese einzelnen Phasen gleiten in eine sich immer schneller drehende Spirale ab. Die Zeiträume der einzelnen Phasen werden zunehmend kürzer, bis es womöglich zu einer dramatischen Eskalation kommt. (Mehr dazu finden Sie auch im Kapitel „Männliche Gewalt".)

Genauso kann es aber aufseiten des Opfers zu einer Eskalation kommen. Nämlich dann, wenn die täglichen Demütigungen, die körperliche und sexuelle Gewalt, die Schmerzen und die Scham nicht mehr auszuhalten sind. Wenn der Zeitpunkt kommt, in dem es um das nackte Überleben geht, wenn vielleicht auch noch Kinder betroffen sind, dann können die Sicherungen durchbrennen und all die aufgestaute Wut entlädt sich in einer gewaltigen Explosion.

Warum lassen es sich Frauen so oft gefallen, dass sie geschlagen werden? Warum reagieren Männer so extrem?

Irgendwann war zwischen den beiden einmal Liebe. Sie hatte die rosarote Brille auf, fühlte sich geschmeichelt, wenn er eifersüchtig war. Er war „total verknallt", konnte gar nicht fassen, dass diese tolle Frau in ihn verliebt ist. Doch dann hält der Alltag Einzug, sie findet seine Eifersucht gar nicht mehr so anziehend, ist zunehmend davon genervt. Ihm „rutscht schon mal die Hand aus", wenn sie nörgelt und ihm sagt, er solle sie in Ruhe lassen, sie wolle mit Freundinnen ausgehen.

Er hat Angst, sie zu verlieren, sein Selbstbewusstsein ist ohnehin nicht so groß. Von seiner Frau verlassen zu werden, das könnte er nicht aushalten. Was würde seine Familie sagen, die Freunde, die Arbeitskollegen? Wie würde er vor ihnen dastehen? Die Hand „rutscht ihm immer öfter aus", er tritt seine Frau auch, wenn er sehr wütend und gereizt ist, würgt er sie sogar.

Warum geht sie immer noch nicht? Es wird bei jeder betroffenen Frau unterschiedliche Gründe geben, aber viele glauben trotz allem daran, dass er sich ändern wird. Sie klammern sich an die Hoffnung, dass er aufhören wird sie zu misshandeln, er liebt sie doch in Wahrheit. Sie finden unzählige Entschuldigungen für ihn, glauben an seine Schwüre, es würde nicht wieder passieren. Irgendwann wird die Gewalt zum Alltag. Und schließlich stehen manchmal ganz einfach Existenzängste gegen die Entscheidung, den schlagenden Partner zu verlassen, oder auch die Scham vor den anderen, zugeben zu müssen, dass die Beziehung gescheitert ist. Natürlich kommt häusliche Gewalt auch in Familien vor, die finanziell recht gut dastehen. In Familien, wo es sich die Frau durchaus leisten könnte, ihren Mann zu verlassen, sie würde nicht auf der Straße stehen, müsste vielleicht nicht einmal wieder arbeiten gehen, könnte es trotzdem schaffen. Aber auch in solchen Familien geht die Gewalt über Jahre weiter, weil es das Opfer aus den verschiedensten Gründen nicht schafft, vom prügelnden Mann loszukommen. Nicht zuletzt gibt es auch den gesellschaftlichen Druck, man möchte das Gesicht und den schönen Schein wahren.

Warum sucht er sich keine Hilfe, geht zu einer Beratungsstelle? Weil Männer das nicht machen? Weil es okay ist, seine Frau zu schlagen? Weil sie es erträgt? Weil er einfach nicht auf die Idee kommt, dass sein Verhalten falsch und rechtswidrig ist? Auch hier gibt es unendlich viele Gründe, es wird bei jedem Mann anders sein.

Tatsache ist, dass es jedes Jahr viel zu viele Beziehungstaten gibt, bei denen am Ende einer der Partner, die sich früher einmal geliebt haben, tot ist. Zurück bleiben Kinder, die Halbwaisen sind und einen Elternteil im Gefängnis wissen. Sie müssen schwer traumatisiert weiterleben mit dem Wissen, dass Mama von Papa umgebracht wurde – oder umgekehrt.

Es stellt sich die Frage, ob diese Beziehungsdramen überhaupt verhindert werden könnten. Manchmal wahrscheinlich schon, wenn man als Nachbar, Freundin, Arbeitskollege mehr hinschauen und seine Hilfe anbieten würde und sich mit der Erklärung „gegen eine Tür gelaufen" nicht abspeisen lässt. Manchmal jedoch passiert die Gewalt so sehr im Verborgenen, dass Außenstehende erst davon erfahren, wenn es zu spät ist.

Bei meiner Ehre …

Eine besondere Ausprägung von Familiendramen stellen jüngst die sogenannten „Ehrenmorde" dar. Dieses Phänomen trifft man auch in Europa an. Mitgebracht von Menschen, die immer noch veralteten und menschenverachtenden Ehrencodes verhaftet sind.

Ich möchte hier gleich zu Anfang klarstellen, dass ich in keiner Weise gegen Migration oder die viel zitierten „Ausländer" bin. Im Gegenteil, ich habe jahrelang im Asylbereich gearbeitet und bin der Meinung, dass jeder Mensch die gleichen Rechte und auch die Chance auf ein besseres Leben verdient hat, und wenn er das nur in einem anderen Land als in seinem Heimatland erreichen kann, dann ist es eben so.

Andere Länder, andere Sitten?

Ich stehe anderen Kulturen sehr offen gegenüber. Wenn aber Frauen und Mädchen nach wie vor zwangsverheiratet werden, wenn sie genital verstümmelt werden, weil es die Tradition so verlangt, wenn sie zu Hause eingesperrt werden, wenn man ihnen Schulbildung und die Chance auf Arbeit vorenthält, auch weil es „die Tradition" eben so will, und das noch dazu vor unserer Nase, dann erhebe ich meine Stimme und sage Nein!

Der Begriff „Ehrenmord" ist an sich sehr kontrovers. Wie kann es ehrenvoll sein, ein Verbrechen zu begehen und jemand anderen zu ermorden? Er hat sich aber in der Literatur in den letzten Jahren durchgesetzt und bezeichnet die Tötungsdelikte, die im Namen und zum „Schutz" der Familienehre meist an Frauen und Mädchen begangen werden.

Die Vereinten Nationen gehen davon aus, dass weltweit ca. 5.000 Frauen und Mädchen pro Jahr Ehrenmorden zum Opfer fallen und das in mindestens vierzehn Ländern. Die Dunkelziffer ist mit Sicherheit um einiges höher. Man ist darauf bedacht, solche „Angelegenheiten" innerhalb der Familie zu regeln, die Morde werden daher häufig als Selbstmorde oder Unfälle getarnt. Oder aber die Opfer sind einfach verschwunden, weggelaufen. Die Behörden ermitteln in den seltensten Fällen.

Es ist mir wichtig, darauf hinzuweisen, dass der Islam bzw. dessen Rechtssystem, die Scharia, nirgendwo Ehrenmord vorsieht. Es handle sich um eine vorislamische Tradition, sagen Gelehrte, die bis heute wirksam sei. Hauptsächlich geht es bei dem Begriff „Ehre" um das meist sexuelle Fehlverhalten von Frauen. Nun wäre es aber vermessen zu denken, dass es nur im Islam diesbezüglich strenge Regeln und Sanktionen gibt. Auch im katholischen Glauben gab und gibt es das Ideal der keuschen Jungfrau, die unberührt in die Ehe geht. Und es gab Sanktionen bei Verstößen gegen dieses Gebot. Ehrenmord hat außerdem nicht notwendigerweise etwas mit Religion oder spezieller mit dem Islam zu tun, auch in Ländern wie Armenien, Indien und im orthodoxen Glauben gibt es dieses Phänomen.

Wichtig in diesem Zusammenhang zu erwähnen ist natürlich das Frauenbild, welches in den Ländern, in denen Ehrenmord am häufigsten vorkommt, oft vorherrscht. Die Frau ist weniger wert als der Mann, sie ist schwach und muss beschützt werden, sie hat gehorsam zu sein und sich den Anweisungen des Mannes zu fügen.

Im österreichischen Strafgesetzbuch gibt es einige Paragrafen, die sich mit dem Begriff der Ehre bzw. deren Verletzung beschäftigen. Zum Beispiel in den Paragrafen zur „Üblen Nachrede" oder „Beleidigung". Sehr weit oben steht dieses Rechtsgut allerdings nicht, man kann zu Geld- und minimalen Haftstrafen verurteilt werden.

Gilt nun ein Ehrenmord in Österreich automatisch als Mord oder könnte es auch Totschlag sein? Um wegen eines Mordes verurteilt zu werden, muss nachgewiesen werden, dass die Tat geplant war und mit Vorsatz ausgeführt wurde. Davon könnte man bei klassischen Ehrenmorden eigentlich ausgehen. Der Familienrat tagt, es wird bestimmt, wer den Mord ausführt, der auserwählte Täter plant das Wann, Wo und Wie. Eine Tat im Affekt kann hier nicht mehr gelten. Dass heftige Gemütsregungen und Emotionen so einem Ehrenmord (und wahrscheinlich auch vielen anderen Delikten) vorausgehen, ist anzunehmen, aber auch das soll nicht dazu führen, dass die Tat als Totschlag, der mit einer niedrigeren Strafe bedroht ist, gewertet wird.

Es gibt keine offiziellen Zahlen oder Statistiken zu Ehrenmorden in Österreich, nur vereinzelt tauchen Fälle in den Medien auf, die man als solche bezeichnen könnte. Wobei man in Österreichs Gefängnissen wahrscheinlich schon ein paar Täter finden würde, deren Tötungsdelikte als Ehrenmorde hätten bezeichnet werden können, hätte man sie damals schon als solche erkannt und benannt. In Deutschland besagt eine im Sommer 2011 veröffentlichte Studie, dass zwischen 1996 und 2005 78 Ehrverbrechen verhandelt wurden, zwei Drittel der ca. 100 Opfer wurden getötet.

Opfer von Ehrenmorden sind fast immer weiblich. Sehr selten trifft es auch einen Mann und wenn, dann ist er meist ein Nebenbuhler bzw. mutmaßlicher Geliebter der Frau gewesen. Im Oktober 2007 ermordet zum Beispiel ein 76-jähriger Mann im Bezirk Neunkirchen einen 56-Jährigen. Dieser habe seiner Frau schöne Augen gemacht, es sei eine Frage der Ehre gewesen, sagte er der Polizei.

Im November 2009 sticht ein junger Mann einen anderen in Villach mitten auf der Straße nieder. Das Opfer hat angeblich die Schwester des Täters verlassen, sodass dieser die Familienehre wieder herstellen wollte. Eine Woche nach der Messerattacke stirbt der junge Mann im Krankenhaus.

Im Dezember 2011 erschießt ein Iraker im deutschen Hannover seine 13-jährige Tochter auf der Straße. Das Mädchen lebte freiwillig in einem Heim, da die Situation in der Familie offensichtlich sehr konfliktreich war. Auch diese Tat kann durchaus als Ehrenmord bezeichnet werden.

Frauen werden ermordet, weil sie „Schande" über die Familie gebracht haben. Sie sind zu westlich gekleidet, hören die falsche Musik, haben die falschen Freundinnen, vielleicht sogar einen Freund, der nicht dieselbe Nationalität und Religion hat. Sie wollen nicht mit fünfzehn Jahren heiraten, womöglich noch einen Mann, den der Vater ausgesucht hat und den sie noch nie gesehen haben. Sie wollen auch nicht bereits mit sechzehn Jahren Kinder bekommen und den Rest ihres Lebens hinter dem Herd verbringen müssen.

Der Familienrat tagt. Die Tochter, Schwester, Cousine oder gar Ehefrau ist uneinsichtig. Sie weigert sich die Tradition und Religion zu ehren, sie will ein normales Leben führen. Eine Entscheidung fällt, oft von den anderen weiblichen Familienmitgliedern mitgetragen: Sie muss sterben!

Um langjährige Haftstrafen zu vermeiden, wird meist das

jüngste männliche Familienmitglied ausgewählt, den Mord auszuführen.

Hatun – die Sünderin
Der Fall Hatun Sürücü machte im Jahr 2005 Schlagzeilen. Sie wird in Berlin-Tempelhof an einer Bushaltestelle von ihrem eigenen Bruder Ayhan erschossen. Drei Mal schießt er ihr in den Kopf. Hatun hatte die Ehre der Familie beschmutzt, weil sie einen deutschen Freund und zu westlich gelebt hatte. Als sie stirbt, ist Hatun 23 Jahre alt.

Die Eltern von Hatun und Ayhan kommen in den 1970er-Jahren nach Deutschland und lassen sich in einem Stadtteil von Berlin nieder. Der Vater arbeitet, die Mutter bringt insgesamt neun Kinder zur Welt. Einige von ihnen werden später deutsche Staatsbürger. Die Familie lebt zu elft in vier Zimmern. Männer und Frauen sind bei Besuchen räumlich getrennt, alle Frauen müssen Kopftuch tragen. Ayhan lernt schon als Kind, dass die Familienehre an erster Stelle steht. In einem Interview für den Film „Verlorene Ehre" zweier deutscher Journalisten sagt er, dass er von Anfang an den Begriff Ehre mit Frauen in Verbindung gebracht hat. Die Mutter, die Ehefrau, die Schwester dürfen das nicht und jenes nicht, haben sich so zu verhalten und so nicht. Ehre hatte für ihn auch immer eher mit Verboten zu tun, die eben mehrheitlich für Frauen gelten.

Auch Hatun beugt sich den Traditionen. Als sie sechzehn Jahre alt ist, heiratet sie einen ihrer Cousins und bekommt einen Sohn. Die Ehe scheitert allerdings, was an sich schon eine Schande ist. Mit der Frau, in diesem Fall besser gesagt dem Mädchen, muss etwas nicht stimmen. Ihre Eltern nehmen sie zwar wieder auf, verlangen jedoch von ihr, zurückgezogen zu leben und im Haushalt zu helfen. So wie es einer geschiedenen Frau ziemt.

Hatun aber will einen anderen Weg gehen. Schon nach kurzer Zeit hält sie es zu Hause nicht mehr aus. Sie entschließt sich mit ihrem Sohn in ein Mutter-Kind-Haus zu ziehen. Sie trägt kein Kopftuch mehr, schafft es, ihren Schulabschluss nachzuholen, und absolviert eine Lehre zur Elektroinstallateurin. Mit der Hilfe und Unterstützung der Betreuerinnen und des Jugendamts geht sie ihren Weg. Auch ihr Sohn gibt ihr die nötige Kraft, all das zu meistern.

Hatun wird schließlich deutsche Staatsbürgerin wie einige ihrer Geschwister. Zur Feier ihrer Einbürgerung kommt sie mit ihrem neuen Freund, der Deutscher ist. Die Familie ist völlig vor den Kopf gestoßen! Nur weil sie jetzt einen deutschen Pass hat, bedeutet das in deren Augen ja wohl noch lange nicht, dass man nach deutschen, also westlichen und viel zu freien, Regeln leben kann.

Die junge Frau wird zu einer immer größeren Belastung für ihre Familie. Zuerst die Scheidung, jetzt auch noch ein Freund, der nicht Moslem ist. Die Eltern leiden unter der Situation, wie Hatuns Bruder Ayhan erzählt. Die Familie will ihre verloren geglaubte Ehre zurück.

Hatun wird von ihrer Familie massiv unter Druck gesetzt. Ihr Freund trennt sich von ihr, da er das alles nicht mehr aushält. Schließlich zieht sie mit ihrem Sohn zu einer Freundin. Sie muss sich immer häufiger verstecken, traut sich kaum noch aus dem Haus. Am Telefon wird sie unter Druck gesetzt und bedroht. Sie zeigt einen ihrer Brüder an, erhält aber keine Hilfe von der Polizei. Auch an das Jugendamt wendet sie sich ohne Erfolg.

Am Abend der Tat begleitet Hatun ihren Bruder, der sie besucht hatte, zum Bus. Er hatte wieder einmal versuchen wollen ihr Vernunft einzureden. Es kommt wie so oft zu einer Auseinandersetzung zwischen den beiden. Hatun sagt ihm, er solle sich nicht ständig in ihr Leben einmischen und sie endlich in Ruhe lassen. Als sie ihm auch noch sagt, dass sie schlafen würde mit wem sie wolle, tickt der Bruder aus und erschießt sie.

Es kommt zum Prozess, in dem Ayhan und zwei seiner Brüder, Mutlu und Alpaslan, angeklagt sind. Mutlu soll die Tatwaffe besorgt haben, Alpaslan habe angeblich Wache gestanden.

Eine Zeugin, eine Freundin Hatuns, sagt genau das vor Gericht aus. Sie bekommt Polizeischutz, da die Polizei sie durch ihre Aussagen in Lebensgefahr schweben sieht. Polizei und Gericht nehmen die Situation sehr ernst. Sie wird immer wieder unter Druck gesetzt, von der Familie und auch von eigenen Verwandten. Sie muss untertauchen und lebt heute an einem unbekannten Ort in Europa. In Lebensgefahr befindet sie sich noch immer.

Ayhan und Mutlu hätten ihr während einer gemeinsamen Fahrt in der U-Bahn erzählt, dass Mutlu die Waffe besorgt und Ayhan sich in der Moschee die Erlaubnis für den Mord an Hatun geholt habe. Beide Brüder sagten ihr, dass es in Ordnung sei, Ungläubige zu töten. Die Mutter von Hatuns Freundin begleitet ihre Tochter ins Zeugenschutzprogramm und verlässt dafür ihren Mann und ihre Söhne für immer.

Ayhan nimmt vor Gericht alle Schuld auf sich. Er sei nicht angestiftet worden und habe auch keine Hilfe von irgendjemandem bekommen. Die beiden mitangeklagten Brüder werden aus Mangel an Beweisen freigesprochen. Im Jahr 2007 hebt der Bundesgerichtshof nach Revision der Anklage die Freisprüche auf, Mutlu und Alpaslan werden international zur Fahndung ausgeschrieben. Beide sind in der Zwischenzeit in die Türkei geflüchtet und haben sich dort ein neues Leben aufgebaut. Mutlu hat sogar seine deutsche Staatsbürgerschaft zurückgegeben, da die Türkei eigene Staatsbürger nicht ausliefert. Im Jahr 2008 wird das Verfahren gegen Mutlu und Alpaslan eingestellt.

Hatuns Sohn lebt heute bei Pflegeeltern.

Wie konnte es passieren, dass ein junger Mann, der mitten in Europa aufwächst, fließend Deutsch spricht, eine Schulausbildung hat, zu so einer Tat fähig ist?

Wie so oft hat auch bei Ayhan alles seinen Anfang in der Kindheit genommen. Ayhan hat als Kind und Jugendlicher keinerlei Kontakte mit deutschen Kindern. Er besucht eine Realschule, die bundesweit fragwürdige Berühmtheit erlangt, da sie die erste Schule ist, in die kein deutsches Kind mehr geht. Hin- und hergerissen zwischen zwei Kulturen wird er recht fanatisch, was seinen Glauben betrifft, erinnert sich der Schuldirektor. Schon in der Schule setzt er angeblich andere Mädchen unter Druck und sagt ihnen, dass sie unbedingt ein Kopftuch tragen müssen. Als Teenager ist er der „Mann im Haus". Seine älteren Brüder sind schon ausgezogen, der Vater lebt immer wieder monatelang in Istanbul – viel Verantwortung und Druck für so einen jungen Mann. Er bevormundet seine Schwestern und geht zu den Elternabenden, da die Eltern nicht gut genug Deutsch sprechen. Ayhan ist für die Ehre der gesamten Familie verantwortlich, damit aber völlig überfordert.

Obwohl er mitten in einer deutschen Großstadt aufwächst, ist das Leben dort türkisch. In der Plattenbausiedlung, in der die Familie lebt, reden die Leute, wenn eine Frau sich nicht so verhält, wie die Tradition es verlangt. Es ist eine Welt der Männer. Wer nicht für die Familienehre sorgen kann, ist ein schwacher Mann und verliert den Respekt und die Achtung der anderen. So geht es auch Ayhan. Die Leute reden über seine Schwester und in der Folge auch über die ganze Familie und über ihn, der seine weiblichen Verwandten „nicht unter Kontrolle hat und kein ganzer Mann ist".

Im Dezember 2010 spricht Ayhan im Gefängnis für den oben erwähnten Film erstmals über seine Tat. Die Schwester sei zu freizügig gewesen und zu offen im Umgang mit Männern. Sie sei auch abends ausgegangen, in Discos und

Clubs. All das habe ihn dazu bewegt, sie schließlich umzubringen. Heute noch habe er schlechte Erinnerungen an seine Schwester.

Er sagt auch, dass in der Familie nicht über einen Ehrenmord gesprochen worden sei bzw. wenn, dann habe er es nicht mitbekommen. Er könne es sich nicht vorstellen. Gelitten hätten aber alle unter Hatuns Verhalten. Hatun habe ihn in seiner persönlichen Ehre gekränkt. Er sei doch der Mann im Haus gewesen und nun gab es da eine Frau, seine Schwester, die sich von ihm nichts mehr sagen ließ.

Ayhan meint heute, der Mord sei der größte Fehler seines Lebens gewesen. Aber er habe keine Möglichkeit gehabt, es anders zu lernen, andere Erfahrungen zu machen. Er rät anderen, die in einer ähnlichen Situation sind, zu reden und sich zu öffnen. Heute zeigt er Reue, er ist auch seit einigen Jahren in Psychotherapie. Nichtsdestotrotz wird er nach seiner Haft ausgewiesen werden und abgeschoben in die Türkei.

Für den Film „Verlorene Ehre" ist es den beiden Journalisten gelungen, Ayhans Bruder Mutlu in Istanbul ausfindig zu machen. Er hat sich zu einem Interview bereit erklärt und sagt, dass Mord auch im Islam eine nicht tolerierbare Straftat ist. Eine zynische Aussage, bedenkt man, dass er laut Staatsanwaltschaft die Tatwaffe besorgt haben soll.

Er gibt zu Hatun gehasst zu haben. Ihr Lebenswandel sei nicht in Ordnung gewesen. Die Kleidung sei zu schön gewesen, sodass alle Jungs seiner Schwester nachgesehen hätten. Natürlich habe Ayhan Unrecht begangen, Selbstjustiz sei im Islam verboten. Unzucht allerdings auch und die wiederum habe Hatun begangen. In einem islamischen Staat wäre sie zum Tode durch Steinigung verurteilt worden. Gefragt, ob er das gerechtfertigt finde, meint Mutlu, dass er die islamischen Gesetze akzeptiere und das, was Allah ihm vorschreibe.

Abschließend sagt Mutlu, dass es kein Mordkomplott in der Familie gegeben habe, aber wohl alle einen Anteil an der Schuld hätten. Und er bete für Hatun, dass Allah ihr ihre Sünden vergebe.

Ich möchte an dieser Stelle noch einmal festhalten, dass mir die Brisanz dieses Themas durchaus bewusst ist. Nach wie vor ist eine öffentliche Diskussion kaum erfolgt, weil es sich bei Ehrverbrechen in unseren Breitengraden noch immer um ein Tabuthema handelt. Es liegt mir aber absolut fern, hier eine bestimmte Religion, Nationalität oder Lebensweise anzuprangern.

Ein weiterer, sehr grausamer Fall eines Ehrenmordes ereignete sich am 6. November 1999 in St. Louis, im US-Bundesstaat Missouri. Zein Isa, ein Palästinenser, war Jahre zuvor in die USA immigriert. Seine Tochter hieß Palästina mit Vornamen, ein recht deutlicher Hinweis auf den religiösen Hintergrund der Familie. Sie kürzte ihren Namen später auf Tina ab, was viele wahrscheinlich als Kurzform von Christina interpretiert hätten. Allerdings hätte das gar nichts mehr mit dem muslimischen Glauben zu tun, man würde eher davon ausgehen, dass das Mädchen einen christlichen Glaubenshintergrund hat. Diese Tatsache, die Abkürzung ihres Vornamens, war schon ein Problem für Zein.

Als Tina ihm dann auch noch ihren neuen Freund, einen Afroamerikaner, vorstellte, brachte sie damit das Fass zum Überlaufen. Dass Zein selbst mit einer katholischen Brasilianerin verheiratet war, störte hier aber niemanden, schon gar nicht Zein selbst. Zein verlangte von Tina ihren Lebensstil radikal zu ändern. Als sie das ablehnte, beschloss er seine eigene Tochter zu töten. Sie hatte Schande über die Familie gebracht.

Das FBI hörte Zein schon einige Zeit lang ab, da er Mitglied der terroristischen Abu-Nidal-Gruppe war. Am Tattag wurde folgendes Gespräch zwischen Zein, Tina und ihrer Mutter, Maria, aufgezeichnet:

Zein: *Hör zu, meine Tochter. Weißt du, dass das heute der letzte Tag ist? Heute Nacht wirst du sterben.*
Maria: (sie hält Tina fest) *Halt still!*
Tina: *Mutter, hilf mir bitte!*
Maria: *Was? Was meinst du?*
Tina: *Hilfe! Hilfe!*
Maria: *Wirst du wohl zuhören?*
Tina: *Ja! Ja! Ja! Ich höre zu! Nein, bitte!*
Zein: *Stirb! Stirb schnell! Stirb schnell!*
Tina: (stöhnt.)
Zein: *Still, Kleine! Stirb, meine Tochter! Stirb!*

Zein tötet seine Tochter mit sechs Messerstichen. Er und Maria wurden zum Tode verurteilt. Zein starb bald darauf im Gefängnis an Komplikationen im Zuge seiner Diabeteserkrankung. Marias Todesstrafe wurde in eine lebenslange Freiheitsstrafe ohne die Möglichkeit einer bedingten Entlassung umgewandelt. Hätten die beiden Tina in Palästina ermordet, wäre ihnen vermutlich gar nichts passiert.

Auch in Österreich ereignete sich erst im vergangenen Jahr wieder ein Fall, den man wohl als Ehrverbrechen bezeichnen kann. Ein Mann kroatischer Herkunft hatte seine Tochter massiv verprügelt und mehrfach getreten, sodass sie Schädelbrüche und andere lebensgefährliche Verletzungen erlitt. Er ist im November zu vier Jahren Haft verurteilt worden. Grund für die Tat war, dass dem Vater der muslimische Freund der Tochter nicht gepasst hatte.

Ich töte ...

Bisher haben wir uns mit Gewalttaten beschäftigt, die sich gar nicht so selten mitten unter uns abspielen. Stalking, häusliche Gewalt, familiäre Katastrophen – all diesen menschlichen Tragödien gingen oft viele Jahre des physischen und psychischen Leides voran, bis die Situation schließlich unweigerlich in eine schlimme Richtung steuert und ein tragisches Ende nimmt. Nun wenden wir uns einem anderen Bereich zu: nämlich jenen Gewalttaten, die über die Opfer zumeist ganz plötzlich hereinbrechen. Eben lebten sie noch ihr normales Leben und konnten sich in relativer Sicherheit fühlen, die wir alle brauchen, und ganz unerwartet kehrt sich diese trügerische Sicherheit in Angst und Schrecken und man ist konfrontiert mit seiner eigenen Sterblichkeit.

Generell steigt die Anzahl von Gewaltdelikten seit mehreren Jahren leicht an. Unter diesen Gewaltdelikten versteht man folgende Straftatbestände: Körperverletzung, schwere Körperverletzung, Körperverletzung mit schweren Dauerfolgen, Körperverletzung mit tödlichem Ausgang und absichtliche schwere Körperverletzung. Tagtäglich sind wir in den Medien mit dem Tod konfrontiert und fragen uns: Was geht in einem Menschen vor, wenn Gewalt so sehr eskaliert, dass er einem anderen das Kostbarste und Unersetzlichste – sein Leben – nehmen will?

Die Wörter Mörder, Serienmörder, Amokläufer und Massenmörder werden immer wieder synonym und daher auch falsch verwendet. Um die Theorie besser verständlich zu machen, werde ich im Folgenden verschiedene Fallbeispiele anführen, um die Unterscheidung deutlicher zu machen.

Im österreichischen Strafgesetzbuch findet sich unter § 75 zum Beispiel Folgendes: „Wer einen anderen tötet, ist mit Freiheitsstrafe von zehn bis zwanzig Jahren oder mit lebenslanger Freiheitsstrafe zu bestrafen." Das klingt ja fast schon lapidar. Kein Wort von Vorsatz oder Heimtücke. Kann man dem Gericht plausibel verständlich machen, dass man sich in einer allgemein begreiflichen heftigen Gemütsbewegung dazu hinreißen hat lassen, jemanden zu töten, muss man mit einer Freiheitsstrafe von fünf bis zehn Jahren rechnen. Auch hier finde ich die Formulierung durchaus etwas irritierend: „Sich hinreißen lassen" jemanden zu töten? Ich lasse mich hinreißen mir trotz meines Kontostandes eine neue Hose zu kaufen oder ein paar CDs, aber jemanden zu töten?

Doppelmord, Dreifachmord und Mehrfachmord – das Gesicht der Gewalt hat viele Facetten. Nicht so gängig ist hingegen der englische Ausdruck „spree murder". Hier erscheint es mir schwierig, dafür einen exakten deutschen Begriff zu finden.

Es handelt sich dabei jedenfalls nicht um einen Amoklauf, als der dieses Wort in diversen Wörterbüchern übersetzt wird. Sondern vielmehr um Morde, die in einer relativ kurzen Zeit – in einigen Tagen bis Wochen – und an verschiedenen Orten begangen werden. Ein Beispiel für solche Täter sind Bonnie und Clyde – Bonnie Parker und Clyde Barrow, jenes berühmt-berüchtigte junge Pärchen, das in den Jahren 1931 bis 1934 unter anderem in Texas, Oklahoma, Missouri und Minnesota Banken und Tankstellen überfiel und dabei mindestens neun Polizisten und mehrere Zivilisten ermordete.

Spree murder wird mitunter auch als „Rauschmord" übersetzt. Eine, wie ich finde, gar nicht so unpassende Bezeichnung. Der oder die Täter befinden sich für eine begrenzte Zeit in einem Mordrausch und ermorden mehrere Menschen an mehreren Orten. Im Gegensatz dazu morden zum Beispiel Serientäter meist über sehr lange Zeit, sie haben oft einen ganz bestimmten Opfertyp und eine charakteristische Vorgehensweise. Ein Massenmörder wiederum ermordet zu einem ganz bestimmten Zeitpunkt mehrere Menschen. Aber mehr zu diesen Begriffen in Kürze.

Um den Begriff des „spree killing" greifbarer zu machen, möchte ich hier etwas ausführlicher Archibald McCafferty vorstellen, ein Beispiel mit einem kleinen Happy End.

Archie – der verrückte Hund

Archie wird 1949 in Glasgow, Schottland geboren. Schon im zarten Alter von neun Jahren wird er von vielen als Problemkind gesehen. Er stiehlt, erwürgt Katzen und Hunde, schneidet Mädchen die Zöpfe ab und erschreckt mit Mäusen und Schlangen andere Leute, in dem er die Tiere auf sie wirft, manchmal schlägt er auch einfach auf Menschen ein.

Archies Vater ist ein sehr strenger und immer wieder auch gewalttätiger Mann. In der Hoffnung, das Verhalten seines Sohnes ändern zu können, bestraft er ihn wiederholt körperlich, wenig überraschend ohne Erfolg. Schließlich zieht die Familie nach Sydney, Australien. Die Eltern erhoffen sich durch den radikalen Ortswechsel eine positive Veränderung im Verhalten ihres Sohnes. Auch dieses Unternehmen ist nicht von Erfolg gekrönt, Archibald macht dort weiter, wo er in Glasgow aufgehört hat. Mit zehn Jahren gilt er als „nicht behandelbarer jugendlicher Straftäter", der Stammgast in den verschiedensten Jugendgefängnissen und Heimen ist. Mit 24 Jahren schließlich hat er bereits 35 Verurteilungen einkassiert, unter anderem für Körperverletzung und Drogendelikte.

Sein ohnehin schon hitziges Gemüt wird durch Alkohol- und Drogenmissbrauch nicht beruhigt. LSD, Cannabis, Heroin, Amphetamine usw. – Archie nimmt, was er bekommen kann. Sein weiterer Weg scheint vorgezeichnet, man kann kaum glauben, dass Archibald seinen 30. Geburtstag noch erleben wird.

Aber dann passiert etwas, womit auch er selbst nicht gerechnet hat – er verliebt sich in eine junge Frau namens Janice. Die Familie von Archie hofft, dass sich nun sein Leben ändert, dass er von seinen kriminellen Aktivitäten absieht. Für eine kurze Zeit erfüllen sich diese Hoffnungen. Archie geht einem regelmäßigen Job nach und ist stolz auf legale Weise Geld zu verdienen. Nach wie vor trinkt er aber zu viel Alkohol. Er beginnt Janice zu betrügen und wird ihr gegenüber aggressiv. Er tauchen auch immer wieder Gedanken auf, sie zu töten, sodass er sich sogar freiwillig stationär in ein psychiatrisches Krankenhaus begibt. Er sieht ein, dass er Hilfe braucht. Nach seiner Entlassung verändert sich sein Verhalten zwar nicht wirklich, nichtsdestotrotz scheint er sich aber an ein Familienleben zu gewöhnen. Nicht zuletzt deshalb, weil 1973 sein Sohn Craig zur Welt kommt.

Nur sechs Wochen nach der Geburt stirbt Craig. Das Baby hat mit den Eltern im Ehebett geschlafen, seine Mutter hat es im Schlaf erdrückt. Alle guten Vorsätze scheinen nun nichtig, diese Katastrophe wirft Archie aus der Bahn und er tickt völlig aus. Er konsumiert massiv Drogen, betrinkt sich und scheint wieder psychotisch zu werden. Wie zu dem Zeitpunkt, als er Tötungsfantasien über Janice hatte. Am Grab seines Sohnes erscheint ihm dieser im Alter von zwanzig Jahren und erteilt ihm den Auftrag, sieben Menschen zu töten, dann würde er wieder zum Leben erweckt. Archie rekrutiert ein paar junge Burschen, die mit ihm die sieben Menschen ermorden sollen. Er hat die Hoffnung, dass sein Sohn nach dem siebten Toten wieder aufersteht. Diese psychotischen Wahrnehmungen und Gedankengänge sind sicher auch durch den wieder auftretenden massiven Alkohol- und Drogenkonsum begünstigt. Innerhalb von zwei Wochen ermorden sie drei Menschen. Sie erschießen zwei und erstechen einen. Hier spricht man nun von der „Spree Periode". Archie und die Jugendlichen ermorden über einen längeren, aber begrenzten Zeitraum an verschiedenen Orten mehrere Personen.

Eigentlich will er auch Janice und ihre Familie umbringen, schließlich ist sie schuld am Tod des gemeinsamen Sohnes. Man kann es wohl Fügung des Schicksals nennen, dass ihnen auf dem Weg dorthin das Benzin ausgeht und sie von ihrem Plan Abstand nehmen. Archie und seine Komplizen werden schließlich verhaftet.

Auch wenn es mit der Erklärung des Begriffes „spree murder" nichts mehr zu tun hat, so möchte ich doch die Geschichte von Archibald zu Ende erzählen, da sie, wie gesagt, ein kleines Happy End hat.

Obwohl er selbst vor Gericht die Todesstrafe für sich verlangt, wird er „nur" zu drei Mal lebenslänglich verurteilt. Er ist immer noch davon überzeugt, dass er richtig gehandelt hat, und will auch die restlichen vier Menschen ermorden. Im Gefängnis ist er nach wie vor gewalttätig, sodass er in einer Spezialzelle untergebracht wird und sich ihm niemand auf mehr als zwei Meter nähern darf. Diese Zeit bringt ihm den Spitznamen „Mad Dog McCafferty" ein, des gefährlichsten Strafgefangenen Australiens. Alle sind sich einig – Archibald McCafferty darf nie mehr freigelassen werden!

Acht Jahre lang geht das so, bis er durch einen Zufall Amanda kennenlernt. Eigentlich besucht sie einen anderen Gefangenen, aber sie kommt in Kontakt mit Archie. Sechzehn Jahre lang besucht sie ihn, „Engel" nennt er sie. Sie zeigt ihm Liebe und Reinheit, sagt er. All seine Rachefantasien verschwinden. Aufgrund der positiven Verhaltensänderungen kann Archie nun an Arbeitsprojekten teilnehmen und bekommt sogar Ausgänge, er scheint rehabilitiert zu sein. 1997 wird er unter der Voraussetzung, Australien zu verlassen, entlassen. Er heiratet Amanda und die beiden ziehen in Archies Heimatstadt Glasgow, wo sie zwei Kinder bekommen. Hier soweit das kleine Happy End.

Nach einigen Jahren verlässt Amanda Archie, sie und die Kinder gehen 2004 zurück nach Australien. Über all die

Jahre zermürbt die konstante negative Presse das ohnehin zerbrechliche Glück der Familie.

Archie ist inzwischen über sechzig Jahre alt und sagt, dass es ihm leid tue, was passiert ist. Er könne aber die Vergangenheit nicht ungeschehen machen und weil er sich geändert habe, verdiene er auch ein ruhiges Leben. 25 Jahre hat er im Gefängnis, mehr als die letzten zehn Jahre hat er friedvoll und ohne Kriminalität in Glasgow verbracht. Freilich ist es für die Opfer zu spät, nichts bringt sie zurück oder nimmt ihren Angehörigen das Leid und den Schmerz. Die Frage, die sich hier stellt, ist jene, ob es für Archie nicht auch einen anderen Weg gegeben hätte. Schließlich hatte er eine Zeit in seinem Leben, in der er gearbeitet und ein geregeltes Familienleben geführt hat. Was wäre zum Beispiel passiert, wäre sein Sohn nicht gestorben? Wäre sein Leben in ruhigen Bahnen weitergelaufen oder hätte es trotz allem immer wieder Gewaltausbrüche, Alkohol- und Drogenexzesse gegeben? Wir wissen es nicht und diese Frage muss hier leider unbeantwortet bleiben.

Aus psychologischer Sicht kann man aber zusammenfassend sagen, dass in Archies Leben einiges schiefgegangen ist. Obwohl aus einer relativ intakten Familie stammend, musste er durch den Vater schon als Kind Gewalterfahrungen machen. Er hat also gelernt, dass Konflikte mit Gewalt zu lösen und so Dinge zu erreichen sind. Dazu, wie er mit Kriminalität, Alkohol und Drogen in Kontakt kam, ist nichts bekannt. Vielleicht waren es falsche Freunde, vielleicht Archies eigene Neugierde auf neue und auch verbotene Erfahrungen.

Was die psychotischen Erlebnisse betrifft, so wurden diese ziemlich sicher durch den Alkohol und Drogen begünstigt, vielleicht hat Archie aber auch eine genetische Veranlagung zu solchem Erleben. Wie wir in einem späteren Kapitel noch sehen werden, ist es immer ein Zusammenspiel mehrerer Faktoren, nämlich der Biologie, der Genetik, des Umfeldes und der jeweiligen Situation, in der sich ein Mensch befindet, die zu bestimmten Verhaltensweisen und Geschehnissen führen.

Eskalation der Gewalt: Massenmord
Im Gegensatz zum spree murderer, der die Opfer innerhalb eines begrenzten Zeitraums ermordet, handelt es sich bei dem Begriff Massenmord laut FBI-Definition um die Ermordung von vier oder mehr Personen an einem Ort zu einem bestimmten Zeitpunkt. Aus meiner Sicht ist das ein klassischer Amoklauf. Charles Whitman zum Beispiel, der am 1. August 1966 vom Turm der University of Texas vierzehn Menschen erschossen hat, fällt eindeutig unter diesen Begriff. Gerne wird in diesem Zusammenhang auch von einem Massaker gesprochen, besonders in den Medien.

Drei Besonderheiten fallen bei Massenmorden bzw. Amokläufen auf:

In fast allen Fällen werden Schusswaffen verwendet, Revolver, Pistolen, Gewehre. Will man so viele Menschen wie möglich in so kurzer Zeit wie möglich töten, so ist die Verwendung von Schusswaffen eine logische Schlussfolgerung. Mit einem Messer ist es ungleich schwieriger, viele Leute auf einmal zu überwältigen und zu töten.

Die durchschnittliche Opferzahl beträgt acht, wobei es natürlich Ausnahmen gibt. Ein koreanischer Polizist erschoss 1982 in Seoul 57 Personen. Im März 1990 zündete ein zurückgewiesener Liebhaber den New Yorker Club an, in dem sich seine Exfreundin aufhielt, 78 Leute starben. Es muss hier aber angemerkt werden, dass sich diese Zahlen auf die USA beziehen. Ungefähr drei Viertel aller Amokläufe passieren in den USA. Betrachtet man das 20. Jahrhundert, also 1900 bis 1999, so ergeben sich folgende Zahlen: Fast 1.000 Amokläufe fanden in den USA statt, 495 davon in den

Jahren 1975 bis 1996. Keine einzige dieser Taten wurde von einer Frau begangen.

Womit wir bei der dritten Besonderheit wären: Amokläufer sind in der Regel männlich.

Amokläufe sind in Europa im Allgemeinen und in Österreich im Speziellen Gott sei Dank nach wie vor eine Seltenheit. In Deutschland hingegen kommen sie etwas häufiger vor.

Hier ein paar Beispiele aus den letzten zehn Jahren:

Im Februar 2002 tötet ein Schüler im bayrischen Freising drei Menschen, nachdem er aus seiner Schule geworfen wurde. Anschließend erschießt er sich selbst.

Nur zwei Monate später, am 26. April, erschießt der 19-jährige Robert S. am Erfurter Gutenberg-Gymnasium zwölf Lehrer, zwei Schüler, eine Sekretärin und einen Polizisten. Er setzt anschließend auch seinem Leben selbst ein Ende. Der Bursche war ebenfalls aus der Schule geflogen. Seine Klassenkameraden beschreiben ihn im Nachhinein als „auffällig unauffällig", er passte nirgends so recht hinein und war ein Einzelgänger. Er wird immer wieder beim Schummeln erwischt, fälscht Entschuldigungen und wird schließlich kurz vor den Abschlussprüfungen der Schule verwiesen. Er geht aber weiter jeden Tag aus dem Haus, sodass seine Eltern davon nichts merken. Mit einer legal erworbenen Glock bewaffnet geht er schließlich in seine alte Schule, um Rache zu nehmen.

Am 20. November 2006 verletzt ein 18-Jähriger im deutschen Emsdetten mehrere Menschen. Auch er begeht die Taten an seiner ehemaligen Schule, auch er erschießt sich danach selbst.

Im finnischen Tuusula erschießt ein 18-jähriger Maturant in einer Schule sechs seiner Mitschüler, eine Krankenschwester und die Direktorin. Anschließend begeht er Selbstmord.

Ebenfalls in Finnland ermordet ein 22-jähriger Mann zehn Menschen und erschießt sich dann selbst.

Am 11. März 2009 erschießt im deutschen Winnenden der 17-jährige Tim K. neun Mitschüler, drei Lehrer und auf seiner Flucht drei weitere Menschen. Danach erschießt er sich selbst.

Der negative Höhepunkt dieser europäischen Serie ereignet sich am 22. Juli 2011 in Norwegen. Anders Breivik tötet durch eine Bombe acht Menschen im Regierungsviertel von Oslo. In einem Zeltlager auf der Insel Utoya erschießt er 77 Kinder und Jugendliche, die sich in einem Ferienlager befinden.

Wir sehen anhand dieser Beispiele, dass alle drei Kriterien in jedem einzelnen Fall erfüllt sind: Die Täter sind ausschließlich junge Männer, alle haben Schusswaffen verwendet, die Opferzahl liegt selten unter zehn. Mit Ausnahme von Anders Breivik hat auch keiner der Täter überlebt. Meist begehen sie noch am Tatort Selbstmord oder werden von der Polizei erschossen. Im Nachhinein betrachtet gibt es meist noch eine weitere Gemeinsamkeit: Die Täter werden als Einzelgänger beschrieben, als sozial inkompetent, ohne Freunde und als Menschen, die einem „immer schon komisch vorgekommen" sind. Aber eigentlich waren sie alle unauffällig und man hätte ihnen so etwas nie zugetraut.

Auffällig ist auch, dass sehr viele dieser Amokläufe in Schulen stattfinden. Schüler, die suspendiert oder ganz der Schule verwiesen wurden, kehren zurück und rächen sich auf grausame Weise. Dass hier Kinder andere Kinder, meist Klassen- und Schulkameraden, ermorden, erschreckt besonders. Die meist sehr hohe Opferanzahl ist ein weiterer in seiner Grausamkeit faszinierender Punkt. Einen einzigen Grund für solche Taten gibt es nie, es ist immer ein Zusammenspiel mehrerer Faktoren, die irgendwann dazu führen, dass ein junger Mensch keinen Ausweg mehr sieht.

Der wohl „berühmteste" Amoklauf in einer Schule war jener von Eric Harris und Dylan Klebold. Der Psychologe Dr. Philip Streit, Gründer des Institutes für Kind, Jugend und Familie in Graz, hat sich eingehend mit dem Fall beschäftigt. Eric und Dylan erschossen im April 1999 an der Columbine High School in der Nähe von Denver zwölf Mitschüler, einen Lehrer und verwundeten über zwanzig weitere Personen, bevor sie sich selbst erschossen. Sie sehen auch hier wieder die drei Hauptkriterien erfüllt – männlich, Schusswaffen, viele Opfer.

Die beiden waren schwer bewaffnet – unter anderem trugen sie eine abgesägte Pumpgun, eine Schrotflinte und verschiedene Sprengsätze bei sich. Sie hatten volljährige Freunde gebeten ihnen das alles zu besorgen. Ihr eigentlicher Plan war es, die Cafeteria zu sprengen, sodass sie die flüchtenden Schüler und das Lehrpersonal erschießen könnten. Als die Bombe nicht explodierte, gingen sie in das Schulgebäude hinein, um ihren Plan in die Tat umzusetzen. Um 11:19 Uhr fiel der erste Schuss, viereinhalb Stunden später war das Drama vorbei, zurück blieben fünfzehn Tote und viele Verletzte.

Eric Harris wurde als Psychopath beschrieben, was aber eher selten vorkommt bei Schulattentätern. Im Normalfall sind es, wie schon weiter oben erwähnt, Kinder, die unauffällig, ein bisschen „komisch" und Einzelgänger sind. Eric bezeichnete sich selbst als Rassisten und stand zu seiner Verehrung der Nazidiktatur. Er war auch in ärztlicher Behandlung und sollte aufgrund seiner Zwangsgedanken und Depressionen Medikamente nehmen, was aber offensichtlich nicht ausreichend kontrolliert wurde. Freunde hatte er kaum. Auf einer Webseite bedrohte er einen anderen Schüler mit dem Umbringen. Dessen Eltern erstatteten Anzeige, die Polizei reagierte aber nicht und tat es als „jugendlichen Blödsinn" ab.

Dylan Klebold wiederum war bei seinen Mitschülerinnen und Mitschülern eigentlich recht beliebt. Es machte den Eindruck, als hätte er sich Erics angenommen und würde sich um den Einzelgänger kümmern.

Gemeinsam begingen sie einen Autoeinbruch und posteten unzählige, zum Teil sehr schockierende Gewalt- und Hassvideos im Internet. Auch über ihre eigenen Eltern machten sie sich lustig, da diese absolut nichts von den öffentlich gemachten Gewaltfantasien bemerkten. Sogar noch dreißig Minuten vor dem Amoklauf kündigten sie diesen im Internet an und verhöhnten die späteren Opfer.

Unwillkürlich muss man sich hier fragen, wie so etwas passieren kann. Wieso bemerkt keiner etwas? Oder wurde es bemerkt, nur haben alle weggesehen? Oft genug liegen ja Ankündigungen von Gewalt „nur" als Drohung vor und ein Einschreiten der Polizei ist nicht nötig. Solange nicht wirklich etwas passiert, jemand also verletzt wurde oder Ähnliches, ist es für die Polizei auch schwierig einzugreifen. Und nicht zuletzt ist Wegschauen natürlich viel einfacher für jeden von uns. Schließlich will man niemandem Unrecht tun, man will niemanden gegen sich aufbringen und weiterhin in Frieden mit seinen Mitmenschen leben.

Kurz nach den ersten Meldungen über die Schießerei meldete sich Erics Vater bei der Polizei und gab an zu befürchten, dass sein Sohn darin verwickelt sein könnte. Das sagt doch etwas aus! Wie konnte das Waffenarsenal übersehen werden? Wie konnte man die Internetvideos ignorieren? Wie muss es um die Beziehung zwischen den Eltern und den Kindern gestanden sein, um das alles nicht zu sehen? Diese Kinder und Jugendlichen sind oft Einzelgänger. Sie fühlen sich unverstanden und alleine gelassen und entwickeln Hass auf ihre Umwelt und Mitmenschen.

Eine Erklärung dafür könnte sein, dass die Kinder und Jugendlichen, die später zu Amokläufern werden, zu Hause nicht die Liebe, Zuneigung und Anerkennung bekommen, die sie brauchen. Es ist ein Teufelskreis, in den die Eltern und Kinder geraten. Die Kinder kapseln sich immer mehr ab, die Eltern resignieren irgendwann frustriert, suchen vielleicht therapeutische Hilfe, sind aber auf jeden Fall überfordert. Oft suchen die Kinder dann das, was sie zu Hause nicht bekommen, in der Schule. Wird es auch dort nicht gefunden, kommt es zu einer weiteren schweren Enttäuschung. Diese sitzt dann wirklich tief. Ein Kind fühlt sich von allen verlassen, niemand will es, niemand beachtet es. Und es ist das Schlimmste, von seiner Umwelt nicht beachtet zu werden. Das ist noch viel schlimmer, als gehänselt oder ausgelacht zu werden, da wird man wenigstens noch wahrgenommen, wenn auch in einer negativen Art und Weise. An all denen, die einen nicht beachtet haben, will sich ein Kind oder junger Mensch dann rächen und endlich die Beachtung und Wahrnehmung bekommen, die ihm seiner Meinung nach zusteht. Und dann ist der Zeitpunkt gekommen, an dem die Gewaltfantasien Wirklichkeit werden. Wo ein junger Bursche bis an die Zähne bewaffnet in seine Schule geht und seine Mitschüler und Lehrer erschießt.

Man weiß nur sehr wenig über diese Jugendlichen und auch über erwachsene Amokläufer, da sie ihre Taten nur in den wenigsten Fällen überleben. Meist erschießen sie sich selbst oder werden von der Polizei erschossen. Somit gibt es keine Prozesse und keine Möglichkeiten, mit ihnen zu reden und mehr über die Motive herauszufinden.

Stellen Sie sich vor, liebe Leserinnen und Leser, Sie sind ungefähr 17 Jahre alt, in der Pubertät, der Körper verändert sich, man weiß nicht so recht, wer man ist und was man will. Die Eltern finden Sie sowieso blöd, so wie alle Erwachsenen. Die wissen nicht, wie Sie sich fühlen, was in Ihnen vorgeht.

Gute Freunde, mit denen Sie Ihre Gedanken und Gefühle teilen können, haben Sie auch nicht. Aus irgendeinem Grund sind Sie in Ihrer Schulklasse der Außenseiter. Es hat sich nie eine stabile und unterstützende Freundschaft entwickelt, im Gegenteil. Die Mädchen und Jungen in der Klasse lehnen Sie ab und lachen Sie aus. Bei den Lehrerinnen finden Sie auch keine Unterstützung. Ein paar von denen machen sogar mit bei den Hänseleien und stellen Sie bloß, wenn Sie an der Tafel eine Aufgabe lösen sollen.

Sie ziehen sich also immer mehr zurück. Mit den Eltern haben Sie versucht zu sprechen, die meinen aber nur, dass das alles schon wird und Sie sich ein bisschen mehr um Freunde bemühen sollen. Keine wirkliche Hilfe, oder? Was tun Sie also? Sie fangen an in Ihren Gedanken Fantasien zu entwickeln, wie Sie es Ihren Mitschülerinnen und Lehrern „so richtig zeigen" könnten. Die sollen mal sehen, was in Ihnen steckt und wozu Sie in der Lage sind. Dass Sie nicht der Loser aus der letzten Reihe sind, über den sich alle lustig machen. Dass Sie irgendwann jemand sein werden, jemand, über den alle reden, der in der Zeitung steht und über den im Fernsehen berichtet wird. Und worüber berichten die Medien am liebsten? Was fasziniert die meisten? Genau – Gewalt! Und schon entsteht ein Plan – eine Waffe zu besorgen, das geht schon irgendwie. Vielleicht ein paar Vorankündigungen im Internet platzieren und schauen, wie die Leute reagieren. Tja, leider gar nicht. Niemand nimmt die Ankündigungen ernst. Und das ist der Punkt, an dem Sie die Fantasie Wirklichkeit werden lassen, um endlich die Anerkennung zu bekommen, die Ihnen zusteht. Am Ende des Tages sind Sie ziemlich sicher tot, aber plötzlich will Sie jeder gekannt haben, jeder spricht über Sie, man schreibt über Sie und Sie sind im Fernsehen. Sie haben Ihre fünfzehn Minuten Berühmtheit.

Durch die große Medienaufmerksamkeit bekommt man den Eindruck, dass die Anzahl solcher Amokläufe über die Jahre angestiegen ist. Ist sie aber nicht, Massenmord in dieser Form ist selten, Amokläufe an Schulen sind noch seltener. Trotzdem müssen wir aber davon ausgehen, dass dies auch in Zukunft passieren wird. Durch die Aufmerksamkeit, die solche Taten nun einmal erregen, kommt es uns so vor, als würden sie oft geschehen. Außerdem wird uns immer häufiger das Gefühl vermittelt, dass wir in ständiger Gefahr leben, ebenfalls Opfer eines Amokläufers zu werden. Gleichgültig wo wir hingehen, es könnte überall und jederzeit auch uns passieren.

Die mediale Aufmerksamkeit verschwindet allerdings wieder ganz schnell, da sich entweder schon die nächste Tragödie ereignet hat bzw. wir Kinder als Täter weniger streng und verurteilend betrachten als Erwachsene. Häufig handelt es sich um vernachlässigte oder sonst vom Leben benachteiligte Kinder, mit denen man weniger streng ins Gericht geht.

Was kann man tun, um zukünftig solche Taten zu verhindern? „Auffällige" Jugendliche in Therapie stecken? Sie mit Medikamenten sedieren? Wer fühlt sich überhaupt zuständig? Die Eltern schieben alles auf die Lehrerinnen und Lehrer, diese geben die Verantwortung an die Eltern zurück. Übrig bleiben Kinder, die sich verlassen fühlen und niemanden haben, dem sie genug vertrauen, um über ihre Probleme zu sprechen. Das Wichtigste wird auch in Zukunft das sein, was eigentlich selbstverständlich sein sollte in der Kindererziehung: Liebe, Anerkennung, Zuhören, Verständnis, Nachfragen und nicht Wegschauen. Das muss von allen Seiten kommen, von Eltern, Kindergärtnern, Lehrerinnen, Trainern. Und von Anfang muss es die Bereitschaft geben, sich zu engagieren, wo andere es vielleicht nicht können.

Sehen wir uns nun noch einmal den schon erwähnten Fall Anders Breivik an, als Beispiel für einen erwachsenen

Amokläufer. Diese Tat ist so unfassbar in ihrer Brutalität, dass es einen sprachlos macht.

Laut Medienberichten kommt Anders Breivik aus einer guten Familie, der Vater ist Diplomat, die Mutter Krankenschwester. Er wächst in einem netten Stadtviertel Oslos auf. Als er ein Jahr alt ist, lassen sich die Eltern scheiden. Er und seine Halbschwester bleiben bei der Mutter, der Vater zieht nach London. Der eher sporadische Kontakt verliert sich nach einigen Jahren ganz. In seiner Kindheit und Jugend ist er ein guter Schüler, nicht gerade auffällig, aber auch kein schrulliger Außenseiter. Er beschmiert immer wieder Wände, Stromkästen und Ähnliches, das ist aber schon das einzige Aufbegehren in seiner Jugend.

Nach seiner Matura an einem angesehenen Gymnasium tritt er einer rechtspopulistischen Partei bei und engagiert sich dort zehn Jahre lang in deren Jugendorganisation. Schließlich ist ihm diese Partei aber zu „angepasst" und er tritt aus. Erfolg sei ihm sehr wichtig gewesen, sagen einige wenige, die sich überhaupt bereit erklären, eine Stellungnahme abzugeben. Angeblich habe er eine Computerfirma gegründet, in einer luxuriösen Wohnung gelebt und teure Uhren und Kleidung getragen. Es gibt aber Zweifel an dieser Geschichte und norwegische Zeitungen haben geschrieben, dass Breivik in einem Callcenter gearbeitet hat.

In der letzten Zeit vor dem Attentat lebt er im selben Haus wie seine Mutter in einem ruhigen Stadtviertel Oslos. Er pflegt sie, da sie krank ist. Der Hausmeister erinnert sich an einen freundlichen jungen Mann, der immer grüßte. Aber wie es in ihm aussieht, weiß keiner.

Über die Jahre verliert Anders Breivik sich in Allmachtsfantasien und verfasst ein über 1.500 Seiten starkes Pamphlet, das er im Internet veröffentlicht. „2083. Eine europäische Unabhängigkeitserklärung" heißt es. Um weltweite Verschwörungen geht es da, darum, dass der Zweite Weltkrieg sich in die falsche Richtung entwickelt habe. Es drohe die Auslöschung der westeuropäischen Rasse. Frauen zu töten sei ein besonders gutes Mittel, um Druck zu erzeugen und so seine politischen Ziele durchzubringen. Er selbst sei ein eigentlich recht toleranter Mensch, schreibt er. Er habe auch nichts gegen andere Nationalitäten, sie mögen sich aber bitte nur nicht mit seiner eigenen vermischen.

Er habe sich gegen eine eigene Familie und für seine „Mission" entschieden. Neun Jahre lang plante er den 22. Juli 2011. Es gibt detaillierte Pläne zum Bombenbau und zum geplanten Amoklauf. Eine simple Viruserkrankung, mit der ihn seine Mutter angesteckt hatte, hätte die Taten fast verhindert. Leider nur fast.

Am 22. Juli um 12:51 Uhr verfasst er noch einen Eintrag in sein Logbuch: „Es wird ein ‚Alles oder Nichts'-Szenario. Vermutlich ist dies mein letzter Eintrag." Er sollte recht behalten.

Am frühen Nachmittag explodiert im Regierungsviertel von Oslo eine Bombe. Das Energieministerium geht in Flammen auf, ebenso wie das Regierungsgebäude. Das Büro des norwegischen Ministerpräsidenten wird völlig zerstört, er selbst aber nicht verletzt, da er zu diesem Zeitpunkt gar nicht in dem Gebäude ist. Auch das Verlagsgebäude einer Zeitung ist betroffen. Man geht erst von einem Terroranschlag aus. Es hatte Drohungen von der al-Qaida gegeben, norwegische Streitkräfte sind auch in Afghanistan stationiert. Schon bald aber ist man der Meinung, dass es sich um norwegische Täter handelt, man geht von einer politisch motivierten Tat aus.

In einer norwegischen Fernsehreportage sind erschütternde Bilder zu sehen. Ein Amateurvideo zeigt einen im Park spielenden Hund, plötzlich ist im Hintergrund eine Explosion zu hören, der Hund erstarrt in seinem Spiel. Videoaufnahmen von Überwachungskameras in umliegenden

Geschäften filmen die Auswirkungen der Explosion – eingedrückte Fenster und Türen, wackelnde Regale, Menschen, die panisch Deckung suchen. Dann die Bilder einer mit Trümmern übersäten Straße, eine männliche Stimme, die ruft: „Hallo? Hallo? Braucht jemand Hilfe?"

Fast zeitgleich erschüttert die Meldung über einen Amoklauf in einem Jugendlager auf einer Ferieninsel, etwa eine Stunde von Oslo entfernt, die Welt. Ein als Polizist verkleideter Mann schießt um sich, viele der Kinder und Jugendlichen springen in ihrer Panik ins Meer. Nur wenigen gelingt es, sich zu retten. Ein Bild ist mir besonders in Erinnerung geblieben. Es ist eine Luftaufnahme der Insel Utøya. Auf einem nicht von Bäumen bedeckten Flecken Wiese sieht man viele Farbtupfer, es könnten Zelte sein, kleine Autos oder auch Sonnenschirme. Es sind aber die getöteten Jugendlichen, von Anders Breivik kaltblütig erschossen.

Ein Überlebender, der sich durch einen glücklichen Zufall auf der Inselfähre befunden hatte, erzählt im Fernsehen, dass er den „Polizisten" schießen gesehen habe. Plötzlich seien alle nur mehr gerannt, er habe noch nie in seinem Leben Menschen so rennen gesehen. Sie seien Richtung Wasser und Fähre gelaufen.

Ein anderer Überlebender berichtet vom Versuch, einen angeschossenen jungen Mann zu verarzten, und von dem Moment, als ihm bewusst geworden sei, dass es sich bei dem Angriff auf die Insel um ein Massaker handelte. Es sind wirklich bewegende Bilder, die in der oben erwähnten Reportage gezeigt werden.

Ich bin mir sicher, dass viele von Ihnen, liebe Leserinnen und Leser, sich als Erstes gedacht haben, „das muss ein Wahnsinniger sein, der so etwas macht. Ein völlig Irrer, ein Geisteskranker!" Wer sonst kann sich hinstellen und über siebzig Kinder und Jugendliche erschießen?

Diese Erklärung greift aber zu kurz. Es wäre zu einfach, diese Taten auf eine psychische Krankheit zu schieben. Natürlich kann man davon ausgehen, dass Anders Breivik Wahnvorstellungen hatte, das ist aus seinem Pamphlet, das er im Internet veröffentlicht hat, zu erkennen, aus seinen Machtfantasien, Verschwörungstheorien und paranoiden Ideen. Man kann auch davon ausgehen, dass er immer wieder den Kontakt zur Realität verloren hat.

Aber Anders Breivik hat sich neun Jahre lang vorbereitet auf den 22. Juli 2011 und das bedarf doch einer gewissen geistigen und intellektuellen Leistungsfähigkeit. Er ist jeden Tag spazieren gegangen und hat sich an das Töten gewöhnt, in dem er es am PC nachspielte. Wir können davon ausgehen, dass er ganz genau wusste, was er tat. Und dass er es auch für gerechtfertigt hielt, Unschuldige im Zuge seiner „Mission" zu töten. In einem ersten Gutachten wurde er als zurechnungsunfähig bezeichnet, dieses Gutachten wurde inzwischen revidiert. Jemand, der über Jahre eine Tat so akribisch plant, verfügt auf jeden Fall über eine gewisse Intelligenz und schafft so etwas nicht unter dem Einfluss von Psychosen. Es wird interessant zu sehen, zu welchem Schluss die norwegischen Gerichtspsychiater schließlich kommen werden.

Ein israelischer Psychiater hat sich intensiv mit Nazitätern befasst und viele von ihnen befragt. Er meint, dass man nicht davon ausgehen darf, dass ein Mensch in allen seinen Lebensbereichen böse ist. Wenn jemand in einem Konzentrationslager täglich Hunderte Menschen in die Gaskammer schickt, ermordet er deswegen zu Hause nicht den Hamster seiner Tochter. Im Gegenteil, er ist vielleicht ein besonders liebevoller Vater und Ehemann, der seine Skrupel und Zweifel einfach am Eingangstor zum KZ abgibt, um seinen Job zu tun. Genauso kann man auch Breivik sehen. Ein junger, netter Mann, der zu Hause die kranke Mutter pflegt und dann eines Tages auszieht, um Menschen zu ermorden. Zu ermorden, um ein Ziel zu erreichen, in seinem Fall unter anderem, um die „Übernahme der europäischen Welt durch die Muslime" zu verhindern. Die Sozialdemokraten sollten vernichtet werden, ein Ziel, dass schon Hitler und Stalin einte. Die Sozialdemokraten sind es, die für die Gleichberechtigung aller Menschen eintreten, die für einen offenen Umgang aller Kulturen miteinander sind. Den Terror von rechts hat die westliche Gesellschaft, so scheint es, etwas vergessen. Dies zeigt auch die Tatsache, dass der deutsche Verfassungsschutz Mitglieder der Linken Partei überwacht, während Neonazis mehrere Deutsche mit Migrationshintergrund ermorden.

Heutzutage leben wir mit fundamentalistisch motivierten Anschlägen, Selbstmordattentaten und unbemannten Drohnen, die man in Gebäude stürzen lässt. Aber ein Attentäter aus einem westeuropäischen Land, in dem es doch keine Probleme gibt? Unvorstellbar!

Leider müssen wir davon ausgehen, dass so etwas wieder passieren wird. Es wird auch in Zukunft Menschen wie Anders Breivik geben. Menschen, die nicht unbedingt für Freiheit und Gerechtigkeit kämpfen, sondern die sich individuell radikalisieren, wie es die irische Harvardprofessorin Louise Richardson nennt, die selbst inmitten der Schrecken der IRA aufgewachsen ist. Breivik hat sich selbst ausgebildet und das gut und so, dass niemand es mitbekommen hat oder es auch nicht mitbekommen wollte.

Anders Breivik wird seine Strafe erhalten, über seinen psychischen Zustand werden Psychiater befinden. Die inzwischen revidierte Meinung, er sei zurechnungsunfähig, empfand er als sehr kränkend. Er wehrte sich dagegen und wie gesagt gibt es bereits ein weiteres Gutachten, laut dem er nicht mehr als zurechnungsunfähig gilt. Auch wenn Ferndiagnosen über Zeitungsberichte alles andere als seriös und professionell sind, sind diese Kränkung und sein Wehren meiner Meinung nach weitere Hinweise darauf, dass er nicht zurechnungsunfähig ist und ganz genau wusste, was er am 22. Juli 2011 tat. Dieser Meinung ist auch der renommierte Gerichtspsychiater Dr. Bernhard Mitterauer. Er analysiert in einem Zeitungsartikel die bisherige Berichterstattung zu den ärztlichen Begutachtungen Breiviks und kommt zum Schluss, dass dieser sehr wohl zu einer Unterscheidung zwischen gut und böse fähig war, wenn auch in seiner eigenen Interpretation von Recht und Unrecht.

Und keiner hat etwas bemerkt ...

Was sollen, können und müssen wir tun, um so etwas in Zukunft zu verhindern, sofern wir das überhaupt können? Wir müssen zuallererst hinsehen. Wir müssen unsere Aufmerksamkeit schärfen, was unsere Umwelt und unsere Mitmenschen betrifft. Wie kann es sein, dass ein 1.500 Seiten starkes Werk mit konkreten Anschlagsplänen im Netz kursiert und keiner es ernst nimmt und etwas tut? Wie kann es sein, dass wir im Nachhinein immer wieder Stimmen hören, die sagen, dass „er schon ein wenig komisch" war, dass manche sich schon „immer wieder mal gedacht haben, dass da etwas nicht stimmt", aber sie das eben nicht so ernst genommen haben?

Wir müssen auch unsere Ängste einmal kritisch betrachten und darüber nachdenken, ob diese denn wirklich gerechtfertigt sind. Nur so nehmen wir populistischen Redenschwingern den Wind aus den Segeln. Afrikaner sind nicht von Haus aus Drogendealer, Moslems nicht von vornherein Extremisten, nicht alle Männer, deren Frauen ein Kopftuch tragen, sind häusliche Gewalttäter, Ausländer sind nicht Sozialschmarotzer. Sie merken, dass es hier meist um Ausländer und Migrantinnen als Feindbilder geht. Dieses Thema zieht einfach immer (noch): wir gegen die anderen, die uns alles wegnehmen wollen, unser Geld, unsere Arbeitsplätze, unsere Partnerinnen. Genauso wie die böse EU, die bösen USA, die bösen Politiker und so weiter.

Ja, es gibt schwarze Schafe, es gibt afrikanische Drogendealer, es gibt extremistische Moslems, es gibt Männer, die ihre Frauen schlagen, und es gibt Migranten, die den Staat ausnutzen. Es gibt aber auch österreichische oder deutsche Drogendealer, es gibt extremistische Katholiken, es gibt auch – man glaubt es kaum – österreichische und deutsche Männer, die ihre Frauen und vielleicht sogar Kinder schlagen, und es gibt Einheimische, die den Sozialstaat ausnutzen. Und so ist es in vielen Ländern dieser Welt.

Wir müssen offener werden, die Dinge nicht einfach hinnehmen, die man uns in diversen Medien auftischt. Zeigen Sie Initiative, liebe Leserinnen und Leser, zeigen Sie Mut, auch einmal eine andere Meinung zu vertreten, lassen Sie sich auf Diskussionen mit Menschen ein, die anders denken, zeigen Sie Zivilcourage und verweigern Sie einmal den Gehorsam! Man kann nicht immer alles auf „die anderen" schieben, man muss auch vor seiner eigenen Haustüre kehren und das sollten wir viel öfter tun, als uns lieb ist. Das ist natürlich nicht immer leicht. Ich selbst habe während meiner Zeit im Asylbereich viele Menschen und Schicksale kennengelernt, die mich Vorurteile revidieren und vorgefasste Meinungen überdenken ließen. Und wenn ich heute höre, dass die Asylwerber alle nur unser Geld wollen und so viel mehr davon bekommen als die Österreicher, dann kann ich aufstehen und Nein sagen, denn ich weiß, dass es anders ist. Ich kann Diskussionspartnern sagen, dass kein Asylwerber über 1.000 Euro monatlich vom österreichischen Staat bekommt, dafür, dass er nichts arbeitet (was er übrigens gar nicht darf) und „nur Kinder in die Welt setzt". Und ganz ehrlich, liebe Leserinnen und Leser, ich möchte für kein Geld der Welt mit jemandem tauschen, dessen Heimatland in Krieg und Chaos versinkt, dessen Familienmitglieder ermordet wurden, der selbst gefoltert oder vergewaltigt wurde, der alles, was er kannte und liebte, verlassen musste.

Aber nun zurück zu unseren Begriffsdefinitionen. Zuletzt wollen wir uns dem Serienmord widmen. Dieser Begriff wird besonders oft falsch verwendet und häufig ist auch nicht klar, um welche Art von Serienmord es sich handelt. Technisch gesehen geht es dabei um Morde, die im Abstand von längeren Zeiträumen, meist Wochen oder Monaten, von ein und derselben Person begangen werden. Sehr häufig meint man mit Serienmörder jemanden, der sadistische Sexualverbrechen begeht. Diesem Thema widmen wir uns in einem späteren Kapitel noch ausführlicher.

Tatsächlich kann man aber auch bei von Ärztinnen, Ärzten oder Pflegepersonal verübten Tötungen in Heimen oder Krankenhäusern von Serienmord sprechen. Ebenso gelten Mütter, die mehrere oder alle ihrer Kinder gleich nach der Geburt töten, als Serientäterinnen. Auch Menschen, die immer wieder, ganz ohne sexuelles Motiv, andere töten, schlicht und einfach, weil sie Menschen hassen, fallen in diese Kategorie.

Serientäter: Die Todesschwestern
Im April 1989 gestehen vier Krankenschwestern den Mord an fast 50 Patienten im Krankenhaus Lainz. Die Hauptverdächtige nimmt 39 der Morde auf sich. Sie gilt als sehr belastbar und Frau mit einer Engelsgeduld. Als fast schüchtern und sehr nett wird sie im Nachhinein von anderen Patienten beschrieben.

Über einen Zeitraum von vier Jahren konnten die Frauen unbemerkt töten, mit einer Methode, die sie „Mundpflege" nannten. Die älteren Leute ertranken dabei. Aber auch mit

Insulin wurde einige getötet bzw. mit Rohypnol regelrecht eingeschläfert.

Als Mordbande, Todesengel und Teufelinnen werden die Frauen bezeichnet, recht bequem für jene, die mit ihnen zusammenarbeiteten, denn eine Auseinandersetzung mit der eigenen Verantwortung ist ja dann nicht mehr nötig. Die Täterinnen sind die Monster und tragen ganz alleine die Schuld an ihrem Handeln. Dass es dem Personal einer ganzen Station mit gut 75 Mitarbeiterinnen und Mitarbeitern nicht aufgefallen ist, dass bis zu 200 Menschen (so hoch ging die Zahl in der Aussage einer der vier Frauen) eines nicht natürlichen Todes starben, ist wirklich kaum zu glauben.

„Wer mich ärgerte, der bekam ein Gratisbett beim lieben Gott", sagte die Hauptverdächtige laut einer Tageszeitung. In so einem menschenverachtenden Ton ging es laut den Ermittlern und der Richterin während der Erhebungen weiter.

Eine Hilfsschwester vertraute sich schließlich ihrem Freund an, der wiederum den damals zuständigen Chefarzt informierte. Die Hilfsschwester meinte, dass Bedienstete um die Vorgänge gewusst hatten, auch sie selbst. Sogar wer genau die Mörderinnen waren, habe sie gewusst. Sie habe aber große Angst um ihren Arbeitsplatz gehabt, sodass sie geschwiegen habe. Auch der Chefarzt verweigerte einem Bericht zufolge nach einer ergebnislosen Obduktion eines vermeintlichen Opfers die weitere Zusammenarbeit mit der Polizei. Es habe sich nur um Gerüchte gehandelt, er verbitte sich weitere Verdächtigungen.

Am 7. April 1989 werden die vier Frauen jedoch verhaftet, nachdem sie in einem Gasthaus relativ sorglos über einen Todesfall sprachen. Ein zufällig anwesender Arzt hatte alles gehört und Anzeige erstattet.

Im Zuge der Recherchen zu diesem Fall stolperte ich immer wieder über das Wort Massenmord. Ein typisches Beispiel dafür, wie die Begriffe falsch verwendet werden. Es handelt sich bei den Lainz-Morden um eine Form des Serienmordes. Wir erinnern uns an die Definition: Es handelt sich um Morde, die im Abstand von längeren Zeiträumen, meist Wochen oder Monaten, von ein und derselben Person begangen werden. In diesem Fall waren es vier Personen, die über Jahre hinweg Menschen getötet haben, und das mit den immer gleichen Methoden.

Zwei der Frauen wurden im Prozess zu lebenslanger Haft verurteilt, die anderen beiden zu je fünfzehn Jahren Freiheitsstrafe.

Warum tun Menschen das? Warum töten sie wehrlose alte Leute, die eigentlich besonderer Fürsorge bedürfen?

Seit Beginn der 1970er-Jahre ist diese Form des Mordens Gegenstand näherer Untersuchungen. Nach Fällen in den Niederlanden, in Deutschland und in den USA haben sich sowohl Psychologinnen als auch Psychiater und Richterinnen mit diesem Phänomen beschäftigt.

Sterbehilfe wird häufig als Motiv angeführt. Man habe die armen Leute von ihrem Leiden erlösen wollen, sie hätten ohnehin nur mehr gelitten. Im Fall der Lainz-Schwestern steht dem aber ein nicht zu unterschätzendes Maß an Sadismus gegenüber. Einen im Bett liegenden Menschen zu ertränken ist eine sehr grausame Tötungsmethode. Wollte man jemanden erlösen, so ginge das doch auch schneller und schmerzfreier. Wie zum Beispiel mit den Insulin- oder Rohypnolspritzen.

Berufliche und psychische Überforderung kann ebenfalls ein starkes Motiv sein. Die Arbeitsbedingungen in Krankenhäusern, Alten- und Pflegeheimen sind alles andere als ideal, das ist seit vielen Jahren bekannt. Die dort Beschäftigten sind oft überlastet, da es zu wenig Personal gibt. Man möchte sich gerne mehr um die Patientinnen und Patienten kümmern, aufgrund der straffen Abläufe ist es aber schlicht und ergreifend nicht möglich. Noch dazu sind die Bediensteten nicht besonders gut bezahlt und auch kaum vorbereitet auf das Leid der dort untergebrachten Menschen. Psychologische Vorbereitung oder Unterstützung? Fehlanzeige. Ein Abstumpfen und Ausblenden der persönlichen und zwischenmenschlichen Aspekte der Arbeit erfolgt fast zwangsläufig.

Gleichzeitig muss unqualifiziertes Personal aber Tätigkeiten übernehmen, die es eigentlich nicht übernehmen darf, wie das Verabreichen von Injektionen. Die Folgen der Überbelastung und der konstanten Frustrationen sind oft Aggressionen, die dann an denen ausgelassen werden, die sich am wenigsten wehren können, nämlich den Patienten.

Während einige „nur" in ein Burn-out schlittern, ermorden andere ihre Patientinnen. Warum? Einige schaffen vielleicht noch den Absprung, besorgen sich Hilfe oder suchen sich einen neuen Job. Andere haben kein soziales Netz, fühlen sich alleine gelassen und sehen schlicht und einfach keinen anderen Ausweg mehr, auch wenn das für viele von uns wahrscheinlich nicht vorstellbar ist. Menschen töten als Ausweg aus einer beruflichen Stresssituation? Für mich persönlich ist das absolut nicht nachvollziehbar. Aber ich denke, dass es für Außenstehende eben sehr oft einfach nicht nachvollziehbar ist, mit welchen belastenden und absolut überfordernden Situationen Personal im Gesundheitswesen zurechtkommen muss.

Der Fall der Morde im Krankenhaus Lainz löste damals eine heftige Diskussion um die Arbeits- und Personalsituation im Krankenhaus- und Pflegebereich aus. Wenn man sich die aktuelle Situation bzw. die immer noch anhaltenden Diskussionen ansieht, hat sich aber bis heute wenig bis gar nichts geändert.

Wenn Mütter töten ...

Eine weitere Form des Serienmordes, die wir uns zum Abschluss dieses Kapitels noch ansehen wollen, ist die Tötung von Kindern nach der Geburt. Das österreichische Strafgesetzbuch besagt dazu, dass eine Mutter, die das Kind während der Geburt oder solange sie noch unter der Einwirkung des Geburtsvorganges steht, tötet, mit einer Freiheitsstrafe von einem bis zu fünf Jahren zu bestrafen ist.

Solche Fälle kommen Gott sei Dank sehr selten vor. In Zeiten von Babyklappen und bestmöglicher Beratung im Vorfeld einer Geburt sind es nur mehr Ausnahmefälle, die dann aber umso schockierender sind.

In Graz wurde 2005 eine Frau verhaftet und angeklagt vier Neugeborene direkt nach der Geburt getötet zu haben. Zwei der Babys lagen in der Tiefkühltruhe, eines war in einem Eimer einzementiert, eines lag in einem Schuppen unter einem Haufen Gerümpel. Sie habe Angst gehabt, dass ihr Lebensgefährte sie verlasse, da dieser aus einer früheren Beziehung schon drei Kinder gehabt habe. Der Mann sagte aus, dass er weder von den Schwangerschaften noch von den Tötungen etwas bemerkt habe. Man fragt sich natürlich, wie man vier Schwangerschaften nicht bemerken kann. Mit Gewichtszunahme alleine können die körperlichen Veränderungen wohl nicht erklärt werden. Auch das Handeln der Mutter ist kaum nachvollziehbar. Einerseits gibt es viele Wege, um eine Schwangerschaft gar nicht erst entstehen zu lassen. Andererseits kann man Kinder in die schon erwähnte Babyklappe legen oder sie zur Adoption freigeben. Die Mutter muss unter einem unglaublichen Druck gestanden und auch große Angst gehabt haben. Außerdem müssen hier sowohl bei der Frau als auch beim Mann schier unfassbare Verdrängungsmechanismen am Werk gewesen sein.

Vieles, was Menschen tun, erscheint uns ganz unbegreiflich und unverständlich. Wer behütet, geliebt und in einer harmonischen Familie aufgewachsen ist, kann sich vermutlich gar nicht vorstellen, was in jenen vorgeht, die anders aufgewachsen sind.

2. Wie kann *das* passieren?

Woher kommt Gewalt? Woher kommt Aggression? Gibt es all das immer schon oder hat die Menschheit es über Jahrmillionen gelernt? Der erste Mord ist der Sage nach der von Kain an seinem Bruder Abel. Dieser wirft eine interessante Frage auf: Hat Kain seine Aggressivität geerbt? War es der Einfluss seiner Umwelt oder haben ihn frühere Erfahrungen gewalttätig werden lassen? Wie verhält sich dies alles bei uns? Fragen, denen wir in diesem Kapitel nachgehen wollen.

Das Gehirn – ein unbekanntes Land

Wenn wir uns der Entstehung von Gewalt widmen, müssen wir uns zuerst kurz mit unserem wichtigsten Organ – dem Gehirn – beschäftigen, bevor ich an einem echten Beispielfall zeigen kann, was bei der Planung und der Durchführung eines Verbrechens im Gehirn abläuft.

Michael Madeja, ein deutscher Arzt und Neurowissenschafter, beschreibt in seinem hochinteressanten Buch „Das kleine Buch vom Gehirn" eben das Gehirn als ein Kilogramm schwer und die Oberseite des Kopfes ausfüllend. Die untere Seite liegt im vorderen Teil des Kopfes, dort, wo unsere Augenbrauen sind. Hinten geht es bis zur Mitte unserer Ohren und setzt sich stielartig fort in die Wirbelsäule. Dieser Teil in der Wirbelsäule wird als Rückenmark bezeichnet, aus diesem gehen auch fadenartige Nerven hervor, die immer verzweigter und dünner werden, je weiter entfernt sie vom Rückenmark sind.

Grob kann man das Gehirn in drei Teile aufteilen.

Zum einen in das Großhirn, welches den oberen Teil des Gehirns bildet und große Furchen aufweist. In diesen Arealen passieren die meisten und auch die höchsten Leistungen des menschlichen Gehirns. Das Großhirn wird auch noch in vier Lappen eingeteilt – frontal (also hinter der Stirn), temporal (hinter den Ohren, hinter den Schläfen), okzipital (am Hinterkopf) und parietal (ein Stück über dem Hinterkopf).

Der Frontallappen ist beim Menschen im Vergleich zu anderen Säugetieren besonders gut entwickelt. Dort werden Handlungen geplant, auch Teile des Gedächtnisses sitzen dort, ebenso wie unsere Hemmmechanismen und die Impulskontrolle. Des Weiteren wird dort auch die Feinmotorik kontrolliert, wie das Bewegen einzelner Finger.

Ein spezieller Teil des Frontallappens, der uns in diesem Buch noch öfter begegnen wird, ist der präfrontale Kortex. Er ist der vorderste Teil des Frontallappens und sehr groß. Der präfrontale Kortex erhält Informationen über alle Sinneswahrnehmungen, auch aus dem Inneren unseres Körpers, was ihn zu etwas Besonderem macht. Verletzungen des Frontallappens bzw. des präfrontalen Kortex führen zu Antriebsverlust und dazu, dass man seine Impulse nicht mehr kontrollieren kann. Jegliches unerwünschte, auch gewalttätige, Verhalten kommt zum Vorschein, ohne die Möglichkeit, es in irgendeiner Weise zu filtern oder zu kontrollieren. Ebenso leiden Betroffene an Einschränkungen des Gedächtnisses und sie können Emotionen nicht mehr im Gesicht ausdrücken.

In den 1940ern und 1950ern wurden unzählige sogenannte präfrontale Lobotomien zur Behandlung von Geisteskrankheiten durchgeführt – ein eher dunkles Kapitel der Neurowissenschaften. Die Verbindung zwischen dem präfrontalen Kortex und dem restlichen Gehirn wurde durchgeschnitten, mit dem Ziel, die betroffenen Personen „zahmer" zu machen. Im Tierversuch mit Affen hatte das ganz gut funktioniert, es konnten bei den Tieren auch keine größeren Verluste bei den Sinneswahrnehmungen oder motorischen Fähigkeiten festgestellt werden. Also musste das ja beim Menschen ebenso funktionieren und man ging davon aus, dass man Aggressionen vermindern und generell unbehandelbare psychische Krankheiten so besser unter Kontrolle bringen konnte. Der US-amerikanische Arzt Walter Freeman tat sich hier besonders hervor. Er führte die Operationsinstrumente immer mit sich im Auto, das er „Lobotomobil" nannte. In seinen Entscheidungen, wer eine Lobotomie erhalten sollte, war er recht großzügig. Anfangs wurden schwer Schizophreniekranke behandelt, nicht wissend, dass man hier ein Hirnareal beschädigt, welches bei Schizophrenen ohnehin schon beeinträchtigt ist (dazu mehr im Kapitel „Abnorme Taten"). Die Resultate waren dementsprechend wenig zufriedenstellend. Als in den 1950ern die ersten Psychopharmaka auf den Markt kamen, nahm die Zahl der Lobotomien Gott sei Dank rasch ab, Dr. Freeman verlor die Anerkennung seiner Kollegen und in der Folge auch seine medizinische Zulassung.

Ein weiterer Teil des Großhirns, der Temporallappen, ist für das Hören zuständig und für die Verarbeitung höherer visueller Reize wie das Erkennen von Gesichtern. Dieser Teil des Gehirns ist essenziell für das Verstehen gesprochener Sprache. Verletzungen oder ein Tumor können einerseits zu visuellen Halluzinationen führen, andererseits zum sogenannten Klüver-Bucy-Syndrom. Es beschreibt den Verlust von normalen Ängsten. Affen, die an diesem Syndrom leiden, greifen zum Beispiel Schlangen oder brennende Zündhölzer an. Etwas, was ein gesunder Affe niemals tun würde.

Im Okzipitallappen werden Informationen der Sehnerven verarbeitet. Wird dieser Teil des Gehirns verletzt, kann es zu Blindheit kommen.

Der Parietallappen ist für unsere Körperempfindungen zuständig, genauer gesagt für Berührungen, Muskel- und Gelenksrezeptoren. Verletzungen führen nicht unbedingt zu einem völligen Gefühlsverlust, sondern eher zu Schwierigkeiten, Bewegungen zu kontrollieren, bzw. dazu, dementsprechende Gefühls-, Berührungs- und Bewegungsinformationen nicht adäquat interpretieren zu können. Um dies etwas anschaulicher zu machen: Eine Person, die Verletzungen des Parietallappens erlitten hat, kann zum Beispiel Probleme haben, ein Objekt durch Angreifen und Befühlen zu identifizieren. Beträfe das eine blinde Person, könnte sie die Brailleschrift nicht mehr mit den Fingern erkennen und lesen. Je nach verletzter Hemisphäre kann es dazu kommen, dass man die jeweils andere Körperhälfte vernachlässigt, dass man nur mehr eine Hälfte einer Buchseite liest oder auch nur eine Hälfte eines Bildes beschreiben kann.

Der zweite wichtige Teil unseres Gehirns liegt an der Unterseite, ungefähr da, wo unsere Ohren sind. Es ist ein kleiner gefurchter Teil, der auch von der Masse her kleiner als das Großhirn ist und daher – Sie werden es sich schon denken können – Kleinhirn heißt. Dort werden hauptsächlich Muskelbewegungen gesteuert.

Der Hirnstamm ist der dritte Teil des Gehirns. Er liegt ebenfalls an der Unterseite und geht in das Rückenmark über. Der Name stammt vom Aussehen des Gehirns an dieser Stelle – wie ein Stamm. Im Hirnstamm werden ganz essenzielle Dinge wie Schlafen und Atmen gesteuert, ebenso ist er eine zentrale Umschaltstation zwischen dem Gehirn und dem Rückenmark. Verletzungen des Hirnstammes sind in der Medizin besonders gefürchtet, da sie sehr häufig zum Tod führen.

Was muss man noch über unser Gehirn wissen?

Es hat zwei Hälften, die durch eine lange Furche getrennt sind. Diese Hälften nennt man auch Hemisphären, sie spiegeln die Symmetrie wider, die sich durch unseren ganzen Körper zieht. Allerdings sind die Hälften jeweils für die gegenüberliegende Körperseite verantwortlich. Die linke Gehirnhälfte steuert also zum Beispiel den rechten Arm, die rechte Gehirnhälfte den linken.

Weiters gibt es Funktionen, die in einer Großhirnhälfte stattfinden, unsere sprachlichen Leistungen zum Beispiel. Sie sind in der linken Hälfte lokalisiert. Und dann gibt es auch noch Funktionen, bei denen beide Gehirnhälften kooperieren müssen. Räumliches Sehen zum Beispiel oder das Abschätzen von Entfernungen. Hier kommen die Informationen über die Augen, ein linkes und ein rechtes, die Gehirnhälften müssen je ihre eingehenden Informationen verarbeiten. Damit das passieren kann, sind die beiden Hälften miteinander verbunden.

Etwas später in diesem Kapitel wird uns die „graue Substanz" begegnen, auch Hirnrinde genannt. Würde man das Gehirn in der Mitte durchschneiden, würde man einerseits sehen, dass es sehr massiv ist. Es hat nur sehr wenige Hohlräume, welche mit einer Flüssigkeit gefüllt sind. Diese Flüssigkeit befindet sich auch rund um das Gehirn, es schwimmt quasi darin, sodass es Stöße und Erschütterungen bis zu einem gewissen Grad ausgleichen und abfangen kann. Aber zurück zur grauen Substanz. Die außen liegenden Teile unseres Gehirns sind an der Oberfläche eben grau, daher der Name. Hier, in der Hirnrinde, findet die eigentliche Informationsverarbeitung statt. Dies ist also der Ort, an dem die höchsten geistigen Leistungen des Menschen vollbracht werden. Die spezialisierten Areale unseres Gehirns liefern alle Informationen dort zur Verarbeitung ab.

Unter der grauen liegt die weiße Substanz. Weiß deshalb, weil sie aufgrund ihres hohen Fettanteils eben weiß ist. Ihre Aufgaben liegen in der Leitung von Informationen und Verbindungen innerhalb des Gehirns. In der weißen Substanz liegen einzelne Inseln von grauer Substanz, die spezialisierte, nicht bewusste Funktionen haben.

Die Amygdala ist ein sehr kleines Organ, das im mittleren Teil des Temporallappens zu finden ist. Sie ist unter anderem für Lernen und das emotionale Gedächtnis zuständig. Dieses emotionale Gedächtnis können wir nicht kontrollieren, es passiert unbewusst. Die Amygdala hat mit vielen Gefühlen zu arbeiten, unter anderem auch mit Angst. Sie schätzt ab, ob ein Reiz gefährlich ist oder nicht, dies wird uns an späterer Stelle noch einmal begegnen. Ist die Amygdala verletzt, kann sie die Gefährlichkeit von Reizen nicht mehr ordnungsgemäß einschätzen, was unpassendes Verhalten zur Folge hat.

Der Nucleus accumbens befindet sich am unteren Teil der Frontallappen. Wie die Amygdala reicht auch er in beide Hirnhälften. Er spielt eine wichtige Rolle beim Lachen, bei Befriedigung und Freude, aber auch bei Abhängigkeit und Angst. Ist jemand drogenabhängig, so ist der Nucleus accumbens der Ort, an dem „es abgeht", und zwar aufgrund der Empfindlichkeit gegenüber Dopamin. In diesem Zusammenhang muss noch der Begriff Salienz erwähnt und erklärt werden. Es handelt sich dabei um das Phänomen, dass ein bestimmter Reiz besonders hervorspringt und mehr wahrgenommen wird als andere. Bleiben wir beim Beispiel des Drogenabhängigen: An einem freien Abend hat eine Person verschiedene Möglichkeiten, wie sie diesen gestalten könnte. Ein Kinobesuch, ein gutes Buch, wieder einmal eine langjährige Freundin anrufen – es gibt viele verschiedene Dinge, die man machen könnte. Keines davon sticht wirklich hervor, alle haben irgendwie die gleiche Wahrscheinlichkeit und den gleichen Reiz. Die Möglichkeit, Kokain zu schnupfen, wird einem eher weniger in den Sinn kommen. Ein Drogenabhängiger allerdings wird wiederum keinerlei Gedanken daran verschwenden, ein Buch zu lesen oder ins Kino zu gehen. Alles, woran er denken kann, ist Kokain und wie er dazu kommt. Dieser eine Reiz, nämlich die Droge, sticht besonders hervor und überdeckt alle anderen. Dies meint Salienz.

Ein weiterer wichtiger Teil des Gehirns ist der vordere zinguläre Kortex, ein Areal mit Verbindungen in die frontalen, temporalen und parietalen Lappen, welches ausführende Funktionen über hat. Es kann auch als System bezeichnet werden, das Fehler verhindert. Es erkennt Konflikte und hilft bei der Kontrolle von strategischen Prozessen. Dieser Teil des Gehirns macht sozusagen Vorschläge bezüglich adäquaten Verhaltens an den präfrontalen Kortex, wobei man mit adäquat hier nicht sozial erwünscht meint. Es handelt sich vielmehr um Verhalten, welches in der jeweiligen Situation als am passendsten erscheint. Das kann durchaus auch aggressives Verhalten sein.

Zu guter Letzt sei hier noch der orbitofrontale Kortex erwähnt. Er liegt am unteren Teil des Frontallappens, ungefähr auf Höhe der Augen, und gehört zum präfrontalen Kortex. Gedankliche Prozesse finden hier statt, genauso wie das Treffen von Entscheidungen. Besonders solche Entscheidungen, die mit Bestrafung oder Belohnung zu tun haben. Verletzungen in dieser Region können unter anderem Hypersexualität, Spielsucht, exzessives Fluchen, Drogen- und Alkoholmissbrauch zur Folge haben.

Das waren ja nun enorm viele Informationen und auch noch solche, die nicht unbedingt einfach zu lesen und zu verarbeiten sind. Lassen Sie mich nun versuchen, das Ganze durch ein Beispiel verständlicher zu machen.

Justin und April Barber bilden nach außen hin ein relativ typisches amerikanisches Ehepaar. Gutaussehend, mittelständisch, unauffällig. Justin ist sehr narzisstisch und hat viele Affären. Seine Frau April, hübsch wie ein Model, ist ausgeprägt rational veranlagt, aber auch sehr sensibel. Obwohl Justin in seinem Job als mittlerer Manager recht gut verdient und das Paar sich vieles leisten kann, will er immer mehr. Er will zum Beispiel stets die neuesten Autos, was ihn dazu bringt, höchst riskante Aktiengeschäfte zu tätigen. In der Folge hat er aber nicht das erhoffte Geld, sondern enorme Schulden, und zwar bei seinem Aktienhändler und bei seinem Autohaus.

Justin wird beruflich von Georgia nach Florida versetzt. Zu Anfang führen er und April eine Wochenendehe, dann zieht sie doch nach. Wieder gemeinsam unter einem Dach kommt es sehr bald zu heftigen Spannungen und Streitereien zwischen den beiden. Durch seine enormen und immer weiter wachsenden Schulden gerät Justin noch mehr unter Druck. Bis er einen teuflischen Plan schmiedet. Er weiß, dass April nach wie vor die Prämien für ihre Lebensversicherung zahlt, deren Begünstigter er ist. Mit der Auszahlung dieser zwei Millionen Dollar wäre er alle seine Sorgen auf einen Schlag los. Alles soll aussehen wie ein Überfall. Er informiert sich im Internet, wie und wo er sich am besten selbst glaubwürdige Schusswunden zufügen kann, um dann einen großen Unbekannten als Täter anzugeben.

Am 17. April 2002, kurz vor ihrem dritten Hochzeitstag, lockt er April gegen Mitternacht an einen einsamen Strand und erschießt sie. Anschließend fügt er sich selbst Schusswunden an den Händen und der Brust zu. Der Polizei erzählt er, dass sie von einem Mann attackiert worden seien, er habe aber aufgrund der Dunkelheit nichts erkennen können. Er habe versucht sich und seine Frau zu verteidigen, sei dann aber ohnmächtig geworden. Als er wieder aufgewacht sei, habe er seine Frau mit dem Gesicht nach unten im Meer gefunden, er selbst habe mehrere Schusswunden gehabt. Er habe April noch über den Strand getragen, er habe sie zum Auto bringen wollen. Als er dies aber nicht geschafft habe, habe er sie liegen lassen, sei alleine ins Auto gestiegen und habe an der nächsten größeren Straße ein Auto aufgehalten und um Hilfe gebeten.

Justin Barber zieht nach dem Tod seiner Frau nach Oregon, kommt aber im Sommer 2004 für eine Einvernahme zurück nach Florida. Er wird noch am selben Tag verhaftet und wegen Mordes an seiner Ehefrau angeklagt. Die Ermittler vermuteten aufgrund der Beweislage schon kurz nach der Tat, dass es keinen mysteriösen unbekannten Angreifer gegeben hatte, sondern dass Justin seine Ehefrau ermordet hatte. Am 24. Juni 2006 wird er zu lebenslanger Haft verurteilt.

Sehen wir uns nun an, was im Gehirn von Justin Barber passiert ist.

Die Amygdala ist, wir erinnern uns, zuständig für die Einschätzung von Reizen, ob diese gefährlich sind oder nicht. In Justins Fall wird das Risiko bzw. die Gefährlichkeit, einen Mord zu begehen, als niedrig eingestuft. Unsereins würde eher mit Angst reagieren, Angst davor, jemanden zu ermorden, und auch Angst davor, erwischt, verurteilt und eingesperrt zu werden. Justin hingegen ist überzeugt, einen absolut sicheren Plan zu haben. Außerdem ist er schon früher mit schwierigen Situationen fertiggeworden.

Alles, was der Nucleus accumbens bei Justin sieht, ist das Geld. Wir erinnern uns an den Begriff der Salienz. Alle anderen Reize, oder besser gesagt Alternativen, sind nicht relevant – Schulden, Scheidung, Privatkonkurs etc. Mit den zwei Millionen Dollar aus der Lebensversicherung sind alle Probleme ein für alle Mal gelöst.

Der zinguläre Kortex fungiert nun als Berater und macht Handlungsvorschläge, nicht unähnlich einer Jury bzw. den Geschworenen vor Gericht. Die Stimme der Vernunft meldet sich: Sicher, Polizisten sind auch nicht immer die Hellsten, man kann sie schon auf eine falsche Fährte führen. Aber vielleicht glauben sie doch nicht an den großen Unbekannten, der aus dem Nichts aufgetaucht ist? Und wenn nicht, dann bedeutet das eine sehr lange Gefängnisstrafe, vielleicht sogar die Todesstrafe. Die Jury entscheidet sich also gegen den Mordplan, allerdings ist ihre Stimme viel zu leise, um gehört zu werden.

Zu guter Letzt mischt sich der orbitofrontale Kortex ein, der den starken Trieben mehr Aufmerksamkeit widmet als der leisen Stimme der Vernunft. Die endgültige Entscheidung wird getroffen. Beide Seiten wurden gehört, die Belohnung in Form von zwei Millionen Dollar ist zu verlockend, die Aussicht auf die Lösung aller Probleme ebenfalls. Und alles klingt auch noch relativ einfach. Also tut er es!

Der Vollständigkeit halber soll hier zum Fall Justin Barber noch erwähnt werden, dass er die Tat nie zugegeben hat. Im Sommer 2011 hat er die Wiederaufnahme seines Falles beantragt. Er sei schlecht verteidigt worden und es seien auch neue Beweise für seine Unschuld aufgetaucht.

Aggressionen und Gewalt

Wenden wir uns nun konkreter den Themen zu, um die es hier eigentlich geht – Aggressionen und Gewalt.

Forscher gehen davon aus, dass es Gewalt und Aggression bereits seit ungefähr 700 Millionen Jahren gibt, so lange existieren nämlich Lebewesen, in diesem Fall Tiere, auf der Erde. Und schon damals haben sich die Stärkeren aufgrund ihrer Kraft gegen die Schwächeren durchgesetzt. Sie haben um Futter gekämpft, ihre Reviere abgesteckt, Rivalen bei den Weibchen vertrieben und den eigenen Nachwuchs beschützt.

Genauso wird es auch beim Menschen gewesen sein, allerdings hat der Homo sapiens, als höchstentwickelte Spezies, es geschafft, Gewalt auf ein ganz neues Niveau zu heben. Im Tierreich ist keine Spezies bekannt, die absichtlich und mit vollem Bewusstsein einem Artgenossen Schmerzen zufügt – nur der Mensch foltert. Auch gibt es keine Tierart, die sich bewusst in Gruppen zusammenschließt, sich bewaffnet, um vermeintliche Feinde auszuschalten – nur der Mensch führt Krieg.

Aktuelle Forschungen gehen von drei Kategorien aus, die den menschlichen Hang zu Gewalt beeinflussen und steuern.

Zuerst ist da unser evolutionäres Erbe. Der Mensch hat sich weiter entwickelt als die Tiere, wir haben unsere geistigen und körperlichen Fähigkeiten und Fertigkeiten immer mehr spezialisiert und präzisiert. Charles Darwin stellte bereits vor mehr als 150 Jahren fest, dass die Stärkeren überleben, womit er jene Individuen meinte, die sich ihrer Umwelt am besten anpassen konnten („Survival of the Fittest"), und die Schwächeren untergehen bzw. aussterben. Dies ist der Motor allen evolutionären Fortschrittes. Der, der sich im Wettbewerb durchsetzen kann, der auch bereit ist, Gewalt gegen Konkurrenten einzusetzen, der wird überleben und dessen Gene werden sich durchsetzen.

Was bedeutet nun das Wort Aggression wörtlich? Im Duden Fremdwörterbuch findet sich dazu Folgendes:

Aggression (lat.) Substantiv, feminin, -en; 1. (Völkerrecht) rechtswidriger militärischer Angriff auf ein fremdes Staatsgebiet, Angriffskrieg. 2a. (Psychologie) durch Affekte ausgelöstes, auf Angriff ausgerichtetes Verhalten des Menschen, das auf einen Machtzuwachs des Angreifers bzw. eine Machtverminderung des Angegriffenen zielt. 2b. (Psychologie) feindselige, ablehnende Einstellung, Haltung.

Das trifft genau das, was weiter oben beschrieben wurde – dem anderen weh tun und Krieg führen.

Das Wort Aggression stammt aus dem Lateinischen, da heißt es übersetzt „herangehen" oder „zuwenden" (aggredere) und hat eigentlich gar keinen negativen Beigeschmack.

Im Gegensatz zu Pflanzen, die meist von Sonnenlicht und Wasser leben, waren Lebewesen, Mensch und Tier, immer schon darauf angewiesen, Nahrung zu finden. Ein Nervensystem und Muskeln zur Fortbewegung gaben die Möglichkeiten dazu. Tiere und Menschen konnten sich orientieren, sich bewegen und Futterquellen suchen. Und bereits hier zeigte sich erste Aggressivität. Auch primitive Flossen oder Beine konnten dazu benutzt werden, einen Rivalen vom Futter wegzustoßen, ihn vielleicht sogar zu verletzen. Als sich über die Jahre dann noch Zähne, Krallen, Klauen und Giftdrüsen entwickelten, veränderten sich auch die Kämpfe zwischen den Tieren. Es eröffneten sich andere Möglichkeiten, den Gegner zu verletzen oder gar zu töten, um das Überleben der eigenen Art zu sichern. Nun konnten Reviere und Nahrungsquellen verteidigt werden, die Tiere organisierten sich in hierarchischen Rudeln, um effektiver zu sein (dieses Thema wird uns später noch einmal in Kapitel II beschäftigen), auch das Buhlen um Geschlechtspartner sah anders aus, die Stärkeren setzten sich durch.

Schon seit damals ist Gewalt zu einem Großteil männlich. Die Weibchen der Tierwelt waren und sind meist mit dem Gebären und der Aufzucht der Jungtiere beschäftigt. Beim Menschen ist das nicht anders. Frauen werden schwanger, bleiben zu Hause, gehen in Karenz, stillen, widmen sich voll und ganz dem Nachwuchs.

Die Männchen hingegen sind für Nahrung, Unterkunft und Sicherheit zuständig. Sie müssen jagen, sich und die Art verteidigen, ständig um Ressourcen kämpfen. Umgelegt auf die Männer der heutigen Zeit heißt dies, dass sie im Normalfall für den Familienunterhalt sorgen (müssen); die Kreditraten für Haus und Auto wollen bezahlt werden, trotz allem will man gut dastehen und etwas bieten können. Auch wenn Männer heutzutage nicht mehr im klassischen Sinne jagen gehen und erlegte Beute nach Hause bringen und die Rolle der Frau sich zunehmend verändert, so sind Männer doch nach wie vor zu einem Großteil für „die Erhaltung der eigenen Spezies" verantwortlich. Das Erlegte nennt man heute Geld, welches im wirtschaftlichen Dschungel da draußen verdient werden muss. Und das ist oft mit großen Opfern wie zum Beispiel weniger Zeit für die Familie, Stress in der Arbeit etc. verbunden.

Aus biologischer Sicht ist es also so, dass Männer „nur" ihren Samen abgeben, um sich fortzupflanzen. Die Frau hingegen investiert ungleich mehr in den Nachwuchs, womit sie unglaublich begehrt wird. Männer buhlen um sie, sie wollen ihre Gene so oft wie möglich weitergeben. Die Frau hingegen kann aus dem Angebot auswählen und wird sich mit großer Wahrscheinlichkeit für den Mann entscheiden, der am größten und stärksten ist, sodass er am besten für sie und ihre Nachkommen sorgen kann. Das erklärt, warum vor allem bei Säugetieren die Männchen oft stärker, größer und auch aggressiver sind als die Weibchen.

Zusammenfassend kann man also sagen, dass Gewalt und aggressives Verhalten Teil unseres evolutionären Erbes sind, das die Geschlechter aber unterschiedlich stark betrifft. Gesteuert wird es von Hormonen, Botenstoffen und verschiedenen Hirnregionen. Dazu aber später noch mehr.

Als zweite Kategorie, die Aggression steuert, gilt die Biologie eines Individuums. Vereinfacht gesagt ist es das, was wir von den Eltern erben, also die Genetik.

Inzwischen ist es sehr gut wissenschaftlich erforscht, welche Hirnareale bei Aggression und Gewalt eine Rolle spielen. So hat man in Tierversuchen mit Katzen festgestellt, dass sie vor allem in vier bestimmten Situationen aggressiv reagieren: beim Jagen und Erbeuten, wenn sie sich bedroht fühlen, wenn sie um Weibchen oder um Reviere kämpfen und wenn Muttertiere ihre Jungen verteidigen.

Beim Jagen sowie beim Kampf um Weibchen oder Territorien spielt der Hypothalamus eine große Rolle. Es handelt sich dabei um einen Teil des Zwischenhirns, der im Inneren des Gehirns in der Nähe des Hirnstammes liegt. Er steuert basale Funktionen wie Nahrungsaufnahme, Schlaf und Sexualität und löst im Zusammenhang mit Emotionen körperliche Reaktionen aus.

Muss sich ein Tier verteidigen bzw. verteidigt es seinen Nachwuchs, so sind andere Hirnareale aktiv. In diesem Fall das sogenannte „Zentrale Grau" (welches wir weiter oben auch als graue Substanz kennengelernt haben) im Mittelhirn. Sowohl das Zentrale Grau als auch der Hypothalamus gehören zum limbischen System. Dieses kann als eine Art Zentrale für unsere Gefühle beschrieben werden, in der Gefühle wie Wut, Furcht und Lust, aber auch Verhaltensweisen wie Flucht oder Verteidigung geregelt werden. Die Strukturen des limbischen Systems durchziehen viele Teile des Gehirns, sodass dadurch Wahrnehmungen, Vorstellungen und Handlungspläne mit Stimmungen und Gefühlen verknüpft werden.

Eine sehr wichtige Rolle bei Aggressionen und gewalttätigem Verhalten spielt die Amygdala, auch Mandelkern genannt. Hier werden Erlebnisse und Erfahrungen, die wir gemacht haben, mit negativen Emotionen wie Angst verbunden, woraus in der Folge aggressive Impulse entstehen. Es ist wichtig festzuhalten, dass diese Vorgänge unerlässlich für unser Überleben sind. Haben wir keine Angst mehr, können wir Bedrohlichkeiten nicht mehr einschätzen, begeben wir uns ständig in Lebensgefahr. Auch das konnte im Tierversuch festgestellt werden. Ist die Amygdala zerstört, zum Beispiel durch einen Tumor, zeigen Tiere keine Angst mehr, sie fliehen nicht rechtzeitig aus einer gefährlichen Situation, sie verteidigen sich nicht, sie zeigen auch kein Unterwerfungsverhalten einem stärkeren Gegner gegenüber, um dessen Angriffsverhalten zu stoppen. All das ist potenziell tödlich.

Dem limbischen System steht der präfrontale Kortex gegenüber, über ihn haben wir weiter oben schon etwas gelesen. Er ist Teil unseres Großhirns, in dem Selbstreflexion und auch unser moralisches Denken passieren. Wir werden später noch erfahren, dass einerseits der präfrontale Kortex von Männern und Frauen sich nicht unwesentlich unterscheidet und dass andererseits ein beschädigter präfrontaler Kortex bei Psychopathie eine große Rolle spielt. Dieser Teil unseres Gehirns regelt aggressive Impulse, die aus anderen Hirnregionen kommen. Eine Untersuchung an Affektmördern (also Tätern, die die Tötung nicht geplant hatten) ergab, dass der Stoffwechsel im präfrontalen Kortex vermindert gewesen war. Also nicht nur organische Schäden, auch biochemische Störungen können zu gewalttätigem Verhalten führen. Unterm Strich vermutet die Forschung, dass der präfrontale Kortex nicht ausreichend in der Lage ist, die aus dem limbischen System kommenden aggressiven Impulse zu kontrollieren. Die Ursachen dafür sind allerdings noch nicht zu hundert Prozent erforscht, es können genetische sein, aber auch durch die Sozialisation bedingte.

Ein weiterer wichtiger biologischer Faktor im Zusammenhang mit gewalttätigem Verhalten sind Hormone und Neurotransmitter. Als Neurotransmitter bezeichnet man Botenstoffe, die zwischen zwei Nerven ausgeschüttet werden und so Informationen übertragen. Sie beeinflussen die Aktivität unserer Nervenzellen und auch deren Kommunikation untereinander. Am bekanntesten in diesem Zusammenhang ist wahrscheinlich das männliche Hormon Testosteron. Ist es erhöht, kommt es auch zu vermehrt aggressivem Verhalten. Ist der Testosteronspiegel niedrig, sinkt auch die Aggression. Wird aber zum Beispiel einem kastrierten männlichen Tier Testosteron injiziert, steigt das aggressive Verhalten wieder an. Injiziert man Weibchen dieses Hormon, kommt es nicht zu erhöhter Aggressivität. Ein höherer Testosteronspiegel führt dann zu gesteigertem Sexualverhalten.

Beim Menschen sieht das aber ein wenig anders aus. Dies liegt an verschiedenen Faktoren. Zum Ersten kann der Mensch wie kein anderes Lebewesen über sich selbst nachdenken und reflektieren. Wie wir nun bereits wissen, passiert dies im präfrontalen Kortex. Des Weiteren durchlebt der Mensch seine Kindheit, im Normalfall sogar eine relativ lange. In dieser wird er sozialisiert, er lernt soziales Verhalten, was richtig ist und was falsch. Wir sind also nicht unseren Botenstoffen und Hormonen hilflos ausgeliefert, nein, wir haben eine Erziehung genossen und wir haben auch einen Willen und mit diesen beiden Werkzeugen können wir unsere aggressiven Impulse steuern und kontrollieren.

Erhöht man aber bei Männern und Frauen den Testosteronspiegel, zeigen sich bei beiden Geschlechtern eine erhöhte Risikobereitschaft, verminderte Furcht und vermindertes Einfühlungsvermögen in andere. Der Umkehrschluss, dass also ein niedriger Testosteronspiegel auch weniger Gewalt bedingt, ist aber nicht zulässig. Zum einen ist es so, dass zum Beispiel bei Sportlern nach einem Sieg der Testosteronspiegel auch ganz schön ansteigt, aggressiv werden sie deswegen nicht. Zum anderen gibt es noch andere Botenstoffe, die Auswirkungen auf aggressives Verhalten haben, zum Beispiel Serotonin. Dieser Neurotransmitter ist zuständig für das Gefühl von Ausgeglichenheit und Gelassenheit. Ist der Spiegel zu niedrig, wird ein Mensch ängstlich und unsicher. In der Folge fühlt er sich schneller bedroht und reagiert mitunter aggressiv. Serotonin spielt auch eine Rolle bei unserem Schlaf-Wach-Rhythmus. Wir alle kennen das, wir haben eine Nacht lang, aus welchen Gründen auch immer, nicht gut geschlafen. Am nächsten Morgen fühlen wir uns schlapp und abgespannt. An solchen Tagen ist es mit unserer Frustrationstoleranz nicht weit her und es reicht schon eine Kleinigkeit, um das Fass zum Überlaufen zu bringen und aggressiv zu reagieren. Auch bei Migräneanfällen wurden im Vorfeld Veränderungen des Serotoninspiegels festgestellt. Ein Serotoninmangel in bestimmten Hirnarealen wird mit Schmerzreizen, die als Ursache für Migräne angenommen werden, in Verbindung gebracht. Und wer schon einmal so einen Anfall hatte, oder auch Zahnschmerzen zum Beispiel, weiß, dass es an solchen Tagen nicht viel braucht, damit jemand aggressiv reagiert.

Dann gibt es noch Dopamin, einen Neurotransmitter, der aus dem Belohnungszentrum des Gehirns kommt. Dieses Zentrum liegt im unteren Teil des Vorderhirns, welches eine große Rolle bei der Entwicklung von Süchten spielt. Bei Lernprozessen werden durch Dopamin bestimmte Handlungen mit positiven Gefühlen und Befriedigung gekoppelt. Nun kann dies durchaus etwas Positives sein, zum Beispiel beim Sport. Sehr häufig berichten Extremsportler von einem High nach Erreichen des Ziels oder eines Gipfels. Dies wird durch Dopamin (und auch durch Adrenalin) verursacht. Bei Süchten sieht es dann schon anders aus. Casino plus Geld ist gleich gutes Gefühl. So gut, dass das Verlieren ausgeblendet wird, auch wenn es in den Ruin führt. Spritze plus Heroin ist gleich gutes Gefühl. Heroinabhängige berichten immer wieder von einem Gefühl, das man einfach nicht beschreiben kann. Von einem Hoch und von einer Glückseligkeit, die von nichts anderem übertroffen werden können. Das Ruinieren des eigenen Körpers, die oft nötige Beschaffungskriminalität – all das wird nebensächlich.

Auch Gewalt kann so ein gutes Gefühl auslösen. Es gibt Menschen, die sich an gewalttätiges Verhalten und Aggressionen gewöhnen und es über die Zeit als sehr lustvoll erleben. Im legalen Rahmen wären das zum Beispiel Menschen, denen Sadomasochismus Lust bereitet. Einer fügt in einem vereinbarten Rahmen Schmerzen zu, der oder die andere erfährt die Schmerzen, beiden entsteht daraus Lustgewinn. Im nicht legalen Rahmen handelt es sich um Sadismus und Folter, dazu aber in einem späteren Kapitel mehr.

Als letzter Botenstoff, der Einfluss auf Aggression hat, sei hier noch Adrenalin erwähnt, gemeinhin als Stresshormon bezeichnet. Wir alle kennen das: Wir sind morgens zu spät dran, dann hat auch noch die U-Bahn eine Störung. Was an einem entspannten Samstagnachmittag kein Problem darstellt – geht man eben ein Stück zu Fuß –, führt auf dem Weg zur Arbeit zu innerlichen Schimpftiraden auf die verfluchten öffentlichen Verkehrsmittel. Hat sich der Bahnsteig dann noch mit unzähligen anderen Wartenden gefüllt, die einem viel zu nahe kommen, einem vielleicht sogar auf den Fuß treten, läuft das Fass über. Der Mitmensch wird angepöbelt, der Tag ist schon um sieben Uhr in der Früh gelaufen.

Nun haben aber nicht nur die Botenstoffe selbst Einfluss auf das Ausmaß unserer Aggressionen. Ebenfalls eine Rolle spielen die sogenannten Rezeptoren. Das sind die Andockstellen, an denen die Botenstoffe erkannt und verarbeitet werden, wo die Kommunikation zwischen den Nervenzellen stattfindet. Natürlich kann es auch hier zu Störungen kommen. Rezeptoren können blockiert sein, sie können zu viel oder zu wenig von einem Botenstoff aufnehmen oder abgeben und all das kann zu veränderten Verhaltensweisen führen.

Zum Abschluss dieser Ausführungen kann also gesagt werden, dass Neurotransmitter, Hormone und verschiedenste Gehirnareale auf die Aggressivität eines Menschen einwirken. Dies wird als genetische Ausstattung bezeichnet.

Ebenso von großer Bedeutung ist die Sozialisation eines Menschen, womit wir bei der dritten Kategorie angelangt wären. Sozialisation ist ein Begriff aus den Sozialwissenschaften und bezeichnet das Phänomen des Sichanpassens an gesellschaftliche Normen, Denk- und Verhaltensweisen. Im Laufe dieser Sozialisation entwickeln wir unsere Persönlichkeit und lernen, Beziehungen zu unserer Umwelt und unseren Mitmenschen einzugehen. Sie passiert zu Hause, im Kindergarten, in der Schule, am Spielplatz, im Supermarkt etc. Eben überall dort, wo wir mit anderen Menschen oder besser gesagt Lebewesen zusammentreffen, interagieren und kommunizieren.

Sozialisation kann aber auch ordentlich schieflaufen und das bereits im Mutterleib. Rauchen, Alkohol- und Drogenkonsum, häusliche Gewalt – all das sind Dinge, die einem ungeborenen Kind massiv Stress bereiten und das Wachstum und die Vernetzung von Nervenzellen beeinflussen können. Forscher der Universität Konstanz haben nachgewiesen, dass Kinder, die bereits im Mutterleib traumatisiert wurden, in ihrem späteren Leben anfälliger sind für Stress und psychische Erkrankungen. Beides sind Faktoren, die zu gewalttätigem Verhalten führen können. Nicht nur das zuständige Gen verändert sich, auch die Aktivität dieses Gens. Was bisher nur vermutet wurde, konnte nun wissenschaftlich nachgewiesen werden. Besonders häufig sind diese Veränderungen, wenn eine werdende Mutter regelmäßig Opfer von Gewalt ist. Noch im Mutterleib bekommt das Ungeborene signalisiert, dass es in einer unsicheren und gefährlichen Umgebung aufwachsen wird. Die Folge davon ist, dass diese Kinder viel schneller Flucht- bzw. Kampfverhalten zeigen als andere.

Erleben die Kinder dann selbst Gewalt oder werden vernachlässigt, so hat dies Auswirkungen auf die Entwicklung des Gehirns, zum Beispiel auf den präfrontalen Kortex, auf das limbische System und auch auf das Serotoninsystem. Wie wir schon wissen, sind diese Gehirnareale bzw. der Botenstoff Serotonin von nicht geringer Bedeutung, wenn es um aggressives Verhalten geht.

Als Folge solch eines Aufwachsens kann ein Kind oft die Emotionen seines Gegenübers nicht gut deuten. Häufig werden anderen böse Absichten unterstellt, das Kind reagiert viel öfter und schneller aggressiv.

Serientäter haben in ihrer Vergangenheit sehr oft Traumatisches erlebt, wurden sexuell und körperlich misshandelt. Sehr häufig erlitten sie auch Hirnschädigungen durch die erlittene Gewalt.

Auch der Erziehungsstil, den Eltern anwenden, hat einen Einfluss auf unser späteres Verhalten. Autorität, Bevormundung und strenge Regeln scheinen Aggressivität zu fördern, genau so wie Vernachlässigung und zu wenig Kontrolle.

Und schließlich sind Lernprozesse mit im Spiel. Habe ich einmal Erfolg mit meinem Vorgehen, werde ich es wieder anwenden. Der schmächtige Nachbarjunge gibt mir „freiwillig" sein Taschengeld, weil ich ihn bedrohe und schubse. Das probiere ich nächsten Monat wieder. Wenn Mama nicht kochen will, schlägt Papa sie. Eine halbe Stunde später steht etwas zu essen auf dem Tisch. Das könnte ich doch ebenfalls ausprobieren, bei Mama oder bei der eigenen Freundin.

Einen sehr aktuellen und wie ich meine auch sehr interessanten Zugang zu Gewalt und Aggression bietet der deutsche Neurobiologe Joachim Bauer. Er geht davon aus, dass der Mensch eigentlich auf Kooperation ausgerichtet ist, dass wir alle soziale Wesen sind und gute zwischenmenschliche Beziehungen brauchen. Er sieht aggressives Verhalten als Strategie, bedrohte Beziehungen zu verteidigen bzw. aufrechtzuerhalten. Wir alle wollen anerkannt und geliebt werden, wir wollen gute und befriedigende Beziehungen haben, wir wollen uns sozial zugehörig fühlen. Ist das bedroht, kommt es mitunter zu Gewalt.

Aus der Sicht Bauers gibt es fünf Varianten von Aggression.

Zum Ersten tritt gewalttätiges Verhalten dann auf, wenn eine bestehende Beziehung bedroht ist. Wird eine Beziehung nicht verteidigt, so steht es eher schlecht um sie.

Aggression kann auch der Kampf um Anerkennung sein. Sei es zwischen Geschwistern, die um die Liebe der Eltern buhlen, sei es zwischen Schülern, die die Aufmerksamkeit der Lehrerin möchten.

Auch innerhalb von bestehenden Beziehungen kommt es zu Gewalt und Aggressionen. Diese haben eine Signalfunktion, nämlich jene, den Fokus wieder aufeinander und bestehende Gemeinsamkeiten zu richten. Aber man soll sich auch wieder darauf konzentrieren, wer man selbst eigentlich ist und wie sehr man in einer Beziehung die Möglichkeit hat, man selbst sein zu können und zu dürfen.

Als vierte Variante beschreibt Bauer die Aggressionen, die im Zusammenhang mit Bindungen und Gruppen ausgelebt werden. Gemeint sind damit Banden oder Hooligans, die in der Gruppe Gewalt ausüben, aber auch Soldaten bzw. Kriegskameraden, die in der Gewalt Gemeinschaftsgefühle erleben.

Als letzte Form gehen Gewalt und Aggressionen von Menschen aus, die verschiedene Beziehungserfahrungen gemacht bzw. nicht gemacht haben. Sie sind in verwahrlosten Verhältnissen aufgewachsen, haben selbst Gewalt erlebt oder diese als gute Verhaltensweise gelernt. Aggression tritt dann auf, um Beziehungen aufrechtzuerhalten, aus Angst, diese zu verlieren. Was natürlich genau zum Gegenteil führt. Gewalt und Aggressionen zerstören Bindungen, Liebe und Vertrauen.

Interessant ist die Tatsache, dass Schmerz, egal ob körperlich oder seelisch, als Ursache für Aggressionen belegt werden konnte. Studien haben gezeigt, dass der Körper und das Gehirn keinen Unterschied zwischen diesen beiden Schmerzformen macht. Dies konnte neurobiologisch nachgewiesen werden. Soziale Zurückweisung wird im Gehirn ebenso erlebt wie körperlicher Schmerz und löst die gleichen Stressreaktionen aus.

Als Abschluss soll hier noch erwähnt sein, dass auch die Situation selbst, in der ein Mensch sich befindet, meist eine

Rolle spielt, wie er sich verhält. Prinzipiell haben wir alle die Möglichkeit zu entscheiden, ob wir Gewalt anwenden wollen oder nicht. Diese Wahl ist uns einerseits biologisch vorgegeben, andererseits hängt sie eben von den äußeren Umständen ab. Der US-amerikanische Psychologe Dr. Philip Zimbardo hat sich mit diesem Phänomen ausführlich auseinandergesetzt und seine Erkenntnisse in dem Buch „Der Luzifer-Effekt" veröffentlicht. Er wird uns in einem späteren Kapitel zu genau diesem Thema noch einmal begegnen.

Nun bleibt noch die Frage nach der Tat im Affekt. Wenn wir entscheiden und nach unserem Willen und eigenen Vorstellungen handeln können, wieso passieren dann Affekttaten? Weil eben auch diese Funktionen nicht immer einwandfrei funktionieren. Man spricht nicht umsonst von „Kurzschlusshandlungen". In unserem Gehirn finden Milliarden von biochemischen Prozessen statt, wo vereinfacht gesagt einmal ein „Kurzschluss" passieren kann. Im Falle einer Selbstverteidigung zum Beispiel, wenn es darum geht, ob ich in einer Situation mit dem Leben davonkomme oder nicht. Ich persönlich denke schon, dass ich mich in einer Situation, in der ich zum Beispiel überfallen werde, so sehr wehren könnte, dass ich meinen Angreifer verletze, vielleicht sogar schwer. Ganz einfach, weil das Gehirn dann auf „Überleben" stellt und alles getan wird, was dazu nötig ist.

Genauso kann wahrscheinlich ein größerer Anteil von Beziehungstaten als Kurzschlusshandlung gesehen werden, bei der es nicht um das körperliche, sondern um das emotionale Überleben geht. Verlassenwerden, Betrug, Spott und Verletzungen durch den Partner sind manchmal im übertragenen Sinne dermaßen lebensbedrohlich, dass drastische Maßnahmen, nämlich die Tötung des anderen, ergriffen werden, um dieses Schicksal abzuwenden.

3. Welche Hemmschwellen gibt es?

Wir haben uns nun mit einigen Formen von Gewalt beschäftigt. Wir haben Begriffe geklärt und uns sehr ausführlich dem menschlichen Gehirn und der Frage, wie denn Gewalt überhaupt entsteht, gewidmet.

Nun wollen wir uns noch die Frage stellen, ob es denn Mechanismen gibt, die Gewalt hemmen bzw. einen Menschen davon abhalten (können), jemandem Gewalt anzutun und ihn zu töten.

Warum Menschen nicht töten

Vielleicht haben Sie den Begriff Tötungshemmung schon einmal gehört. Er kommt ursprünglich aus dem Tierreich. Wenn zwei Hunde miteinander kämpfen, hält der unterlegene dem stärkeren seine ungeschützte Kehle hin. Es handelt sich hier um ein instinktives Verhalten bei Tieren der gleichen Art. Ist das einmal geschehen, macht es den Eindruck, dass das stärkere Tier nicht mehr zubeißen und den anderen töten kann. Auch der berühmte Verhaltensforscher Konrad Lorenz hat sich mit diesem Phänomen beschäftigt und es bei Wölfen beobachtet. Der Unterlegene bietet ebenfalls die Kehle dar und legt sich auf den Rücken. Der Sieger des Kampfes markiert die Stelle, an der die Auseinandersetzung stattfand, und stolziert mit erhobenem Schwanz davon. Lorenz meint, dass die angeborene Tötungshemmung verantwortlich dafür sei, dass der stärkere Wolf den anderen nicht beiße und töte. Die Demuts- und Unterlegenheitsgebärden würden diese Hemmung auslösen.

Aber auch Geruchs- und Lautsignale können einen Kampf beenden. Die Affenart der Bonobos wiederum bereinigt Konflikte oft mit Sex.

Verfügen auch wir Menschen über eine solche Tötungshemmung? Die Meinungen darüber gehen auseinander. Einige Soziologen sind der Meinung, dass diese Annahme unsinnig ist. Man geht vielmehr davon aus, dass viele Menschen eine allgemeine Hemmung haben, Gewalt anzuwenden. Wenn es aber ums Töten geht, dann tut man es im Ernstfall auch. Es ist dann nicht nötig, den anderen zu entmenschlichen, der Feind wird als genau solcher gesehen und getötet.

Eine andere Sichtweise ist die, dass es beim Menschen durch Mitleid zu einer Tötungshemmung kommt. Auch das Kindchenschema, auf das Frauen eventuell mehr anspringen als Männer, könnte dazu beitragen, dass keine Gewalt angewendet wird. Der Ausdruck Kindchenschema bezieht sich auf das Aussehen von Babys oder Jungtieren. Sie haben einen relativ großen Kopf mit großen, runden Augen, eine eher kleinere Nase und weiche Haut. Dieses Aussehen signalisiert Hilfsbedürftigkeit und Schutzlosigkeit, was beim erwachsenen Menschen oder Tier wiederum Handlungsweisen auslöst, die das Überleben des Nachwuchses sichern.

Gehirnforscher haben nachgewiesen, dass beim Betrachten von Babyfotos das gleiche Zentrum im Gehirn aktiviert wird wie bei Süchten, nämlich das Belohnungszentrum.

Nicht nur Mitleid, auch unser Sozialverhalten wird in Wissenschafterkreisen als aggressionshemmend angesehen. Im Laufe der Jahrmillionen haben wir Menschen uns zu sehr sozialen Wesen mit vielen zwischenmenschlichen Ritualen entwickelt. Wir grüßen einander zum Beispiel, dabei reichen wir uns die Hand, früher wurde dadurch signalisiert, dass jemand unbewaffnet ist. Wir weinen, wenn wir traurig sind, aber ebenso wenn wir uns freuen. Auch Tränen können Gewalt hemmen, genauso wie Schmollen. Ist mein Gegenüber beleidigt, kommt es zu weniger aggressivem Verhalten.

Wie wir schon an anderer Stelle gelesen haben, hat der Mensch die Fähigkeit, sich in andere einzufühlen und nachzuvollziehen, wie es dem Gegenüber geht. Man nennt diese Fähigkeit Empathie. Und genau diese Fähigkeit ist es, die

Hemmungen bedingt, wenn es um Gewalt geht. „Was du nicht willst, das man dir tu', das füg' auch keinem andern zu" lautet ein Sprichwort. Vielen Tätern fehlt diese Fähigkeit der Empathie, sie können sich aus den unterschiedlichsten Gründen, zum Beispiel aufgrund einer Verletzung des frontalen Kortex oder weil sie es nie gelernt haben, nicht in ihr Gegenüber einfühlen und sehen in ihm oder ihr nur ein Objekt, aber keinen Menschen.

Gehirntechnisch gesehen liegen unsere Hemmungen im Frontallappen, über den wir an anderer Stelle bereits viel gelesen haben. Hinter der Stirn werden unsere Handlungen geplant, Emotionen reguliert, dort liegen das bereits erwähnte Einfühlungsvermögen und andere Affekte und auch das Areal, das unsere Impulse kontrolliert und hemmt. Bei einem gesunden Menschen funktioniert das alles und die einzelnen Areale arbeiten gut zusammen, sodass es im Normalfall zu keinen ungehemmten Aggressionsdurchbrüchen kommt. Natürlich haben wir alle schon einmal überreagiert. Wir haben zum Beispiel beim Streiten Dinge zum anderen gesagt, die wir nicht so gemeint haben. Aber abgesehen davon lernen wir auch in der Familie, im Kindergarten, in der Schule und im Freundeskreis, was akzeptiertes Verhalten ist und was nicht. Einmal in einem Wutanfall die Türe zuzuschlagen ist ja in Ordnung, das ist uns allen schon passiert. Wir finden jedoch immer wieder gesunde Wege, wie zum Beispiel Sport, um uns abzureagieren. Wir schaffen es, unsere Aggressionen zu kontrollieren und zu kanalisieren. Jemanden arg zu verletzen oder gar zu töten, weil man verärgert ist oder gekränkt wurde, das passiert Gott sei Dank nur einem kleinen Bruchteil der Bevölkerung.

Wer bringt uns das Töten bei?

Während der Recherchen für mein Buch stieß ich auf das viel diskutierte Werk „Wer hat unseren Kindern das Töten beigebracht?". Geschrieben hat es der US-amerikanische Militärpsychologe Dave Grossman. Er stellt die Behauptung auf, dass unsere Kinder das Töten durch Computerspiele lernen und dadurch ihre Hemmungen gegenüber gewalttätigem Verhalten drastisch sinken. Er belegt dies mit Zahlen aus der militärischen Forschung, die besagen, dass das Tötungsverhalten der US-Soldaten von ca. 20% im Zweiten Weltkrieg auf 95% im Vietnamkrieg gestiegen ist. Dies ist seiner Meinung nach den Simulatoren zu verdanken, in denen die Streitkräfte Kampfsituationen üben. Diese Simulatoren wiederum sind den PC-Spielen der heutigen Jugend sehr ähnlich.

Im Internet gibt es dazu einige Anmerkungen, die ich für sehr sinnvoll halte, wenn man schon solche Aussagen verbreitet. Man muss sich fragen, woher diese Zahlen zur Tötungsbereitschaft überhaupt kommen. Wie erhebt man so etwas, wie wertet man das aus? Wurden Soldaten befragt, die Kampferfahrung haben? Wurde gezählt, wer wie viele Feinde erschossen hat? Dazu gibt es leider wenig bis gar keine Informationen, sodass man diese Zahlen als kritisch denkender Mensch infrage stellen sollte.

Natürlich gibt es wahrlich bessere Möglichkeiten für Kinder und Jugendliche, ihre Freizeit zu verbringen, als mit Herumballern am Monitor. Aber kann man deshalb generell sagen, dass solche Spiele zu mehr Gewalt führen? Ich denke nicht. Im Kapitel über Jugendgewalt werden wir uns damit noch einmal genauer befassen.

Wie schon weiter oben erwähnt kennt sicher jeder von Ihnen, liebe Leserinnen und Leser, Situationen, in denen Sie überreagiert haben. Sie haben jemandem etwas Unschönes an den Kopf geworfen, weil sie zu Hause Streit mit dem Partner hatten. Sie haben Ihrem Kind etwas nicht erlaubt, weil Ihnen der Chef im Büro auf die Nerven gegangen ist. Jeder von uns hat auch gewisse Saiten, auf denen zu spielen nicht gut ist. Punkte, wo wir besonders erregt und aufgebracht reagieren. Ich zum Beispiel werde ganz leicht aggressiv, wenn es um das Protestwählen zugunsten rechter Parteien geht, weil die ja endlich die Wahrheit über den Proporz und die Misswirtschaft in unserem Land sagen.

Aber auch im Positiven gibt es sicher Bereiche, wo wir unsere Vorsicht manchmal über Bord werfen. Wenn es im Casino gut läuft, setzen wir eben noch einen Hunderter, selbst wenn die Anstrengungen, den Kontostand zu verdrängen, dabei wirklich groß sind.

Aber trotz allem würde der Großteil der Bevölkerung niemals den Partner oder die Partnerin wegen eines Streites ermorden. Würde der Großteil auch den Chef nicht umbringen, weil er wieder einmal genervt hat. Auch ich werde niemanden umbringen, weil er eine andere politische Meinung hat als ich. Und genauso werden die meisten Menschen sich im Casino nicht in den Ruin stürzen, sondern nach dem einen Hunderter aufhören zu spielen. Wir handeln so aufgrund der Hemmschwellen, die wir gelernt haben, die aber auch in Form von Gefühlen in uns vorhanden sind und die in Gestalt von Freunden, Verwandten und Familien beratend und positiv einflussnehmend um uns sind.

Wie es zu Gewaltausbrüchen und Aggression kommen kann, welche Formen es gibt und was dabei passieren kann, sehen wir uns in den nächsten Kapiteln an.

II. Die Spirale der Gewalt

4. Wie fängt Gewalt an?

Wieso und unter welchen Umständen wird ein Mensch zur Gewalttäterin oder gar zum Mörder? Wird sie so geboren? Lernt er gewalttätiges Verhalten von seiner Umwelt?

Bei sehr vielen Straftätern findet sich eine Chronik von Gewalt, Misshandlung und Vernachlässigung in der Lebensgeschichte. Schon die Eltern schlugen sich, oft unter Alkohol- oder Drogeneinfluss. Ein Elternteil landete immer wieder im Gefängnis, das Kind war beim Geschlechtsverkehr mit häufig wechselnden Partnern anwesend, wurde vielleicht sogar selbst missbraucht.

Natürlich ist es nun einfach zu sagen: Ganz klar, die Eltern sind schuld. Aber aus anderen geschlagenen Kindern sind auch keine Täter geworden, das kann also nur eine billige Entschuldigung sein. Warum es manchen gelingt, trotz widriger Umstände ein gutes und gewaltfreies Leben zu führen, werde ich an anderer Stelle noch genauer ausführen. Nichtsdestotrotz ist aber das soziale Umfeld, in dem man aufwächst, und das ist im Normalfall nun mal bei den Eltern, ein primär prägendes. Und wenn in dieser Zeit der frühen Prägung, also in der Kindheit, etwas schiefgeht, kann das im späteren Leben zu teils schwerwiegenden Problemen im zwischenmenschlichen Umgang führen.

Jene Menschen, die unter solchen Bedingungen aufwachsen, lernen sich an diese anzupassen. Um in so einem Umfeld zurechtzukommen und zu überleben, benötigen sie sogenannte Bewältigungs- oder Copingstrategien. Es handelt sich dabei um Verhaltensweisen, die Menschen selbst entwickeln, um belastende Situationen zu überstehen. Dies kann zum Beispiel sein, dass jemand nach einem Streit mit dem Partner erst einmal eine Runde laufen geht. Andere, die vielleicht ein Instrument spielen, ziehen sich zurück und machen Musik, um wieder einen klaren Kopf zu bekommen. Wieder andere brauchen ein Gespräch mit einer vertrauten Person. Befindet man sich in gefährlichen, bedrohlichen, körperlich und psychisch schmerzvollen Situationen und Lebensbedingungen, bedarf es oft „härterer" Copingstrategien, um diese Situationen zu überstehen. Häufig fallen diese Strategien aber nicht unter normales Verhalten. Besser gesagt sind sie nicht sozial erwünscht.

Freilich prügeln sich die meisten Kinder irgendwann, sie testen sich selbst und ihre Grenzen aus. Sie lernen im Normalfall aber ebenso, dass es andere Wege gibt, Konflikte zu lösen. Sie lernen, dass sie über Dinge reden können, dass sie Gefühle haben und diese auch äußern dürfen. Dies kann jedoch nur passieren, wenn im unmittelbaren Umfeld jemand existiert, der all dies dem Kind vorlebt, der als Ansprechperson da ist und ihm auch Liebe gibt, wenn es etwas falsch gemacht hat.

Von Anfang an im Abseits?

Was wir in unserer Kindheit erleben, spielt eine große Rolle dabei, wie wir uns in der Zukunft entwickeln. Ich möchte nun einige Beispiele anführen, um anschaulicher zu machen, welche Auswirkungen traumatische Erlebnisse in der Kindheit auf die kleinen Menschen haben.

Peter – wie ein verschrecktes Tier

Während meiner Zeit als Psychologin in einem Frauenhaus habe ich sehr viele Mütter und Kinder kennengelernt. An viele erinnere ich mich zugegebenermaßen nicht mehr, zu viele habe ich kommen und gehen sehen. Einige aber bleiben im Gedächtnis, weil sie es geschafft haben, sich ein neues Leben aufzubauen. Weil sie es geschafft haben, aus der Opferrolle herauszukommen, Hilfe zu suchen und auch anzunehmen. Andere wiederum bleiben in Erinnerung, weil man ihnen nicht helfen konnte. Weil sie und ihre Kinder so sehr gefangen waren in einem Strudel aus Gewalt, Trauma und Hilflosigkeit.

Sarah war so eine Frau, die ich nie vergessen werde. Sie war unter schrecklichen Bedingungen aus ihrem Heimatland geflüchtet. Ihr Sohn Peter war damals zwei Jahre alt gewesen. Sara war sehr groß gewachsen für eine Frau und ehrlich gesagt, wenn sie wütend war, konnte man Angst vor ihr bekommen. Sie lebte seit einem halben Jahr im Frauenhaus, da es mit ihrem Mann, der nicht Peters Vater war, häufig schwerwiegende, auch körperlich gewalttätige Auseinandersetzungen gegeben hatte. Ihr Sohn musste das alles mit ansehen. Nicht nur, dass seine Mutter geschlagen wurde, nein, diese wehrte sich und schlug zurück. Es kam zu regelrechten Schlägereien zwischen Peters Mutter und ihrem Mann.

Während ihrer Zeit im Frauenhaus hatte sie auch mit anderen Bewohnerinnen immer wieder heftige Auseinandersetzungen. Die anderen Frauen waren alle nur „faule Schlampen", deren Kinder schlecht erzogen. Ihr eigener Sohn war der Beste, sie selbst natürlich eine hervorragende Mutter. Über ihren Mann schimpfte sie tagtäglich in übelster Weise, er war ein „gewalttätiges Schwein".

Peter war ein sehr stilles Kind. Als das Team des Frauenhauses ihn kennenlernte, war er vier Jahre alt. Immer wieder erinnerte er uns an ein verschrecktes Tier, das mit weit aufgerissenen Augen in einer Ecke sitzt und aufmerksam verfolgt, was um es herum passiert. Wenn man ihn angesprochen hat, hat er die Augen zugekniffen. „Ich sehe dich nicht, also siehst auch du mich nicht." Manchmal hat er auch angefangen zu zittern.

Sarah wiederum war eine schwer traumatisierte Frau. Sie kam aus einem Kriegsgebiet, wo sie Unfassbares erleben musste. Sie hat es nie angesprochen, aber wir mussten davon ausgehen, dass sie mehrmals vergewaltigt worden war. Peters Vater fiel während einer Bombardierung ihres Heimatortes. Trotz langer psychologischer und therapeutischer Betreuung gelang es ihr kaum, ihre Erlebnisse zu verarbeiten. Sie hatte all ihre Bedürfnisse und Wünsche begraben. Aber wie soll man die Bedürfnisse eines anderen erkennen, geschweige denn befriedigen können, wenn man seine eigenen nicht mehr spürt? So konnte sie Peter damals keine gute Mutter sein. Es hat uns manchmal sehr erschreckt, wie lieblos, streng und manchmal wirklich brutal sie mit ihrem Sohn umgegangen ist. Vermutlich hat er sie wohl an ihren verstorbenen Mann erinnert, was mit Sicherheit sehr schmerzhaft war. Dieses Phänomen, dass Kinder an den verstorbenen Ehemann erinnern und deswegen „gehasst" werden, ist uns in der Arbeit im Frauenhaus immer wieder begegnet.

Sarah erzählte mir einmal, dass er ihre große Liebe gewesen sei. Jedes Mal, wenn sie Peter ansieht, sieht sie ihren verstorbenen Mann und dann kommen der Schmerz, die Wut und die Hilflosigkeit wieder in ihr hoch. Ihren zweiten Mann habe sie nur geheiratet, weil es sich nicht schickt, eine alleinstehende Frau zu sein.

Andererseits stellte Peter eine sehr große Belastung für seine Mutter dar. Sie konnte kaum ihren Alltag bewältigen, war ständig in Konflikte mit anderen Frauen verwickelt, war auch oft unterwegs. Einfach nur, um keine Zeit zu haben, sich mit den eigenen Erlebnissen und Problemen auseinanderzusetzen. Ihr zweiter Mann wollte Peter nicht so recht akzeptieren und drängte Sarah ihn zu ihren Eltern zu schicken.

Immer wieder schrie sie so laut mit ihrem Sohn, dass man es durch das ganze Haus hörte. Gesehen haben wir es nie, aber es ist anzunehmen, dass sie ihn auch geschlagen hat. In der nächsten Minute herzte und küsste sie ihn, überhäufte ihn mit Geschenken und sagte ihm, was für ein toller Bub er nicht sei.

Für ein Kind bedeutet so ein Verhalten vonseiten der Mutter, dass es keine Chance hat zu lernen, wie eine stabile Beziehung funktioniert. Die Mutter stellt einen konstanten Unsicherheitsfaktor dar, auf den das Kind sich nicht einstellen kann. Peter hat zwar ein sehr sensibles Gespür für die Stimmungen seiner Mutter entwickelt, zum Beispiel wurde er fast unsichtbar und unhörbar, wenn sie schlechte Laune hatte oder traurig war. Er bemühte sich redlich Rücksicht auf seine Mutter und ihre Befindlichkeiten zu nehmen. Aber trotzdem genügte oft eine kleine Geste seinerseits, um die Stimmung Sarahs wieder kippen zu lassen. Verlässlichkeit der Mutter gab es nicht. Wenn ein Kind weint, kann es im Normalfall davon ausgehen, dass die Mutter (oder die nächste Bezugsperson) kommt und sich um es kümmert. Nicht so bei Sarah. Wenn es ihr gerade nicht passte, konnte Peter weinen, so viel er wollte. Sie ignorierte ihn einfach.

Peter war wahnsinnig verschreckt und es fiel ihm schwer, sich mit anderen Kindern anzufreunden. Er hatte es nie gelernt. Auch soziale Regeln hatte er nicht gelernt. Wenn er etwas haben wollte, nahm er es sich einfach, wenn nötig mit Gewalt. So funktionierte es ja auch zu Hause.

Als er in den Kindergarten kam, besserte sich Peters Verhalten. Er lernte Umgangsregeln, konnte sich nach einer gewissen Zeit auch sprachlich besser ausdrücken und so seine Wünsche artikulieren. Leider verließ die Mutter das Frauenhaus schon bald danach, um zu ihrem Mann zurückzugehen. Ich weiß nicht, was aus ihr und Peter geworden ist, aber wenn ich ehrlich bin, halten sich meine Hoffnungen auf eine positive Wendung in beider Leben in Grenzen. Vielmehr ist zu befürchten, dass Peter irgendwann auffällig werden und im schlimmsten Fall auch im Gefängnis landen wird.

Markus' Wünsche zählen nicht

Markus wächst in einer Wohnsiedlung in einer größeren Stadt auf, die Siedlung hat den Ruf, ein Ghetto zu sein, wo nur „die Asozialen" wohnen. Er hat mehrere Geschwister, die Kinder erziehen sich mehr gegenseitig, als dass die Eltern es tun. Der Vater ist immer wieder im Gefängnis, meist wegen Körperverletzung. Markus lernt von klein auf, dass Konflikte mit Gewalt gelöst werden. Wenn die Eltern streiten, schreien sie sich an und prügeln sich. Auch Alkohol ist im Spiel.

Basale Fähigkeiten des täglichen Lebens, wie zum Beispiel das regelmäßige Duschen und Zähneputzen, saubere Kleidung anzuziehen, ordentlich zu essen, lernt er nicht. Natürlich wird er in der Schule gehänselt, weil er stinkt und altmodisch angezogen ist. Wenn er versucht, zu Hause darüber zu reden, wird er im besten Fall ausgelacht. Immer wieder erhält er auch Prügel für seine „Undankbarkeit". Schließlich soll er doch froh sein, dass er überhaupt etwas zum Anziehen und zu essen hat.

Als Markus sieben Jahre alt ist, missbraucht ihn einer seiner Onkel zum ersten Mal. Die Eltern wissen Bescheid, unternehmen aber nichts dagegen. Es ist sogar zu vermuten, dass sie ihren Sohn verkauft und vom Onkel Geld dafür bekommen, dass dieser das Kind vergewaltigen kann. Markus lernt, dass seine eigenen Wünsche nicht zählen und dass er sich auf seine Eltern nicht verlassen kann, wird ihm abermals bestätigt. Der Missbrauch geht über Jahre, Markus lernt, damit zu leben. Irgendwann tut es auch nicht mehr so weh, es wird normal.

Ein paar Jahre später hat Markus eine Freundin, die zum damaligen Zeitpunkt elf Jahre alt ist. Sie haben sich auf dem Spielplatz kennengelernt und verstehen sich sehr gut. Sie verbringen viel Zeit miteinander. Markus macht dem Mädchen immer wieder Geschenke, um sich das, was er Liebe und Zuneigung nennt, zu erhalten. Auch das hat er zu Hause gelernt: Man wird nicht um seiner selbst willen gemocht, man muss immer etwas dafür geben. Schließlich kommt es zu sexuellen Handlungen zwischen den beiden. Markus weiß schlicht und einfach nicht, dass das, was er tut, falsch ist. Woher auch, ihm ist doch dasselbe passiert. Der Onkel hat ihm damals gesagt, dass das alles richtig sei und er ihn liebe, und wenn man sich liebt, dann tut man „das" eben miteinander. Und Markus liebt doch seine Freundin.

Diese Beziehung geht über einige Monate. Immer wieder sagt ihm seine Freundin, dass sie das alles eigentlich nicht möchte, dass es ihr weh tue. Markus sieht kein Problem in dem, was er tut. Irgendwann erzählt das Mädchen zu Hause von seinem Freund. Markus wird von der Familie des Mädchens angezeigt und wegen schweren sexuellen Missbrauchs von Unmündigen verurteilt.

Markus hat das wiederholt, was er von Kindheit an gelernt hat: Man nimmt sich, was man will, wenn nötig mit Gewalt. Sex mit Kindern ist normal, schließlich hat ein Erwachsener das auch mit ihm gemacht. Gefühle zählen nicht, schon gar nicht die eigenen. Und wenn man die eigenen Gefühle nicht wahrnehmen kann, wie soll man dann die der anderen erkennen?

In der Psychologie nennt man das „Lernen am Modell".

Wie schaffen es diese Kinder zu überleben?

Sehen wir uns nun die schon weiter oben erwähnten Bewältigungsstrategien an. Wie schaffen es Kinder, in solchen Umgebungen, wie den geschilderten, zu überleben?

Peter hat sehr früh gelernt, die Stimmung seiner Mutter zu erkennen und dementsprechend darauf zu reagieren. War sie traurig oder schlecht gelaunt, wurde er unsichtbar, um sie nicht zu reizen oder zu stören. War sie etwas besser gelaunt, traute er sich ruhig und leise auf dem Boden des Wohnzimmers zu spielen.

Er hat ebenfalls gelernt seine eigenen Gefühle, Wünsche und Bedürfnisse zu unterdrücken. Wenn er sie einmal geäußert hat, waren die Reaktionen seiner Umwelt, sprich seiner Mutter, darauf meist verletzend und auch unvorhersehbar. Ein einfaches Beispiel: Peter fragte seine Mutter beim Einkaufen, ob er einen Schlecker haben konnte, und bekam ihn anstandslos. Als er ein anderes Mal danach fragte, schrie sie ihn an und zu Hause bekam er noch eine Ohrfeige. Was lernt Peter daraus? Meine Umwelt ist nicht verlässlich, nicht berechenbar. Was ich möchte und brauche, ist nicht wichtig, es wird von niemandem darauf Rücksicht genommen. Also ist es das Beste, ich verlasse mich nur auf mich selbst.

Sehr Ähnliches hat auch Markus gelernt. Auch er konnte sich nicht auf seine Eltern verlassen, im Gegenteil, sie verkauften ihn noch an einen Mann, der ihn vergewaltigte. So lernte auch Markus, dass man sich am besten nur auf sich selbst verlässt, da kann einen wenigstens keiner enttäuschen und verletzen.

Eine weitere Bewältigungsstrategie, derer sich Opfer von wiederholter körperlicher und sexueller Gewalt bedienen (müssen), nennt sich Dissoziation. Das Wort kommt aus dem Lateinischen und bedeutet Trennung. In der Psychologie bzw. Psychotherapie beschreibt man damit einen Prozess, in dem Denk-, Handlungs- und Verhaltensprozesse in einer schädlichen Weise völlig unkontrolliert in ihre Einzelteile zerfallen.

Normalerweise ist es so, dass wir neue Erfahrungen und Erlebnisse in ihrer Gesamtheit in unser Leben einbauen. Wenn wir zum Beispiel einen schönen Ausflug machen, so können wir uns bewusst und gewollt an die einzelnen Dinge erinnern. Wir haben den Rucksack gepackt, sind ins Auto gestiegen, nach der Ankunft am Ausflugsort haben wir die Wanderkarte ausgepackt und sind losmarschiert. Das Wetter war sehr schön, wir erinnern uns an die wunderbare Aussicht und die gute Jause. Auch das Singen der Vögel und der Duft des Waldes werden als positive Erinnerungen gespeichert. Wann immer wir wollen, können wir diese schönen Eindrücke abrufen, erzählen und uns an den damit verbundenen positiven Bildern erfreuen.

Erlebt man nun aber Schreckliches, wie zum Beispiel Missbrauch, eine Vergewaltigung oder einen Überfall, so können die Erlebnisse und auch die damit einhergehenden Gefühle, wie Angst, Hilflosigkeit, Wut, nicht ordnungsgemäß eingeordnet und gespeichert werden. Alles zerfällt in Fragmente, die wohl gespeichert werden, aber keinerlei Ordnung haben. Wir können sie nicht bewusst abrufen, so wie wir das mit Erinnerungen können, sondern die einzelnen Fragmente tauchen unkontrolliert auf und überfallen uns mit einer unglaublichen Intensität. Man hat das Gefühl, als wäre man wieder mitten in der furchtbaren Situation, mit all ihren Sinneseindrücken und Emotionen. Grund dafür ist unter anderem die Tatsache, dass man in einer traumatischen Situation damit beschäftigt ist zu überleben. Einfach nur körperlich zu überleben. Und dabei hilft die Dissoziation. Man kann dieses Phänomen auch als Bewältigungsmechanismus bezeichnen, als Trennung von Körper und Seele, um zu überleben.

Es ist davon auszugehen, dass auch Markus nur so den

Missbrauch, der ihm widerfahren ist, überleben konnte. Dissoziieren kann man als „sich wegbeamen" verstehen. Man steigt aus seinem Körper heraus und spürt so nicht mehr, was diesem an Gewalt angetan wird. Betroffene berichten oft, dass sie wie von oben auf das Geschehen hinuntergeschaut haben, während sie zum Beispiel vergewaltigt wurden. Wenn es vorbei ist, schlüpft die Seele wieder in die körperliche Hülle hinein. Das Geschehene wird sehr häufig verdrängt, und zwar so sehr, dass es oft Jahrzehnte dauert, bis bewusste Erinnerungen auftauchen. Der Körper freilich erinnert sich die ganze Zeit und drückt seinen Schmerz auch aus. Er entwickelt zum Beispiel Essstörungen, verschiedenste Ängste und Phobien oder den Zwang, sich selbst zu verletzen.

Weitere Bewältigungsstrategien, die sehr häufig vorkommen, sind der Konsum von Alkohol und/oder Drogen. Die Betroffenen dämpfen damit das Gefühl, niemanden zu haben, auf den sie sich verlassen können. Sie dämpfen damit die Aggressionen, die sie gegen die Eltern haben, die so kläglich versagt haben in der Erziehung. Sie dämpfen auch die Schuldgefühle und die Wut, die sie spüren.

War es nicht doch ein bisschen meine eigene Schuld? Warum musste ich denn so spät nachts alleine nach Hause gehen? Hätte ich mich stärker wehren sollen? Man dämpft die Bilder des Geschehens, die immer wieder hochkommen und die man nicht kontrollieren kann. Man dämpft die Hilflosigkeit, die man fühlt, weil man nichts ändern kann. Man dämpft die Frustration über das eigene Leben und die Dinge, die einem passiert sind. Und für kurze Zeit spürt man nichts, fühlt man nichts, hat keine Probleme oder Sorgen. Alkohol betäubt, Drogen machen ein so schönes und warmes Gefühl, man möchte, dass es ewig anhält.

Betroffene erzählen sehr oft, dass die Zeit, in der sie „zu" waren, die einzig erträgliche war. Natürlich ist bekannt, dass die Drogen und der Alkohol die Probleme nicht lösen können, sie sind auch am nächsten Tag noch da. Aber zumindest gibt es für ein paar Stunden die Illusion, glücklich zu sein. Auch hier muss noch einmal das Lernen am Modell erwähnt werden. Wenn Kinder bereits im Elternhaus vorgelebt bekommen, dass Suchtmittel jeglicher Art in Ordnung sind, dass sie beim Bewältigen von Konflikten und Problemen helfen, ist die Wahrscheinlichkeit sehr hoch, dass die später Erwachsenen ebenfalls zu diesen „Problemlösern" greifen.

Natürlich ist auch Gewalt eine Möglichkeit, mit Konflikten und Problemen umzugehen. Wer nie gelernt hat die Befriedigung von Bedürfnissen aufzuschieben, nimmt sich das, was er oder sie will, eben sofort und mit Gewalt. Wer der Meinung ist, im Recht zu sein, das Gegenüber aber nicht, „haut dem anderen eben eine hinein" und die Diskussion ist beendet. Gewalt als Reaktion kann aber ebenso ein Zeichen von Überforderung sein, besonders, wenn es um das Lösen von Konflikten geht. Über etwas zu reden, Probleme anzusprechen und auszudiskutieren, Bedürfnisse und Wünsche zu äußern, all das sind Fähigkeiten, die nicht jeder Mensch automatisch hat. Jene Menschen, die nicht über diese Handlungsmöglichkeiten verfügen, reagieren in Situationen, in denen es um das Besprechen und Lösen eines Problems geht, sie womöglich noch über ihre Gefühle reden sollen, so, wie sie es am besten können: mit Gewalt.

In der praktischen Arbeit mit Menschen, wie zum Beispiel mit Markus, steht an erster Stelle das Schaffen einer tragfähigen und von Vertrauen geprägten Beziehung. Die Betreuungsperson oder ein Therapeut muss ein Modell sein dafür, dass es doch Menschen gibt, auf die man sich verlassen kann. Dass es Menschen gibt, die einen unterstützen und begleiten, selbst wenn es schwierig wird, auch wenn „ich mal Mist baue". Erst wenn diese Stabilität gegeben ist, kann sich ein Therapeut der Bearbeitung der psychischen und sozialen Probleme seiner Klienten zuwenden. Im Fall von Markus – ich lernte ihn kennen, als er schon einige Zeit inhaftiert gewesen war – dauerte dieser Prozess mehrere Jahre. Starre Verhaltens- und Denkmuster konnten erst nach langer Zeit aufgebrochen, analysiert und schließlich zum Positiven verändert werden. Vieles, was für uns selbstverständlich ist, musste Markus erst lernen, dies waren so basale Dinge wie tägliche Körperhygiene oder einfach zu sagen, was er will bzw. – noch wichtiger – was er *nicht* will. Markus hatte die Gelegenheit, schulisch vieles aufzuholen, sodass hier ein großer Schamfaktor reduziert werden konnte. Er hatte sich immer geschämt, nicht ordentlich schreiben, lesen und rechnen zu können. Mithilfe jahrelanger psychologischer, sozialarbeiterischer und psychotherapeutischer Begleitung hat Markus es geschafft, in ein Leben in Freiheit zurückzukehren und die schrecklichen Erlebnisse in seiner Kindheit zu verarbeiten, sodass er nunmehr ein recht selbstständiges Leben mit eigener Wohnung und einem gesicherten Arbeitsplatz führen kann. Markus hat eine Straftat begangen. Er hat das Leid, das er selbst erfahren hat, einem anderem angetan. Dafür wurde er verurteilt, hat seine Strafe abgesessen. Markus hatte aber kaum Handlungsalternativen. Aufgrund der Erfahrungen in seiner Kindheit hat er einfach nur das wiederholt, was er gelernt und für richtig gehalten hatte.

Die Spirale der Gewalt beginnt sich früh zu drehen

Wie wir nun erfahren haben, beginnt die Spirale der Gewalt sich bereits sehr früh zu drehen. Ihr zu entkommen ist schwierig, wenn Kinder von klein auf damit in Berührung kommen.

Der Hang zu körperlich ausgelebter Aggressivität wird durch das eigene Erleben von körperlicher und seelischer

Gewalt, meist schon in der Kindheit, geprägt: Das, was ich am eigenen Leib erfahre, gebe ich an die nächste Generation weiter.

In einer Studie mit Affenmüttern konnte gezeigt werden, dass die Kinder jener Mütter, die sich dem eigenen Nachwuchs gegenüber aggressiv verhielten, später ebenfalls ihre Jungen schlechter behandelten. Die Jungen der liebevollen Mütter zeigten viel weniger oft aggressives Verhalten, als sie später selbst Nachwuchs hatten.

Dies führt uns zum nächsten Punkt, wie der Hang zur Gewalt entstehen kann: nämlich durch das bereits erwähnte „Lernen am Modell". Dieser Ausdruck ist uns in diesem Kapitel schon öfters untergekommen. Der kanadische Psychologe Albert Bandura hat diesen Begriff in den 1970er-Jahren geprägt. Er beschreibt den relativ einfachen Vorgang des Nachahmens. Wenn ein Kind zum Beispiel lernt sich die Schuhe selbst zu binden, so tut es das, nachdem es ihm Mutter oder Vater mehrmals vorgezeigt und mit ihm gemeinsam geübt hat. Dieser Vorgang wird als Imitation bezeichnet.

In diesem Zusammenhang ist auch der Begriff der Verstärkung, diese kann positiv oder negativ sein, zu erwähnen. Bekomme ich durch ein bestimmtes Verhalten das, was ich möchte, so handelt es sich um positive Verstärkung. Dies zeigt ein einfaches Beispiel aus der Schule: Ein Kind lernt fleißig für einen Test, erhält eine gute Note und dafür von den Eltern eine Belohnung, zum Beispiel ein Paar Schuhe, das es sich schon sehr lange gewünscht hat. Die Wahrscheinlichkeit, dass das Kind auch in Zukunft fleißig lernen wird, um in der Folge wieder einmal einen Wunsch erfüllt zu bekommen, ist sehr hoch. Positive Verstärkung ist also jene, die dazu führt, dass erwünschtes Verhalten häufiger auftritt.

Im Gegensatz dazu führt negative Verstärkung dazu, dass ein bestimmtes Verhalten reduziert wird. Bekomme ich jedes Mal eine Ohrfeige, wenn ich von der Schule nach Hause komme und nach dem Mittagessen frage, werde ich das Fragen einstellen und mich irgendwann selbst um mein Essen kümmern. Leider wird mit negativer Verstärkung nicht nur unerwünschtes Verhalten reduziert, sondern im Fall von Gewalt, Misshandlung und Verwahrlosung genauso erwünschtes, normales und eigentlich gesundes Verhalten.

Nun gibt es aber Kinder, die unter sehr schwierigen Bedingungen aufgewachsen sind und die keine gewalttätigen Straftäter werden. Wenn Sie sich, liebe Leserinnen und Leser, jetzt denken, dass Sie als Kind auch immer wieder mal eine Ohrfeige oder heftigere Prügel bekommen haben und aus Ihnen trotzdem keine Gewalttäterin und kein Schläger geworden ist, dann haben Sie Glück gehabt. Offenbar gab es in Ihrem Umfeld Faktoren, die Ihre Resilienz gefördert haben. Dieses Wort stammt aus dem Lateinischen. „Resilire" bedeutet so viel wie zurückspringen bzw. abprallen. Eine Person springt also zurück in den Zustand des Wohlbefindens, sie kann sich psychisch in diesen positiven Zustand versetzen. Belastungen prallen im Großen und Ganzen ab bzw. können sie konstruktiv bewältigt werden. In der Psychologie bezeichnet es genauer die Widerstandskraft und die Fähigkeit, schwierige Situationen ohne Schäden oder Beeinträchtigungen zu überstehen.

Genauer untersucht wurde Resilienz zum Beispiel im Zusammenhang mit Überlebenden der Nazikonzentrationslager. Warum haben manche überhaupt überlebt und andere nicht? Warum haben es manche geschafft, nach all dem Schrecken das, was ihnen passiert ist, so zu verarbeiten, dass ihnen ein halbwegs normales Leben gelungen ist? Ein entscheidender Faktor ist die Resilienz – die Fähigkeit, da Kraft aufzubringen, wo es unmöglich scheint. Den Lebenswillen auch dann zu behalten, wenn es eigentlich nichts mehr gibt, für das es sich zu leben lohnt. Sich seine Menschlichkeit zu bewahren in Situationen, in denen es nichts Menschliches mehr gibt. Seine moralischen Ansprüche aufrechtzuerhalten, wenn rings um einen nur Amoral herrscht.

In den 1950er- und 1960er-Jahren widmete sich die Forschung zunehmend der Resilienz von Kindern. Warum gelang es manchen, trotz schwierigster Verhältnisse, ihre Erlebnisse hinter sich zu lassen und ein gutes Leben zu führen, und anderen nicht?

Heute, gute sechzig Jahre später, kennen wir einige Faktoren, die unabdingbar sind, um Resilienz zu entwickeln. Resiliente Menschen sind unter anderem beziehungsfähig, kreativ und selbstständig. Sie haben Humor, Fantasie, Entschlusskraft und auch Mut. Und sie können über sich selbst und ihre Umwelt reflektieren, was eine sehr wichtige Eigenschaft darstellt.

Selbst für jene, die als Kinder oder junge Menschen nicht die Möglichkeit hatten, all das zu lernen, gilt doch, dass der Mensch ein Wesen ist, das sich konstant entwickelt, verändert und lernen kann. Das bedeutet, dass auch Erwachsene sich diese Fähigkeiten noch aneignen können.

In Bezug auf misshandelte oder vernachlässigte Kinder, die Resilienz entwickelt haben, ist davon auszugehen, dass es doch irgendwo eine positive Bezugsperson gegeben hat, der sie sich anvertrauen konnten. Diese Person muss kein Familienmitglied sein, es kann eine Lehrerin sein, die Mutter eines Freundes oder ein Sporttrainer. Das Wichtigste ist, dass es überhaupt einen Menschen gibt, zu dem diese Kinder eine stabile Bindung aufbauen können.

Nun ist es natürlich nicht so, dass resiliente Kinder und Erwachsene immun sind gegen jegliche Art von Belastung, Stress und Kummer. Sie sind auch nicht 24 Stunden am Tag gut gelaunt und glücklich. Aber sie haben Eigenschaften und Fähigkeiten, die es ihnen erlauben, mit Optimismus und Kreativität an schwierige Situationen heranzugehen. Sie schaffen es, aus ihrer Opferrolle herauszukommen, unveränderliche Dinge zu akzeptieren und sich trotzdem einzugestehen, dass sie jetzt nicht weiterwissen und Hilfe brauchen. Resiliente Menschen können Schwächen zugeben und sind in der Lage, zukunftsorientiert Lösungen zu suchen. Sie sind einfach Stehaufmännchen, die sich immer wieder aufrappeln und Verantwortung für sich und ihr Leben übernehmen.

Hier kann ein Brückenschlag gemacht werden zu den Hemmungen, die wir in uns haben, um keine Gewalt auszuüben. Verfügen wir über gewisse Eigenschaften und Fähigkeiten wie die oben erwähnten, werden wir mit hoher Wahrscheinlichkeit andere Konfliktlösungen finden als Gewalt.

5. Formen der Gewalt

Männliche Gewalt – der ganz normale Wahnsinn

Gewalt ist hauptsächlich männlich. 90% aller Gewalttaten werden von Männern begangen. Das ist auch das, was Johnny Cash in seinem Lied „Delia" besingt: *„Deliah, oh Deliah, if I hadn't shot poor Deliah, I'd had her all my life."* (*„Hätte ich die arme Deliah nicht erschossen, hätte ich sie mein ganzes Leben lang an meiner Seite gehabt."*)

Bereits in den ersten paar Wochen jedes Jahres ereignen sich zahlreiche Gewalt- und Tötungsdelikte, hauptsächlich von Männern begangen. Im März drückt ein 25-jähriger Mann seiner Frau im Zuge von Scheidungsstreitigkeiten einen Polster ins Gesicht und bedroht sie mit dem Umbringen. Im Juni versucht ein Steirer seine Noch-Ehefrau zu ermorden. Im August kommt es innerhalb von drei Tagen zu drei schweren Gewalttaten. Jedes Mal wurde die Tat von einem Mann begangen, jedes Mal war das Opfer eine Frau. Zwei wurden getötet, eine überlebte schwer verletzt. Im Oktober ermorden zwei Männer ihre Frauen. Im Dezember ersticht ein weiterer Mann seine Lebensgefährtin.

Was diesen Fällen gemeinsam ist: Die Täter sind Männer, die Opfer sind Frauen. Am häufigsten werden Messer als Tatwaffen verwendet und es handelt sich um sogenannte Beziehungstaten. Natürlich kommt es auch immer wieder zu Gewalttaten, bei denen Frauen die Täterinnen und Männer die Opfer sind. In diesem Kapitel wollen wir uns aber nun mit dem häufigeren, nämlich dem umgekehrten Fall beschäftigen.

In Österreich werden pro Jahr zum Beispiel ca. 100 Menschen ermordet, in zwei Dritteln der Fälle handelt es sich um Beziehungstaten, das heißt, Opfer und Täter kennen einander unter Umständen schon recht lange. Im Zuge von Streitigkeiten oder Scheidungen eskaliert die Situation und am Ende ist jemand tot.

Lassen wir also vorerst den Fokus auf der Beziehungsgewalt – der Täter ist ein Mann, das Opfer die Ehefrau oder Lebensgefährtin. In Österreich ist jede fünfte Frau von Gewalt in der Familie, in der Partnerschaft betroffen. In Deutschland haben laut einer repräsentativen Studie des Bundesministeriums für Familie, Senioren, Frauen und Jugend 37% der Frauen bereits körperliche Gewalt durch einen Familienangehörigen, früheren oder aktuellen Lebenspartner erfahren – alarmierende Zahlen!

Abgesehen von der „klassischen" körperlichen Gewalt wie Schlagen, Treten, Würgen, Reißen an den Haaren, Stoßen etc. gibt es auch noch die sexuelle Gewalt in einer Beziehung. Es ist noch gar nicht so lange her, da war das Delikt der Vergewaltigung in der Ehe nicht als Straftatbestand anerkannt. Vorher war der Staat der Meinung, dass dies Privatsache sei, in die man sich nicht einzumischen hatte. Schließlich hatte eine Frau ja ihre „ehelichen Pflichten" zu erfüllen.

Abgesehen davon gibt es noch seelische Gewalt. Stalking haben wir bereits im vorherigen Kapitel I näher beleuchtet. Aber auch das soziale Isolieren der Partnerin, sie zu nötigen, sie zu bedrohen und einzuschüchtern, sie zu beschimpfen, zu erniedrigen und womöglich den im gemeinsamen Haushalt lebenden Kindern Gewalt anzudrohen – all das sind Formen von Beziehungsgewalt, die im Extremfall zu Körperverletzung mit Todesfolge, Totschlag oder sogar Mord führen kann. Die Spirale der Gewalt ist oft nicht aufzuhalten.

Als letzte Komponente häuslicher Gewalt möchte ich hier ökonomische bzw. finanzielle Gewalt erläutern. Es handelt sich dabei um das Abhängigmachen der Partnerin auf wirtschaftlich-finanzieller Ebene. Der Mann stellt ihr nicht genug Geld zur Verfügung, um die täglichen Ausgaben zu bestreiten. Die Frau hat viel zu oft wenig bis keinen Einblick in die häuslichen Finanzen, sie ist, was das betrifft, völlig vom Mann abhängig. Auch hier muss natürlich erwähnt werden, dass diese Abhängigkeit auch umgekehrt funktioniert. Von Frauen wirtschaftlich abhängige Männer sind aber eher der Ausnahmefall.

Viele werden sich jetzt denken, wieso gehen solche Frauen nicht einfach? Wieso packen sie nicht ihre Sachen und verlassen solche Männer? Wenn es bloß so einfach wäre. Wohin gehen? Mit welchem Geld? Ein einfaches Gehen gibt es in solchen Fällen meist nicht. Gegenwehr hat noch mehr Gewalt zur Folge, Trennungsäußerungen werden mit Schlägen beantwortet, oft auch mit Totschlag oder sogar Mord.

Im Jahr 2010 beherbergten die 26 Autonomen Frauenhäuser Österreichs 3.448 Frauen und Kinder. Im selben Jahr wurden 6.759 Wegweisungen und Betretungsverbote gegen gewalttätige Männer ausgesprochen. Alleine die Wiener Interventionsstelle gegen Gewalt in Familien betreute im Jahr 2010 5.914 Opfer, der Großteil davon wird über die Polizei vermittelt. Das heißt, dass es bereits zu Gewalt in einem solchen Ausmaß gekommen ist, welches einen Polizeieinsatz erforderlich gemacht hat. Der Großteil der Opfer ist zwischen 18 und 40 Jahre alt, gefolgt von der Altersgruppe bis 60 Jahre.

Österreichweit wurden von den Interventionsstellen 2010 über 14.000 Opfer betreut, knapp über 13.000 waren Frauen. Eigentlich unfassbare Zahlen, aber noch unfassbarer ist es, dass das nur die Spitze des Eisberges ist. Dies sind nur diejenigen, die den Mut und die Möglichkeit gefunden haben, sich Hilfe zu holen. Die Dunkelziffer ist sicherlich noch um einiges höher.

Eine Betroffene erzählt in einer sehr gelungenen ZDF-Reportage, wie es ihr nach zwölf Jahren gelungen ist, ihren prügelnden Mann zu verlassen. Am Anfang steht, wie meist, die große Liebe. Aber bereits nach wenigen Monaten gibt es während eines Streites die ersten Ohrfeigen. Entschuldigungen folgen, Tränen auf beiden Seiten. Beteuerungen, dass es nie wieder passieren wird. Aus den Ohrfeigen werden Prügel, die Kinder der Frau aus erster Ehe ziehen zum Vater, weil sie es mit dem neuen Mann der Mutter nicht mehr aushalten. Trotz der andauernden Gewalt heiratet sie ihn. Zunehmend isoliert er sie. Sie arbeitet in seiner Firma und wird so auch finanziell von ihm abhängig. Wobei sie aber durchaus den Luxus genießt, den er ihr bieten kann, wie sie zugibt. Nachdem er sie einmal fast erwürgt, verlässt sie ihn, nur um kurze Zeit später wieder zu ihm zurückzukehren. Sie liebt ihn immer noch, er „hat doch auch seine guten Seiten". Dann wird sie schwanger.

Neben der körperlichen Gewalt kommt es im Laufe der Jahre immer wieder zu Vergewaltigungen. Sie schläft mit ihm, um ihn zu beruhigen und nicht geschlagen zu werden.

Die Kraft, ihn zu verlassen, gibt ihr schließlich der gemeinsame Sohn, der ebenfalls geschlagen und vom Vater instrumentalisiert wird. Nach zwölf Jahren schafft sie den Schritt aus dieser Beziehungshölle und hat nun das alleinige Sorgerecht für ihr Kind. Den Mann hat sie vor Gericht niemals belangen können. Er hat einen Arzt gefunden, der ihm Verhandlungsunfähigkeit attestiert hat.

Natürlich gibt es auch männliche Opfer und weibliche Täter. Im Jahr 2010 betreute zum Beispiel die Wiener Interventionsstelle 479 männliche Opfer von Gewalt, was einem Prozentsatz von 11,4 entspricht. 9,3 % der Täter, nämlich 379, waren weiblich.

Im Regelfall werden Männer aber Opfer männlicher Täter. Sie werden viel weniger oft im familiären Umfeld Opfer. Wenn, dann passiert das an der Arbeitsstelle oder an öffentlichen Plätzen. Überfälle, Schlägereien im Wirtshaus oder am Fußballplatz, um hier auch ein paar Klischees zu bedienen. „Besoffene Geschichten", wie man so schön sagt.

Weibliche Gewalt – selten, aber doch

Gewalt ist eher männlich, wie wir auf den vorhergehenden Seiten ausführlich gelesen haben. Männer überfallen Banken, liefern sich Schlägereien, verprügeln ihre Frauen und Kinder, vergewaltigen, morden. Frauen wiederum haben „emotionale" Macht und üben so sehr häufig Druck auf ihre Partner aus.

Aber auch Frauen begehen Verbrechen. Knappe 15% der gerichtlichen Verurteilungen 2010 betrafen Frauen. Mit Abstand die häufigsten Verurteilungen erfolgten wegen Diebstahls, gefolgt von Betrugsdelikten, Körperverletzung und anderen Eigentumsdelikten.

Forscher an der Universität von Pennsylvania in den USA haben sich mit der Frage beschäftigt, warum Frauen weniger gewalttätig sind als Männer. Generell werden 90% aller Morde von Männern begangen. Dazu haben sie jeweils 60 Männer und Frauen untersucht.

Wie schon weiter vorne beschrieben sind die wichtigsten Regionen zur emotionalen Bewertung in unserem Gehirn die Amygdala, auch Mandelkern genannt, und der präfrontale Kortex. Diese beiden Areale befinden sich im sogenannten limbischen System und regulieren unsere Gefühle. Die Amygdala reagiert auf mögliche Bedrohungen und bewertet die Informationen, die das Gehirn erreichen. Dann wird eine Entscheidung getroffen, ob die Situation gefährlich ist oder nicht. Der präfrontale Kortex empfängt die Signale der Amygdala und entscheidet dann über entsprechendes Handeln.

Stellen Sie sich zum Beispiel vor, Sie machen einen ausgedehnten Waldspaziergang an einem sonnigen Herbsttag.

Plötzlich erschrecken Sie: Eine Schlange liegt vor Ihnen am Weg. Die Amygdala reagiert, der Herzschlag steigt, Sie erstarren. Nach wenigen Sekunden erfolgt die Entwarnung: Die Schlange entpuppt sich als ein Ast. Die Stressreaktionen werden heruntergefahren, der präfrontale Kortex signalisiert, dass Sie Ihren Spaziergang in aller Ruhe fortsetzen können.

An der Universität von Pennsylvania wurden also die Gehirne der Versuchspersonen in einem Kernspintomografen untersucht. Es stellte sich heraus, dass die Gehirne von Männern und Frauen eigentlich identisch sind – bis auf einen Bereich: den präfrontalen Kortex. Dieser Teil ist bei Männern kleiner. Laut den Untersuchern könnte man meinen, dass Frauen und Männer unterschiedlichen Spezies angehören, betrachtet man nur diese Region des Gehirns.

Die Schlussfolgerung der Wissenschafter lautete, dass Frauen aufgrund ihrer Hirnstruktur aggressive Impulse besser kontrollieren können und in der Folge weniger gewalttätig sind. Gibt die Amygdala den Befehl anzugreifen, haben Männer weniger präfrontales Gewebe zur Verfügung, um diesen Impuls zu steuern, um ihn zu hemmen. So kommt es bei Männern häufiger zu gewalttätigen Übergriffen und Auseinandersetzungen als bei Frauen.

Eine andere Studie befasst sich ebenfalls mit dem Thema weibliche Gewalt. Eine Psychiaterin an der Universität von Connecticut interviewte über 130 Frauen in amerikanischen Gefängnissen, die ein Gewaltdelikt begangen hatten und zu mindestens zwei Jahren Freiheitsstrafe verurteilt worden waren. Mittels eines Fragebogens erfasste sie die Lebensgeschichte der Frauen und stellte fest, dass alle Befragten an einer antisozialen Persönlichkeitsstörung litten. Typische Symptome wie Aggressivität, Lügen, erste Anzeichen von kriminellem Verhalten zeigten sich bei den Frauen schon im Kindesalter, meist mit etwa acht Jahren. Die vorhandenen

Probleme wurden großteils durch Drogen- und Alkoholkonsum noch verschlimmert. Alle diese Frauen weisen fehlende Empathie auf, ein Einfühlen in andere ist ihnen nicht möglich. Die meisten Verbrechen wurden außerdem unter dem Einfluss von Drogen oder Alkohol begangen.

Es stellte sich heraus, dass es in den Verhaltensmustern bei extremer Gewalt kaum Geschlechtsunterschiede gibt, wie sich auch im folgenden besonders grausamen Beispiel zeigt.

Theresa Knorr – die Foltermutter

Theresa Knorr foltert über Jahre ihre sechs Kinder und ermordet schließlich mithilfe ihrer drei Söhne zwei ihrer drei Töchter auf grausame Weise.

Theresa muss von klein an um die Aufmerksamkeit ihrer Mutter kämpfen, sie konkurriert mit ihrer Schwester, wobei Außenstehende Theresa für den Liebling der Mutter halten. Als Theresa 15 Jahre alt ist, stirbt die geliebte Mutter in ihren Armen. Theresa wird depressiv und dieser traumatische Verlust soll sich auf ihre späteren Beziehungen auswirken.

1962 heiratet sie zum ersten Mal, sie ist 16 Jahre alt und bekommt kurze Zeit später ihr erstes Kind – Howard. Sie ist schon fast krankhaft eifersüchtig und unterstellt ihrem Mann immer wieder Affären. Zwei Jahre später, sie ist wieder schwanger, will ihr Mann sie verlassen. Als er zur Türe hinausgehen will, erschießt sie ihn einfach. Die von ihr erzählte Notwehrversion wird vor Gericht geglaubt, Theresa wird freigesprochen. Mit 18 Jahren ist sie nun Witwe, Mutter eines Sohnes und schwanger mit ihrer ersten Tochter Sheila.

1966 heiratet sie zum zweiten Mal und bekommt bis 1970 vier weitere Kinder, zwei Töchter und zwei Söhne. Schließlich verlässt sie auch der zweite Ehemann, da sie ihn kontrolliert und unerträglich eifersüchtig ist. Ihre Wut lässt sie an ihren Kindern aus.

In den Jahren danach heiratet sie noch zwei Male, beide Ehen scheitern. Mit den sechs Kindern lässt sie sich in Sacramento nieder. Zu diesem Zeitpunkt hat sie bereits ein massives Alkoholproblem und misshandelt ihre Kinder auf das Grausamste.

Theresa ist gezeichnet durch ihre Alkoholsucht, sie ist übergewichtig und hat ihre Attraktivität verloren. Sie ist neidisch auf die schönen Beine einer ihrer Töchter und übergießt sie deswegen mit kochendem Wasser. Sie lässt die Kinder den Garten mit Teelöffeln umgraben, sie schließt sie im Gefrierschrank ein, wirft Messer nach ihnen und schlägt sie. Vor allem die Töchter leiden, sie müssen essen, bis sie sich übergeben und das Erbrochene dann aufessen, sie verbrennt sie auch mit Zigaretten. Die Söhne müssen der Mutter bei den Misshandlungen helfen.

Im Jahr 1985 zwingt sie ihre älteste Tochter Sheila zur Prostitution, sie soll zum Haushaltseinkommen beitragen. Sheila fügt sich, ihre Mutter ist aber bald darauf der festen Überzeugung, dass Sheila sich mit einer Geschlechtskrankheit infiziert hat. Sie fesselt ihre Tochter und sperrt sie in einen Schrank, in dem sie schließlich langsam und qualvoll verhungert. Gemeinsam mit ihren Söhnen entsorgt Theresa die Leiche auf einem Feld, wo sie zwar gefunden wird, aber lange nicht identifiziert werden kann.

Bereits zwei Jahre zuvor hat sie ihrer Tochter Susan in die Brust geschossen, in der Überzeugung, dass diese vom Teufel besessen ist. Wie durch ein Wunder überlebt Susan, obwohl ihre Mutter sie nach der Tat tagelang einfach in der Badewanne liegen lässt und sie keine medizinische Versorgung erhält. Susan bittet ihre Mutter ausziehen zu dürfen, was diese ihr überraschenderweise auch erlaubt, allerdings unter der Bedingung, dass die Kugel, die noch immer in Susans Körper steckt, vorher entfernt wird. Schließlich ist diese ja Beweismaterial. Der damals 15-jährige Sohn Robert muss seine Schwester „operieren", die Mutter „betäubt" Susan mit Alkohol und Tabletten. Susan überlebt zwar die Operation, die Wunde entzündet sich aber und Susan fällt in ein Delirium. Theresa und ihre Söhne fesseln und knebeln Susan, werfen sie in den Kofferraum ihres Autos und bringen sie auf ein Feld. Dort verbrennen sie sie bei lebendigem Leibe.

Erst Anfang der 1990er-Jahre kommen die Morde ans Licht. Die jüngste Tochter Terry zeigt ihre Mutter an, Ermittlungen beginnen. Theresa und ihre Söhne werden wegen Mordes angeklagt und verurteilt.

Es fällt hier wirklich schwer, für diese Frau und ihre Taten Verständnis aufzubringen, auch wenn sie selbst bereits in jungen Jahren Schlimmes erlebt hat.

Doch trotz dieses drastischen Falles ist es eine Tatsache: Frauen, die gewalttätige Verbrechen begehen, sind eher selten. Mit Stand 17. Jänner 2012 sind 575 Frauen in Österreich inhaftiert. Wenige schaffen es auflagensteigernd in die Medien. Wenn, dann muss das Verbrechen schon sehr spektakulär sein – Mord und Totschlag, Elfriede Blauensteiner, die Lainz-Schwestern und jüngst eine Eissalonbesitzerin.

Die meisten Frauen sind, wie schon erwähnt, eher wegen Betrugs, Diebstahls oder Prostitution inhaftiert, zeigen sich also nicht gar so spektakulär.

Sehr häufig sind Frauen aber Mittäterinnen, die Männer bei ihrem grausamen Tun unterstützen. Auch dazu gibt es einige furchteinflößende Beispiele.

Fast wie Barbie und Ken, aber ein mörderisches Paar

1987 lernen einander zwei attraktive junge Menschen kennen und verlieben sich. Sie werden ein berühmt-berüchtigtes Mörderpaar. Paul Bernardo und Karla Homolka.

Geboren 1964 in Kanada wächst Paul in einer unauffälligen Familie auf. Seine Mutter ist eher unattraktiv und zurückhaltend. Der Vater ist ein meist schlecht gelaunter Mann, der voyeuristische Tendenzen hat. Paul selbst ist schon als Kind auffällig, er ist aggressiv und unterdrückt andere Kinder. In seinen Teenagerjahren entwickelt er erste kriminelle Tendenzen, um an Geld zu kommen. Er hat Verabredungen mit Mädchen, ist aber arrogant und sehr besitzergreifend.

Als er sechzehn ist, sagt ihm seine Mutter, dass ihr Ehemann nicht Pauls leiblicher Vater ist. Paul ist das Ergebnis eines Seitensprungs der Mutter. Nicht nur war der Mann, den er jahrelang für seinen Vater hielt, nicht sein leiblicher, dieser Mann missbrauchte auch Pauls Schwester sexuell! Paul beginnt sich seiner Mutter gegenüber sehr gewalttätig zu verhalten und entwickelt sich immer mehr zu einem Kriminellen, der keine Skrupel hat. Er hat auch unzählige Freundinnen, ist aber nach wie vor sehr eifersüchtig. Eine seiner Freundinnen beschimpft er als Hure und verprügelt sie brutal, nur weil sie mit einer Freundin einen Abend in einer Bar verbrachte. Eine andere Freundin belästigte er mit obszönen Telefonanrufen, was ihm eine einstweilige Verfügung einbringt.

Zu diesem Zeitpunkt beginnt er, sich obsessiv mit Vergewaltigung und Machtfantasien zu beschäftigen. Während des Studiums entwickelt er eine Vorliebe für sadistischen Sex, er stellt sich vor, ein Haus voller Jungfrauen zu beherrschen.

Beruflich ist er erfolgreich, er nimmt eine Position ein, die ihm Autorität verleiht, und gibt sich ausgesprochen selbstbewusst. Er ist in einer sehr renommierten großen Wirtschaftsprüfungskanzlei tätig.

Dann kommt Karla, eine schöne junge Frau mit langen blonden Haaren, die als ältestes von drei Kindern in einer liebevollen Familie aufgewachsen ist. Gewalt kennt sie nicht, sie lernt gut und ist in der Schule beliebt. Karla ist damals siebzehn Jahre alt und lernt Paul auf einer Konferenz in Toronto kennen. Er verzaubert sie mit seinem Charme, sie schreibt ihm unzählige Liebesbriefe und verfällt ihm völlig. „Lieber Paul! Ich habe mich in dich verliebt, du bist mein Traum!"

Die beiden beginnen eine Beziehung, in der sich Paul bald als der dominierende Partner herausstellt. Schenkt er ihr am Anfang noch Blumen, so verändert sich sein Verhalten ihr gegenüber bald darauf und es gibt nur mehr Kritik: Sie sei hässlich und dick. Er schreibt ihr vor, was sie essen darf, wie sie sich anzuziehen hat, sie muss neben dem gemeinsamen Bett auf dem Boden schlafen.

Karla schreibt sich Verhaltensregeln auf, um Paul nicht wütend zu machen, schließlich liebt sie ihn über alles und würde alles tun, um ihn glücklich zu machen: keine Widerworte. Stets lachen, wenn er anwesend ist. Die perfekte Freundin sein. Vergiss nicht, dass du dumm, hässlich und fett bist.

Paul macht Karla Schritt für Schritt zu seiner Sklavin, auch im Bett. Er fertigt kompromittierende Sexvideos von Karla an, um etwas gegen sie in der Hand zu haben, sollte sie sich jemals von ihm trennen wollen. Fesselspiele und Gewalt sind an der Tagesordnung. Paul ergeht sich immer mehr in Voyeurismus, Pädophilie und auch Kidnapping. Er testet seine Freundin und will herausfinden, wie weit sie für ihn gehen würde, was sie alles ertragen kann. Paul fragt Karla, wie sie es denn fände, wenn er ein Vergewaltiger wäre. Sie antwortet: „Toll!"

Von 1987 bis 1990 entführen und vergewaltigen sie gemeinsam dreizehn Frauen aus der Umgebung. Paul lässt Karla beim Foltern assistieren. Er macht auch kompromittierende Fotos von ihr in sexuellen Posen, sodass er sie erpressen kann, sollte sie ihn einmal verraten wollen. Er wird von der Polizei verdächtigt, in den lokalen Zeitungen werden Fantombilder veröffentlicht. Die Spuren werden von der Polizei aber nicht weiter verfolgt.

Er verlangt von Karla ihm Jungfrauen zu beschaffen, sie bringt ihm ihre fünfzehn Jahre alte Schwester Tammy. Karla arbeitet zu diesem Zeitpunkt in einer Tierklinik. Mit einem von dort mitgebrachten Narkosemittel für Pferde betäubt sie ihre Schwester, sodass Paul sie vergewaltigen kann. Als Tammy wieder aufwacht, muss sie sich übergeben und erstickt schließlich an ihrem Erbrochenen. Paul und Karla schaffen es, das Ganze wie einen Unfall aussehen zu lassen, es gibt keine weiteren Ermittlungen in diesem Todesfall. Die beiden sind von da an noch enger miteinander verbunden.

1991 heiraten die beiden. Am gleichen Tag entdeckt ein Fischer in einem Teich eine weibliche Leiche. Zwei Wochen vor der Hochzeit entführte Paul ein Mädchen und vergewaltigte es. Anschließend strangulierten er und Karla es und warfen es in den Teich. Die beiden wurden aber zu keinem Zeitpunkt verdächtigt.

Paul drängt Karla immer weiter zu strafbaren Handlungen. In der Nähe einer Kirche entführen sie ein Mädchen und vergewaltigen es tagelang, bevor sie es ermorden. Karla wird während dieser Zeit einige Male von Paul verprügelt, trotzdem ist und bleibt sie eine gefügige Helferin und Komplizin.

Insgesamt sind die beiden für den Tod von drei Frauen verantwortlich. Sie entführen sie und halten sie tagelang gefangen, um sie zu quälen und zu vergewaltigen.

Eines Tages wird Karla wieder einmal von Paul verprügelt, diesmal aber so heftig, dass sie ins Krankenhaus muss.

Zeitgleich führen eine alte Spur und eine DNS-Analyse zur Festnahme von Paul Bernardo.

Die Polizei verhört Karla. Sie entschließt sich, gegen ihren Mann auszusagen, und erzählt alles. Da sie als Kronzeugin auftritt, kommt sie mit zwölf Jahren Gefängnis davon und wird 2006 entlassen. Paul Bernardo erhält eine lebenslange Gefängnisstrafe.

Wie kann es passieren, dass eine junge und intelligente Frau aus scheinbar gutem Hause in so einen Strudel aus Sex und Gewalt gerät? Wieso lässt sie sich so etwas gefallen und macht auch noch eifrig bei den Straftaten mit?

Wissenschafter haben sich mit dem Phänomen befasst. (Falsch verstandene) Liebe kann eine Erklärung dafür sein, dass jemand unterwürfig gehorsam ist, auch wenn er weiß, dass das, was er tut, falsch ist. Auch zwischen Liebe und Gewalt scheint es einen Zusammenhang zu geben.

Liebe ist wie eine Manie, sie ist eine Sucht. Das Gehirn wird sozusagen abhängig von dem Gefühl.

An der University of New Jersey wurden verliebte Paare untersucht. Die Probanden wurden genau befragt, um herauszufinden, wie sehr die Paare verliebt sind. Gesucht wurde nach Persönlichkeitsveränderungen und starker Impulsivität.

Abhängigkeit, Sehnsucht, Risikobereitschaft, Blindheit gegenüber den Schwächen des Partners – all das sind Phänomene, die wir alle kennen. Als letzte Frage wurden die Versuchspersonen gefragt: „Würden Sie für ihn/sie sterben?" Alle Befragten antworteten mit Ja.

Auch das Gehirn wurde untersucht. Wie arbeitet es, wenn Menschen verliebt sind? Die Versuchspersonen wurden in einen Magnetresonanztomografen gelegt und es wurden ihnen Fotos von Gesichtern gezeigt. Einerseits Fotos, die keinerlei Reaktion auslösten, also neutrale und unbekannte

Gesichter. Andererseits Fotos vom eigenen Partner oder von der Partnerin. Dieses Foto versetzte die Versuchspersonen in Hochstimmung, vergleichbar mit einem Kokainrausch.

Der Neurotransmitter Dopamin scheint hier eine sehr wichtige Rolle zu spielen. Er wird mit Euphorie und guter Stimmung in Verbindung gebracht und ebenso mit Süchten. In den Untersuchungen stellte sich heraus, dass die neurobiologischen Vorgänge, die Liebe und Sucht signalisieren, auch mit Gewalt zu tun haben.

Verliebtsein und Liebe können also wie eine Sucht sein. Eine sehr positive und befriedigende, wenn die Beziehung gut läuft. Aber auch eine gefährliche, wenn irgendetwas schiefgeht. In den meisten Fällen können die Menschen sich kontrollieren. Man will ja niemanden töten oder belästigen. Liebe kann jedoch zu einer Katastrophe führen, wenn man sich nicht mehr unter Kontrolle hat. Es ist unglaublich, welche heftigen Gefühlsausbrüche und Gewalt mit Liebe einhergehen können, da Liebe und Aggression von der gleichen Gehirnchemie kommen.

Viele von Ihnen, liebe Leserinnen und Leser, werden nun sagen: „Das würde mir *nie* passieren!" Sind Sie sich da so sicher? Haben Sie nicht auch aus Liebe schon einmal etwas Verrücktes getan? Ich denke, dass man so eine Situation selbst erlebt haben muss, um sie nachvollziehen zu können. Selbst „normale" Menschen, die in soliden Familien aufgewachsen sind, wie Karla, können in einen Strudel aus Liebe, Abhängigkeit, Sex und Gewalt geraten, aus dem sie sich kaum mehr selbst befreien können. Warum hielt sie so an diesem Mann fest, was band sie so stark an ihn? Und warum hat sie sich auf das Misshandeln und Töten eingelassen?

Paul misshandelte auch Karla. Ist sie einfach nur froh, wenn es nicht sie selbst so schlimm trifft sondern eine andere? Hat sie so sehr Angst vor Paul? Kann Unterwürfigkeit tatsächlich so weit führen, dass sie es in Kauf nimmt, selbst zur Mörderin zu werden? Wieso trennt sie sich nicht von ihm? Das wäre doch das Naheliegendste, oder nicht? Wenn ich herausfinde, dass mein Partner ein vergewaltigender Sadist ist, würde ich keine Sekunde zögern ihn zu verlassen und das so schnell ich kann. Hat Karla vielleicht selbst einen Hang zum Quälen, ist sie auch fasziniert von Sex und Gewalt? 100%ig ist diese Frage nicht zu beantworten, es muss wohl ein bisschen von allem gewesen sein, was sie zu diesen unfassbaren Taten geführt hat. Begonnen hat alles vielleicht nur mit Kleinigkeiten, mit Dingen, die sie selbst von ihrem Partner hingenommen hat. Die Gewalt steigerte sich von Mal zu Mal, bis sie schließlich eskalierte. Es gab keinen Weg zurück mehr.

Es kommt auch immer wieder vor, dass Mütter den sexuellen Missbrauch ihrer Kinder durch den Partner aus Liebe zu ihm negieren und weil sie Angst haben, ihn zu verlieren. Auch Männer begehen Verbrechen aus Liebe, sie ermorden lästige Ehemänner oder überfallen Banken, um der geliebten Frau ein schönes Leben bieten zu können. Zu verstehen ist das alles nicht, trotzdem passiert es. Auch wenn wir es uns nicht vorstellen können: Jeder von uns kann aus verschiedensten Gründen in Ereignisse geraten, die man nicht für möglich gehalten hätte. Schließlich plant kaum einer ein Leben als Verbrecher oder Verbrecherin. Die Geschichte von Paul und Karla ist natürlich eine besonders extreme. Doch der Alltag zeigt, dass im Namen der Liebe täglich Untaten in verschiedensten Abstufungen geschehen. Liebe, oder was manche dafür halten, ist ein psychischer Ausnahmezustand, in dem die Menschen manchmal Dinge tun, die sie dann, wenn es zu spät ist, zutiefst bereuen.

Jugendliche Gewalt – eine Zeitbombe?

„Die Jugend liebt heutzutage den Luxus. Sie hat schlechte Manieren, verachtet die Autorität, hat keinen Respekt vor den älteren Leuten und schwatzt, wo sie arbeiten soll." Wer, liebe Leserinnen und Leser, hat das wohl gesagt? Hört sich doch irgendwie aktuell an, oder? Kreisky, Haider, Fischer, Strache, Westerwelle, Merkel? Nein, weit gefehlt! Es war der griechische Philosoph Sokrates, der sich bereits einige Jahrhunderte vor Christus so seine Gedanken über die Jugend machte.

Shakespeare wünschte sich, dass es kein Alter zwischen zehn und 23 gäbe, da die jungen Leute nur die Alten ärgern, stehlen und sich balgen. Im Deutschland des späten 19. Jahrhunderts wird Jugend als männlich, vorzugsweise arbeitslos, kriminell, zwischen 13 und 19 Jahren alt und mit Tendenzen zur Verwahrlosung beschrieben. Erst Anfang des 20. Jahrhunderts wird die Jugend wieder etwas positiver gesehen, wobei die Auswüchse dieses Mythos des starken, jungen Menschen, der eine glorreiche Zukunft für Führer und Vaterland vor sich hat, kaum als positiv zu bezeichnen sind.

In den 1950ern liefern sich sogenannte „Halbstarke" und „Rowdys" in Deutschland Straßenschlachten mit der Polizei. Erstmals ist von Orientierungslosigkeit der Jugend die Rede.

In den 1960ern heißt es „Love and Peace" und „Flower Power", bis die ersten Rockerbanden auf der Bildfläche erscheinen. Es kommt zu Auseinandersetzungen untereinander und auch mit der Polizei. Einige Todesopfer sind zu beklagen und von der wilden Romantik bleibt nicht mehr viel übrig.

Ab den 1970ern werden in Deutschland und auch in Österreich Jugend und Gewalt wieder ein Thema. Es kommt zu politischen Demonstrationen und Kundgebungen, in den

1980ern ereignen sich in der linksautonomen Szene immer wieder Hausbesetzungen, die Jugend engagiert sich aber auch gegen Atomkraft und für den Weltfrieden. Zu diesem Zeitpunkt treten Fußballhooligans erstmals auf, ein Phänomen, das es in Bezug auf Gewaltbereitschaft in den verschiedensten Abstufungen bis heute gibt. Wir erinnern uns an das Bild des vollschlanken, tätowierten jungen Mannes, das im letzten Frühsommer nach dem Platzsturm von Rapid-Fans durch die Zeitungen ging.

Heute sind Probleme mit Jugendgewalt und mit einer „verlorenen Generation" aktuell wie nie. Die Jungen arbeiten alle nichts und lassen sich vom Staat aushalten. Sie haben nur Autos, Geld und Sex im Kopf. Und die sollen einmal unsere Pension zahlen! Respekt vor den Älteren haben sie sowieso keinen, in der U-Bahn steht keiner auf, wenn jemand Älterer einen Platz braucht. Und kriminell sind sie sowieso alle, wie könnten sie sich denn sonst den luxuriösen Lebensstil finanzieren, wenn sie nicht arbeiten. Dies sind Vorwürfe, mit denen die heutige Jugend konfrontiert ist.

„Das sind die vier feigen Oma-Räuber aus der U-Bahn: jung, halbstark, mit stumpfsinnigen Gesichtern." So lautet die Bildbeschreibung einer großen Tageszeitung im Sommer 2011.

Drei Burschen verprügeln fünf Menschen in München auf einem Schulausflug. In einem Park attackieren sie drei Männer, einer davon ist körperlich behindert. Sie zertrümmern einem weiteren Mann das Gesicht und verprügeln noch einen Studenten. Alle Opfer werden einfach liegengelassen.

In der Nacht zum Ostersamstag 2011 wird in einer Berliner U-Bahnstation ein Mann von einem 18-jährigen Schüler attackiert. Das Bild, wie der Schüler dem schon am Boden liegenden Opfer mehrmals mit voller Kraft gegen den Kopf tritt, ging durch die Medien. Die Tatsache, dass der Täter keinerlei Grund für seine Tat angeben konnte, macht sie noch unfassbarer. Er sagte, er habe aus purer Streitlust gehandelt.

Es gibt Krawalle in Pariser Vororten oder erst 2011 in Stadtteilen Londons. Eine Generation von jungen Menschen, die keine Zukunftsperspektiven hat, wächst heran. Sie haben keine Chance auf eine ordentliche Ausbildung, auf eine sichere Arbeitsstelle, auf eine leistbare Wohnung.

Im Februar 2011 wurden neue Zahlen zur Suspendierung von Schülern und Schülerinnen in Schulen veröffentlicht. 63 Schüler wurden im Bundesland Salzburg suspendiert, das jüngste Kind war gerade sechs Jahre alt. Suspendiert wird dann, wenn dauerhaftes, gefährdendes Verhalten gegenüber Mitschülern oder Schulpersonal vorliegt. In der Stadt Linz wurden im selben Zeitraum 30 Schülerinnen und Schüler suspendiert. Rechnet man diese Zahlen auf das Bundesgebiet hoch, sind pro Schuljahr ca. 1.000 Kinder zweitweise vom Unterricht ausgeschlossen. Eine unfassbare Zahl, wie ich finde.

All das sind Schlagzeilen und Informationen, mit denen wir tagtäglich in den Medien konfrontiert sind. Es entsteht der Eindruck, dass die Jugend über die Jahrzehnte immer gewalttätiger und skrupelloser wird und sie häufiger Verbrechen begeht.

Versuchen wir zunächst, uns den verschiedenen Begriffen im Zusammenhang mit diesem Thema anzunähern. Der Psychologe und Soziologe Dr. Philip Streit hat sich intensiv mit dem Phänomen Jugendgewalt auseinandergesetzt. Er meint, dass zu Anfang eine Begriffsklärung der Worte Gewalt und Aggression stehen muss. Beide Wörter sind eher negativ gefärbt, ich denke, da sind wir uns im Großen und Ganzen einig. Gewalt und Aggression bringen Leid und Schmerz und daher sollte es beides nicht geben, also muss es bekämpft werden.

Aber überlegen wir doch einmal, in welchen durchaus

positiven Zusammenhängen diese Wörter ebenfalls vorkommen: ein aggressiver Skisportler, der einem Sieg entgegenfährt, der aggressive Angriffsfußball, aggressive Werbung, die uns anspricht und gefällt. Mit Schmerzen und Qualen würden wir das jetzt nicht unbedingt verbinden, oder?

Gewaltenteilung und die exekutive oder legislative Gewalt, dies sind alles Begriffe, die uns regelmäßig begegnen, die wir vielleicht auch selbst verwenden. Auch diese sind nicht unbedingt negativ besetzt. Die Exekutive, also die Polizei, bezeichnen wir ja gerne als unseren „Freund und Helfer".

Es kommt also immer auf den Zusammenhang an, in dem bestimmte Worte benutzt werden. Nehmen wir als Beispiel Schmerztabletten: Sie sind in größeren oder kleineren Mengen in so ziemlich jedem Haushaltsapothekenkästchen zu finden. Bei Zahn- oder Kopfschmerzen sind wir froh, sie griffbereit zu haben. Keiner wird sagen, dass es etwas Schlechtes ist, einmal eine Tablette zu schlucken. Gehen wir aber an einem beliebigen Wochentag etwas später am Abend in bestimmte Gegenden einer größeren Stadt, wo mit Drogen jeder Art gedealt wird, also auch mit Tabletten, so sieht die Sache anders aus. Im Zusammenhang mit schwerer Drogensucht und Medikamentenabhängigkeit und den damit einhergehenden Problemen wie Krankheiten und Kriminalität sind Schmerztabletten und ihr Missbrauch etwas Negatives.

In Kapitel I haben wir uns schon näher angesehen, woher das Wort Aggression kommt und was es bedeutet. Wie sieht es mit dem Begriff Gewalt aus? Das Wort Gewalt stammt aus dem Althochdeutschen und bedeutet „walten", „beherrschen" und „Macht ausüben", aber auch „organisieren" und „führen". Dies sind also nicht nur negative Bedeutungen. Organisieren und Führen kann ja durchaus etwas Gutes sein. Im Duden finden sich folgende Definitionen: 1. Macht,

Befugnis, das Recht und die Mittel, über jemanden, etwas zu bestimmen, zu herrschen. 2a. unrechtmäßiges Vorgehen, wodurch jemand zu etwas gezwungen wird. 2b. (gegen jemanden, etwas rücksichtslos angewendete) physische Kraft, mit der etwas erreicht wird. 3. (elementare) Kraft von zwingender Wirkung.

Ich muss gestehen, dass sich meine positiven Assoziationen hier eher in Grenzen halten. Über jemanden zu bestimmen und zu herrschen, unrechtmäßig, rücksichtslos angewendet, zwingend – alle dies sind Wörter, die mich kaum etwas Positives finden lassen.

Im Englischen ist es da schon leichter. „Violence" ist das negativ besetzte Wort, „power" das positiv besetzte. Auch im Russischen gibt es hier zwei verschiedene Ausdrücke für das Wort Gewalt – „sila" (сила) für negative Gewalt, „sposobnost" (способность) für positive im Sinne von Macht. Übersetzt man das englische Wort „power" auf Russisch, wird es interessanterweise auch mit „Wosmoschnost" (возможность), „Möglichkeit", übersetzt. Beide gehen oft miteinander einher. „Power" wird ebenso mit staatlicher Gewalt in Verbindung gebracht, die sich wiederum „violence", also Gewalt, bedient, um sich zum Beispiel an der Macht zu halten. 2011 haben wir im Zusammenhang mit dem arabischen Frühling sehr oft darüber gelesen.

Philip Streit formuliert es so, dass Gewalt etwas Notwendiges ist, etwas, das unser Zusammenleben reglementiert und ordnet. Hier kommt wieder die staatliche, gesetzgebende und ausführende Gewalt ins Spiel. Die Straßenverkehrsordnung zum Beispiel ist nötig, um ein Funktionieren des Verkehrs zu gewährleisten und um Unfälle so gut es geht zu verhindern. Der Großteil der Verkehrsteilnehmer hält sich daran, jene, die es nicht tun, werden bestraft.

Kommen wir nun zurück zum Inhalt dieses Kapitels. Hier verstehen wir unter Gewalt die sozial unverträgliche

Form, die dazu dient, andere zu verletzten, einzuschüchtern und dem oder der Ausübenden einen Vorteil zu verschaffen. Das Phänomen Jugendgewalt kann also laut Streit folgendermaßen beschrieben werden: Es handelt sich um soziokulturell nicht verträgliches Handeln, um krankhafte Aggression, die man anwendet, um sich selbst zu schädigen (im Sinne von Selbstverletzungen) oder um anderen unangemessenes Leid zuzufügen. In diesem Zusammenhang haben wir es oft mit den Zuschreibungen verschiedenster psychischer Störungen zu tun.

Da es in der Fachliteratur eigentlich keine genaue Begriffsdefinition von Jugendgewalt gibt, hat Philip Streit eine eigene entwickelt. Wichtig dabei ist die Unterscheidung von drei verschiedenen Ebenen. Dies ist zum einen die soziologische Ebene. Welche gesellschaftlichen und sozialen Prozesse herrschen vor? Welche sozioökonomischen und Milieufaktoren wirken auf den Prozess der Gewaltentstehung ein?

Die psychologische Ebene beschäftigt sich mit den individuellen, innerpsychischen Faktoren eines Kindes oder Jugendlichen. Welche Lernerfahrungen hat jemand gehabt, welche Charaktereigenschaften liegen vor? Hat ein Kind Empathie, Frustrationstoleranz und Selbstregulierung gelernt? All diese Faktoren beeinflussen die Entstehung und das Ausmaß von aggressivem Verhalten.

Als dritte Ebene gilt es, die Neurobiologie zu beachten. Was ist Aggression in dieser Hinsicht? Ist sie angeboren, ist sie impulsiv oder hat ein Kind nur „Temperament"?

Wir wollen nun diese Ebenen anhand eines Beispieles genauer betrachten.

Alexander – ein hoffnungsloser Fall?
Alexander ist zehn Jahre alt, als ich ihn kennenlerne. Er ist das älteste von drei Kindern und ein aufgeweckter, intelli-

genter Bursche. Die Verhältnisse in seiner Herkunftsfamilie kann man durchaus als problematisch bezeichnen. Er musste immer wieder miterleben, wie sein Vater seine Mutter schlug. Der Höhepunkt dieser Auseinandersetzungen ist eine Messerattacke des Vaters gegen die Mutter, bei der auch Alexander leicht verletzt wird. Der Vater wird zu einer mehrmonatigen Gefängnisstrafe verurteilt. Während dieser Zeit lässt sich die Mutter scheiden.

Die Mutter liebt ihre Kinder und versucht ihr Bestes, ihnen ein normales Leben zu ermöglichen. Obwohl man merkt, dass sie besonders stolz auf ihr jüngstes Kind, die einzige Tochter, ist, werden auch Alexander und sein jüngerer Bruder so gut es geht verwöhnt und verhätschelt. Und das meine ich in einem durchaus positiven Sinn.

In der Schule hat es Alexander nicht leicht. Obwohl er intelligent ist, tut er sich in einigen Fächern recht schwer. Er musste aufgrund von Umzügen der Familie in der Vergangenheit immer wieder die Schule wechseln und ist verunsichert, was das Finden neuer Freunde betrifft. Da die Mutter alleinerziehend ist, ist nicht viel Geld vorhanden. Der Vater kann keinen Unterhalt zahlen, er hat keinerlei Einkommen, auch nach seiner Entlassung aus dem Gefängnis gibt es von dieser Seite keine Unterstützung. In der Schule kann Alexander daher nicht mit seinen Mitschülern mithalten, wenn es um Markenkleidung, Computerspiele und elektronische Geräte geht. Immer wieder wird er beschimpft, gehänselt und auch körperlich attackiert.

Von den Lehrern kommt hier leider nicht sehr viel Hilfe. Sie wissen um die Gefängnisstrafe seines Vaters und haben ganz offensichtliche Vorurteile Alexander gegenüber. Dies habe ich in Gesprächen mit dem Klassenvorstand und dem Schuldirektor leidvoll selbst miterleben dürfen. „Bei dem Vater kein Wunder, dass der Bub so ist. Als hätten wir nicht auch so genug Probleme mit unseren Schülern und Schülerinnen!" Das waren noch die netteren Dinge, die die beiden Herren von sich gegeben haben.

Das Kind leidet sichtlich unter der Situation in der Schule. Einerseits möchte es sich natürlich wehren, verbal kann es das kaum, aber zuschlagen würde es sehr gerne, „es den anderen Trotteln endlich einmal zeigen". Andererseits weiß Alexander, dass das nicht richtig ist. Seine Mutter sagt ihm immer wieder, dass er sich zusammenreißen soll, dass man sich nicht prügelt. Seine Spannungszustände und Aggressionen lässt Alexander öfter an seinen jüngeren Geschwistern aus.

Eines Tages jedoch explodiert der Bub. Ein Klassenkamerad hänselt ihn wieder und beleidigt dabei Alexanders Mutter. Er gerät derart in Rage, dass er den anderen attackiert und so stößt, dass er auf eine Tischkante stürzt. Der Bub erleidet eine Platzwunde an der Stirn und eine leichte Gehirnerschütterung. Er muss ins Krankenhaus, wird genäht und die Ärzte verständigen die Polizei, sodass es zu einer Anzeige kommt. Ich erinnere daran, dass Alexander gerade einmal zehn Jahre alt ist.

Er wird für eine Woche von der Schule suspendiert. Die Mutter ist einerseits völlig verzweifelt, andererseits kann sie verstehen, dass ihrem Kind der Kragen geplatzt ist.

Mir geht es damals genau so. Ich kann den Buben verstehen. Noch besser, nachdem ich mitbekomme, wie überfordert die Verantwortlichen in der Schule und die Lehrer mit der Situation sind.

Es gelingt mir eine ganze Woche lang nicht, die Vertrauenslehrerin zu erreichen. Sie ist eigentlich in so einer Situation die erste Ansprechperson und speziell für solche Fälle ausgebildet. Als ich es doch endlich schaffe, hat es keiner in der Schule für nötig befunden, sie über den Vorfall zu informieren. Ein einziges Gespräch mit Alexander findet statt, mehr ist vom Direktor nicht gewollt.

Beim zuständigen schulpsychologischen Dienst wird uns mit Mühe und Not ein Termin drei Wochen später angeboten, die Mutter verzichtet dankend. Es entsteht der Eindruck, dass man in der Schule einfach nur Ruhe haben will. Problemkinder sind nicht gewollt und werden daher suspendiert oder gar der Schule verwiesen. Letzteres können wir bei Alexander Gott sei Dank abwenden. Er darf nach seiner Suspendierung wieder in die Schule gehen und es gibt in den Wochen und Monaten danach auch keine Zwischenfälle mehr.

Was ist mit dem Buben passiert? Ist Alexander ein psychisch krankes Kind, das sowieso einmal im Gefängnis landen wird wie sein Vater? Ist sein Weg zum Gewalttäter vorgezeichnet? Gibt es Erklärungen für sein Verhalten und was kann man tun?

Auf der soziologischen Ebene hat Alexander einiges gelernt. Er wächst in einer Umgebung auf, in der Gewalt fast alltäglich ist. Irgendwie spürt er schon, dass das nicht in Ordnung ist. Aber sein Vater entschuldigt sich immer wieder, die Mutter nimmt diese Entschuldigung an, sie versöhnen sich. So schlimm kann es also nicht sein. Er lernt auch, dass der Mann über der Frau steht, dass man sich als Mann nichts gefallen lassen darf und es in Ordnung ist, Konflikte mit Gewalt zu lösen. Alexanders Familie hat nicht viel Geld, der Vater ist arbeitslos, die Mutter verdient ein bisschen, indem sie putzen geht. Tolle Spielsachen, Markenkleidung, Sportvereine, Ausflüge – alles Fehlanzeige in Alexanders Familie. Wie oft hat er seine Schulkameraden beneidet, wenn sie von Wochenendausflügen erzählt haben oder mit dem neuesten Handy in die Schule gekommen sind.

Was hat Alexander noch gelernt als Kind? Auf psychologischer Ebene hat er erfahren, dass man sich das, was man will, einfach nehmen kann. Er kann seine Bedürfnisse nicht aufschieben, zum Beispiel auf die Erfüllung eines materiellen

Wunsches hinsparen. Wenn er etwas haben möchte, dann jetzt sofort! Mit seiner Frustrationstoleranz ist es ebenfalls nicht weit her. Wenn er sich mit etwas beschäftigt, zum Beispiel seinen Schulaufgaben, und es klappt nicht gleich beim ersten Mal, werden die Hefte und Bücher in die Ecke geworfen und einfach ignoriert.

Empathie, also die Fähigkeit, sich in andere einzufühlen und dementsprechend zu reagieren, spürt Alexander kaum. Freilich, materiell hat er eigentlich alles: Er hat Kleidung und etwas zu essen, die Familie hat ein Dach über dem Kopf. Über Gefühle geredet wird allerdings nie. Niemand erklärt Alexander und seinen Geschwistern, warum Mama in der Nacht oft weint. Der Vater kann kaum Zuneigung ausdrücken, schreit meistens und meint, dass es reicht, die Kinder nicht zu schlagen, damit sie verstehen, dass er sie liebt. Die Gefühle zu seiner Frau kann er noch viel weniger ausdrücken. Freilich liebt er sie, aber gleichzeitig ist er eifersüchtig, weil sie Geld nach Hause bringt und er nicht. Er will sie nicht schlagen, doch ihr ständiges Genörgel, dass er nur zu Hause herumsitzt und zu viel trinkt, hält er schon lange nicht mehr aus.

Zu guter Letzt betrachten wir die neurobiologische Ebene – hier können wir allerdings nur spekulieren, ob Alexander die Impulsivität und den Hang zu aggressivem Verhalten von seinem Vater geerbt hat.

Was tun wir nun mit Alexander und seiner Familie, um zu helfen? Zuerst wurde ein männlicher Psychotherapeut gesucht, der Erfahrung in der Arbeit mit sogenannten schwierigen Kindern hat. Abgesehen davon, dass Alexander natürlich die schlimmen Gewalterfahrungen verarbeiten sollte, war es auch wichtig, ein alternatives männliches Rollenvorbild anzubieten. Einen Mann, der nicht schlägt, der nicht schreit, der Gefühle verbalisieren und Alexander loben und ihm Zuneigung zeigen kann. Alexander hat in den ersten Einheiten kaum gesprochen, aber er hat sehr viel gezeichnet. Schritt für Schritt hat er gelernt, seine Gefühle erst einmal zu erkennen und sie dann auch adäquat zu verarbeiten.

Wie Sie, liebe Leserinnen und Leser, vielleicht schon vermutet haben, habe ich Alexander, seine Mutter und seine Geschwister ebenfalls während meiner Tätigkeit im Frauenhaus kennengelernt. Im täglichen Umgang mit ihm haben wir sehr viel Wert darauf gelegt, Grenzen zu setzen und Struktur zu bieten. Die Mutter wurde zum Beispiel dahingehend unterstützt, geregelte Essenszeiten festzulegen. Genauso gab es fixierte Fernseh- und Schlafenszeiten für Alexander und für seine Geschwister. Wir haben die Erfahrung gemacht, dass Mütter sehr oft einen abwesenden Vater durch ein „alles Erlauben" wettmachen wollen, besonders, wenn sie sich die Schuld an der Abwesenheit des Vaters geben. Bei Alexanders Mutter war dies der Fall. Sie hatte ihn schließlich durch ihre Anzeige und Aussage ins Gefängnis gebracht. Ich weiß, dass das eine sehr verquere Sichtweise der Dinge ist, aber solche Selbstvorwürfe habe ich von mehr als einer Frau gehört. Alexander hat von seiner Mutter kaum Grenzen gesetzt bekommen. Er konnte ins Bett gehen, wann er wollte, er durfte spielen, was er wollte, er durfte essen, was und wann er wollte. Erst im Frauenhaus hat er langsam gelernt, dass es so etwas wie Regeln gibt und diese einerseits Sinn machen, sie andererseits das Leben erleichtern können. Keine Regeln oder Strukturen zu haben, an denen man sich orientieren kann, ist für Kinder unglaublich anstrengend und vor allem überfordernd.

Parallel dazu ging die Mutter zu einer Beratungsstelle für Erziehungsfragen und bekam so die Gelegenheit, ihre Verhaltensmuster professionell begleitet zu analysieren bzw. die vielen vorherrschenden Unsicherheiten und Fragen zu klären. Natürlich wurde auch für sie in der Folge noch eine klassische Psychotherapie organisiert, um die jahrelangen Gewalterfahrungen aufzuarbeiten.

Alexander konnte Hilfe bei den Hausübungen in Anspruch nehmen und zu festgelegten Zeiten mit Fragen in unser Büro kommen. Gab es Unklarheiten und Unterstützungsbedarf, hat sich eine Betreuerin Zeit genommen, Hefte in die Ecke schleudern gab es nicht mehr.

Wir haben für Alexander und für seinen jüngeren Bruder einen Fußballverein gefunden, in den sie regelmäßig trainieren gingen. Zum ersten Mal gab es für Alexander einen Ort, an dem er laufen, schreien, treten konnte und das sogar – im Rahmen der Spielregeln – erwünscht war. Er wurde ein wirklich guter Fußballspieler.

Während der Zeit im Frauenhaus zeigten sich in der Schule keinerlei Auffälligkeiten mehr, abgesehen von altersadäquaten Streitereien und Meinungsverschiedenheiten mit Mitschülern. Die Familie ist nach etwa einem Jahr ausgezogen. Die Mutter fand eine passende und sehr nette Wohnung in Wien und auch wieder Arbeit. Alle drei Kinder sind gut in der Schule und die beiden Burschen haben in ihrem neuen Zuhause wieder einen Fußballclub gefunden.

Alexander ist ein schönes Beispiel für gelungene Intervention und Hilfe zu einem Zeitpunkt, an dem es noch nicht zu spät gewesen ist. Hätte diese Hilfe und Unterstützung nicht stattgefunden, wäre Alexander vielleicht immer weiter in die Spirale der Gewalt hineingeraten. Irgendwann hätte er einen Schulkameraden ernsthaft verletzt und wäre, je nach Alter, zu einer Jugendstrafe verurteilt worden. Im Gefängnis hätte er dann vielleicht Menschen kennengelernt, durch die er noch weiter abgerutscht wäre. Vielleicht wäre er dort auch mit Drogen in Kontakt gekommen und wäre in die Beschaffungskriminalität abgeglitten. Der Ausgang dieser Geschichte könnte nur mehr erahnt werden, es wäre aber ziemlich sicher kein guter gewesen.

Zero Tolerance?

Wie sieht es auf einer höheren, der gesellschaftlichen, Ebene mit dem Thema Gewalt aus? Wie sollen wir auf das globale Phänomen Jugendgewalt reagieren? Auch damit hat sich Philip Streit eingehend auseinandergesetzt.

Nach dramatischen Zwischenfällen wird sofort nach härteren Gesetzen, strengeren Strafen, mehr Polizei und „Zero Tolerance" gerufen. Ich frage mich dann regelmäßig, was das bringen soll? Wird es einen Jugendlichen „bessern", wenn man ihm nicht mit einer Bewährungsstrafe, Diversion oder einem außergerichtlichen Tatausgleich die Chance gibt, aus seinem Verhalten doch noch zu lernen, sondern ihn für längere Zeit inhaftiert? In einem Zeitungsinterview sagt ein Einbrecherkönig, der dreißig Jahre seines Lebens in Haft verbracht hat, dass man im Gefängnis am meisten „lerne" – im Hinblick auf eine weitere kriminelle Karriere. Er habe dort quasi sechzig Semester studiert. Er ist in einem Heim aufgewachsen und schon dort habe er die ersten kriminellen Kontakte gehabt.

Aus der Kindererziehung und Pädagogik wissen wir, dass Strafen alleine nichts bringen. Wieso haben unsere Gesellschaft und unsere Politik diese Erkenntnis noch nicht übernehmen können? Alles, was wir kennen und können, ist Leute wegzusperren. Und dann sollen sie unter diesen Umständen etwas für das spätere Leben lernen? Ich finde das doch eher schwierig.

Bitte verstehen Sie mich nicht falsch, liebe Leserinnen und Leser, natürlich bin ich für ein ordentliches Rechtssystem und ich bin ebenso der Meinung, dass es Menschen in den Gefängnissen dieser Welt gibt, die man nicht wieder entlassen sollte. Aber in Bezug auf unsere Jugend sollten wir uns vielleicht auch andere Lösungsansätze überlegen. Prävention wäre hier wichtig, sodass es gar nicht erst zu gewalttätigen Auswüchsen kommen kann. Beratungsstellen, Unterstützung der Eltern, Aufklärungsarbeit und so weiter. Vieles davon gibt es natürlich bereits, aber es scheint zu wenig zu sein, bzw. scheint es die, dies es am dringendsten bräuchten, oft nicht zu erreichen.

Auffallend ist, dass es meist in Zeiten von gesellschaftlichen Umbrüchen zu einem Aufflammen der Diskussion über Jugendgewalt kommt. Zuletzt im Zuge der Wirtschaftskrise und der damit einhergehenden Proteste und Krawalle in verschiedensten Städten weltweit. Deshalb liegt die von Philip Streit aufgestellte Vermutung nahe, dass die Jugend als Prellbock für die Sorgen und Probleme der Gesellschaft herhalten muss.

Die wirklichen Probleme werden dabei aber übersehen. Die Jugendlichen heute haben oft keine Perspektiven. Auch eine gute Ausbildung ist keine Garantie mehr für einen sicheren Arbeitsplatz. Die Arbeitslosigkeit unter Jugendlichen ist seit Langem konstant hoch, es herrscht sehr viel Unsicherheit.

Unsere Jugendlichen stehen außerdem gehörig unter Druck. Schon im Kindergarten wird eine Fremdsprache gelernt, in der Schule sollten sie gute Noten haben, sonst wird es nichts mit dem Universitätsstudium. Sie rackern und mühen sich ab, nur um dann erst recht wieder zu lesen, wie schlecht die Kinder in der PISA-Studie abgeschnitten haben.

Darüber hinaus werden wir alle immer älter. Um das zu finanzieren und die Pensionen zu sichern, müssen wir länger arbeiten, was wiederum dazu führt, dass Jugendliche schwieriger einen Job finden, gleichgültig ob sie eine erstklassige Ausbildung haben oder nicht.

Was dabei auf der Strecke bleibt, ist Zeit, für sich selbst, für einander. Die Eltern sind berufstätig, das Leben ist teuer. Kinder werden vor den Computer gesetzt, weil es oft nicht anders geht, gleichzeitig beschweren sich Eltern, Lehrerinnen und die Gesellschaft, dass die Kinder keine echten Sozialkontakte mehr haben und aufgrund von Bewegungsmangel immer dicker werden.

In diesem Zusammenhang muss auch die viel diskutierte Integration, oder besser die mutmaßliche Nichtintegration, erwähnt werden. Viele ausländische Jugendliche können nicht ordentlich Deutsch, sie wollen sich nicht integrieren, zahlreiche Mädchen heiraten ohnehin mit sechzehn und werden dann schwanger. In der Folge leben sie vom Staat, also vom Steuergeld, und sind alle Schmarotzer – so argumentieren einige Populisten. Ausländer sind nach wie vor praktische Sündenböcke. Auch hier handelt es sich um einen Teufelskreis. Die Jugendlichen werden immer mehr ausgeschlossen und sehen oft keinen anderen Ausweg, als sich zum Beispiel an der Religion zu orientieren. Dies ist an sich natürlich nichts Schlechtes. Problematisch wird es aber dann, wenn sie sich in eine fundamentalistisch-extremistische Richtung bewegen. Die jungen Leute fühlen sich von der Gesellschaft und von der Politik massiv im Stich gelassen und sehen sich woanders nach Halt und Orientierung um. Sie suchen sich ein anderes „Wir" und bauen auch Feindbilder auf.

Die Folge all dessen ist, so scheint es, ein rasantes Ansteigen der Jugendgewalt, deren Formen wir uns nun ein bisschen genauer ansehen wollen.

Anderen weh tun: delinquentes und antisoziales Verhalten
Delinquentes und antisoziales Verhalten in der Jugend wird als Vorläufer eventueller späterer schwerer Straftaten betrachtet. Es geht dabei um Verhaltensweisen, mit denen andere geschädigt, verletzt, gefährdet, benachteiligt werden, Verhaltensweisen, welche die soziale Ordnung nicht beachten. Fällt darunter auch, wenn jemand mal bei Rot über die Straße geht? Ja, denn auch dieses Verhalten orientiert

sich nicht an der sozialen Ordnung. Außerdem gefährde ich damit mich selbst und ebenso andere Verkehrsteilnehmer, die vielleicht mit dem Auto eine Vollbremsung hinlegen müssen und dadurch einen Auffahrunfall verursachen. Schwarzfahren mit den öffentlichen Verkehrsmitteln, die Sonntagszeitung aus dem Plastikständer nicht zu bezahlen, den hübschen Aschenbecher aus dem Restaurant mitgehen zu lassen – ich denke, jeder von uns hat bereits einmal delinquent und antisozial gehandelt.

Jemand anderen zu schlagen, ein Auto zu zerkratzen, in einem Geschäft etwas zu stehlen, ein Motorrad umzustoßen, Mistkübel auf dem Hauptplatz umzuwerfen oder Graffitis zu sprayen, sind jedoch Taten, die schon von einem etwas anderen Kaliber zeugen, aber auch hier bin ich sicher, dass sich die einen oder anderen wiederfinden, aus denen trotzdem „etwas geworden" ist.

Der Großteil der Jugendlichen, der eine der oben genannten Taten begeht, hört damit wieder auf, wächst heraus aus dieser Entwicklungsphase, was auch gut so ist. Nur ein kleiner Teil macht weiter und wird dann als „early starter", als Frühstarter in die Kriminalität, bezeichnet. Diese Kinder zeigen antisoziales und gewalttätiges Verhalten bereits in der frühen Kindheit und hören im Gegensatz zu den anderen nicht nach der Pubertät damit auf. Gewalttätiges Verhalten bleibt als überdauerndes Verhaltensmuster bestehen und entwickelt sich weiter. Aus kriminellen Jugendlichen werden kriminelle Erwachsene, die immer wieder Straftaten begehen, in der Folge inhaftiert werden und irgendwann keine wirkliche Chance mehr auf ein „normales" Leben haben. Diese Gewalt kann dermaßen eskalieren, dass es zu einem schweren Gewalt- oder sogar Tötungsdelikt kommt, welches dann eine langjährige Haftstrafe zur Folge hat.

Happy Slapping als Gruppenerlebnis?

Die Suchworte „happy slapping" auf Youtube führen zu unzähligen Videos, auf denen sich junge Menschen gegenseitig schlagen und prügeln. Teilweise sind es recht wackelige und schlechte Handyfilmchen, aber es finden sich auch aufwändig gemachte Filme mit Vor- und Abspann und Musik. Alle dauern nur ein paar Minuten und alle sind gleichermaßen schockierend und abstoßend.

In diesem Zusammenhang zu erwähnen ist der Begriff „snuff video". Es handelt sich dabei um Videos mit gewalttätigen und gewaltverherrlichenden Inhalten, bei denen davon auszugehen ist, dass diese Inhalte reale Begebenheiten abbilden. Das heißt, dass die Opfer wirklich brutal misshandelt, vergewaltigt und vielleicht sogar getötet werden.

Es gleicht in manchen Kreisen anscheinend heutzutage einer Mutprobe, solche Videos auf seinem Handy zu haben. Wenn man sich das traut, ist man cool. Noch cooler ist man, wenn man sie verbreitet, womöglich selbst welche herstellt. Alleine die Anzahl der Videos im Internet lässt darauf schließen, dass es sich hier nicht um ein paar wenige Einzelfälle handelt. Die Eltern bekommen das selten mit. Wer kontrolliert schon das Handy seines Kindes? Ist es nicht oft so, dass die Erwachsenen mit dem technischen Wissen der Kinder gar nicht mithalten können, also gar nicht in der Lage sind, die Geräte zu bedienen, geschweige denn zu kontrollieren?

Diese Videos kursieren, wie schon gesagt, auch im Internet. Eine öffentliche Demütigung der Opfer, die das alles noch grausamer erscheinen lässt. Aber wer sind die Opfer? Die kleineren Kinder, die Übergewichtigen, die mit dem Migrationshintergrund, die, die sich, aus welchen Gründen auch immer, nicht wehren können. Und die Stärkeren sind dann die „Coolen" und „Lässigen", die das Ansehen auf dem Schulhof genießen. Was so ein „Stärkerer" einem anderen damit antut, was diese Demütigungen beim Opfer anrichten, kann er meist gar nicht abschätzen. Im schlimmsten Fall wird ein solchermaßen bloßgestelltes Opfer selbst zum Täter oder zur Täterin, vielleicht sogar zu einem Amokläufer. Wir haben in einem vorigen Kapitel bereits gelesen, wie es zu diesen Entwicklungen kommen kann. Demütigungen, Spott, Gewalt und ebenso das Ignoriertwerden und die Sehnsucht nach Aufmerksamkeit können zu Entwicklungen führen, die einen Jugendlichen im Extremfall zum Mörder werden lassen.

(Cyber-)Mobbing – die moderne Grausamkeit

Wenn wir von Mobbing sprechen, denken wir zumeist an Büroangestellte, an Erwachsene, die sich nicht so gut verstehen, schlecht übereinander reden, Gerüchte verbreiten oder sich gegenseitig beim Chef anschwärzen. Wir denken an Szenen, wo jemand ausgegrenzt wird und unter starkem sozialen Druck steht, der zu schweren psychischen und auch physischen Problemen des Gemobbten führen kann.

Mobbing finden wir aber auch bei Kindern, zum Beispiel in der Schule. Philip Streit definiert Mobbing folgendermaßen: „Eine physisch und/oder psychisch schwächere Person ist über einen längeren Zeitraum direkten oder indirekten negativen Handlungen von überlegenen Personen ausgesetzt. Dies geschieht systematisch und wiederholt. Vorzugsweise in den unkontrollierten Bereichen von hierarchischen Strukturen wie Schule oder Arbeitsplatz." Er unterscheidet drei Formen von Mobbing, nämlich physisches, verbales und stummes.

Physisches Mobbing bezieht sich auf körperliche Aggression. Ein Kind wird von anderen geschlagen, gestoßen, angerempelt, auch eingesperrt oder erpresst. Dieses Phänomen gibt es natürlich schon sehr lange, ich erinnere mich an einen Schulkameraden in der Volksschule, der denselben Schulweg hatte wie ich. So schnell konnte ich gar nicht gehen, als dass er mich nicht doch irgendwann erwischt hätte. Er hat mich dann an den Haaren gezogen, an der Schultasche festgehalten und sich über mich lustig gemacht. Ich habe wirklich Angst vor ihm gehabt. Heute nennt man dieses Verhalten neudeutsch Bullying, abgeleitet vom englischen Begriff „to bully", was mit „drangsalieren", „nötigen", „einschüchtern" übersetzt werden kann.

Verbales Mobbing bedeutet jemanden auszulachen, zu beschimpfen, lächerlich zu machen und auch anzuschreien.

Stummes Mobbing heißt jemanden auszugrenzen, zu ignorieren und einfach nicht zu beachten. Aus meiner Sicht stellt dies eine ganz furchtbare Art dar, mit jemandem umzugehen. Es gibt kaum etwas Schrecklicheres als das, denn der Mensch ist nun mal ein soziales Wesen, das Kontakte braucht. Selbst wenn man nicht gemocht oder von anderen nur aufgezogen wird, ist dies wenigstens immer noch ein Art von Aufmerksamkeit, wenn auch keine förderliche. Aber zumindest wird man wahrgenommen.

Durch Handys und Internet hat Mobbing heutzutage eine ganz neue Dimension bekommen. Durch diese modernen Medien ist es möglich, eine Person vor einem unüberschaubaren Publikum lächerlich zu machen und bloßzustellen – eine unvorstellbare Demütigung für das Opfer. Leider ist es immer noch ein Phänomen, dem nicht wirklich viel Beachtung geschenkt wird. Es herrscht oft genug die Ansicht, dass dem Opfer zumindest eine Teilschuld zuzuschreiben ist. Zeugen von Mobbingaktionen sehen weg und ignorieren die Tatsachen.

Ein betroffenes Mädchen aus Deutschland berichtet in einer ZDF-Reportage über ihr fast zweijähriges Martyrium. Von einem Tag auf den anderen haben sich alle Freunde von ihr abgewendet, warum, weiß sie bis heute nicht so genau. Irgendjemand hatte Gerüchte über sie erzählt, wirklich schlimme Gerüchte, mit meist sexuellen Inhalten. Selbst von den kleineren Kindern wurde sie in den Pausen auf dem Schulhof angegriffen und auch körperlich attackiert. Diese Angriffe führten bis hin zu einem Krankenhausaufenthalt. Schließlich hat sie sich in den Pausen nur mehr im Klo eingesperrt, um vor Angriffen körperlicher und verbaler Art sicher zu sein – eine Zerreißprobe für die ganze Familie.

Fast zwei Jahre ging das so. Heute reist sie durch deutsche Schulen und berichtet von dem Erlebten: dass sie die Schuld bei sich selbst gesucht hat und dachte, sie müsse wohl dumm und hässlich sein, sonst würden die anderen sie ja nicht so behandeln. Die Frage nach Selbstmord war keine Ob-Frage mehr, sondern eine nach dem Wann.

Irgendwann hat sie die Schule gewechselt, eine Außenseiterin ist sie aufgrund ihrer schlimmen Erfahrungen immer geblieben. Noch Jahre danach ist sie in psychotherapeutischer Behandlung.

Auch in Österreich erschütterte erst vor wenigen Monaten ein Fall von Schulmobbing die Öffentlichkeit. Ein 13-jähriger Bub beging Selbstmord, nachdem er in der Schule und auch in diversen Internetforen gemobbt worden war. Er konnte die Demütigungen nicht mehr ertragen, legte sich auf Gleise und wurde von einem Zug überfahren. Provokant gesagt könnte der Selbstmord dieses Buben als indirekter Mord bezeichnet werden. Er wurde von anderen so lange erniedrigt und gedemütigt, bis er nicht mehr leben wollte. Die Täter haben ihn in gewisser Weise durch ihr Verhalten selbst auf die Gleise gelegt.

Verbale Gewalt – der Anfang?
Ich bin Pendlerin und da ich kein Auto besitze, eine regelmäßige Benützerin der öffentlichen Verkehrsmittel. Vier Mal pro Woche fahre ich morgens und nachmittags mit der

Schnellbahn in die Arbeit und zurück und das gemeinsam mit unzähligen Schülerinnen und Schülern aller Altersstufen. An Ausdrücke wie „Trottel", „Behinderter", „Arsch", „fick dich" oder „Missgeburt", die die Jugendlichen sich gegenseitig zuwerfen, habe ich mich ja schon irgendwie gewöhnt. Mädchen bezeichnen sich gegenseitig „liebevoll" als „Hure" – ich habe dabei fast den Eindruck, es ist ein anerkennendes Kosewort. Seit einiger Zeit aber gibt es ein neues Schimpfwort, das bei den Kindern und Jugendlichen in ist – „Opfer"! Ja, Sie lesen richtig. Der 13-Jährige sagt zum 11-Jährigen: „Halt dein Maul, du Opfer!" Man mag es kaum glauben.

Ich muss schon zugeben, dass ich manchmal gerne und heftig fluche, wenn mir etwas nicht gelingt. Im Normalfall hört das aber niemand anderer als ich. Fluchen und schimpfen hat ja auch etwas Befreiendes, man kann seinen Unmut über etwas oder jemanden loswerden und fühlt sich dann besser. Der Übergang zwischen Sich-verbal-Erleichtern und wirklich jemanden mit Worten zu entwerten und zu verletzen ist aber ein recht fließender. Schimpfworte degradieren das Gegenüber und entmenschlichen es zum Teil, was es einfacher macht, in der Folge auch körperlich aggressiv zu werden.

In vielen Jugendgruppen gehören Schimpfwörter zum „guten Ton" und sind Ausdruck der Zugehörigkeit zu dieser Gruppe. Sie können aber ebenso Ausdruck von Unsicherheit und Frustration sein. Wenn sie keinen anderen Weg mehr sehen, fluchen und schimpfen Jugendliche eben. Aufmerksamkeit ist ihnen dann meist sicher. Aber was können Erwachsene dagegen tun? Dass Kinder solche Wörter irgendwo aufschnappen, ist nicht zu verhindern. Spätestens im Kindergarten geht es damit los. Empörung darüber, schimpfen, es tabuisieren und ignorieren – all das wird nicht viel bringen. Die Moralkeule schwingen? Nein, das ist ebenfalls nicht wirklich zielführend. Was es braucht, und ich wiederhole mich hier bewusst, ist ein positives und wertschätzendes Miteinander von Eltern bzw. Bezugspersonen und Kindern. Es braucht einen Rahmen, in dem solches Sprachverhalten besprochen werden kann, und es braucht in erster Linie gute Beziehungen, sodass sich Kinder nicht durch Gewalt- und Fäkalausdrücke Aufmerksamkeit verschaffen müssen. Im Normalfall ist das eine Phase, die Freunde verändern sich, es werden andere gefunden, zum Beispiel durch Schulwechsel, ein Kind wird älter und entwickelt sich weiter. Passiert dies nicht, so ist Sprache natürlich immer auch im Zusammenhang mit Gewalt zu sehen. Eine aggressive Ausdrucksweise führt bei dem, der diese Sprache führt, und ebenso beim Gegenüber zu verändertem Verhalten. Beschimpft mich jemand, werde ich, natürlich abhängig von der Situation, entsprechend reagieren. Bei vielen kommt es zum Glück nicht zu einer Eskalation, bei der sich aus einer verbalen Auseinandersetzung eine körperliche entwickelt. Aber nicht alle Menschen sind so beherrscht, und wenn die „Richtigen" aufeinandertreffen, kann schnell eine Situation entstehen, in der es zu eskalierendem Verhalten mit unabsehbaren Folgen für die Beteiligten kommen kann. Bereits der erste Schlag kann tödlich sein, auch wenn dies in der Situation nicht gewollt war. Der andere braucht nur unglücklich zu stürzen und aus einer anfänglich vielleicht harmlosen Auseinandersetzung wird eine Körperverletzung mit Todesfolge oder ein Totschlag. Ein kurzer unbeherrschter Moment kann ein Leben beenden und auch das des Zuschlagenden für immer verändern. Haben Sie schon einmal die Kontrolle über sich verloren?

In einem Kapitel über Jugendgewalt darf ein Thema nicht fehlen: Medien und Computerspiele. Nur zu gerne dienen sie als Sündenböcke. Die brutalen Spiele, Fernseh- und Kinofilme seien schuld daran, dass unsere Jugend immer gewalttätiger und kaltblütiger wird. Diese Erklärung ist ja irgendwie praktisch, wie sollen Erziehungsberechtigte denn kontrollieren, was die Jugend im Fernsehen ansieht? Sollen sich doch die Macher und Regisseure etwas überlegen und bitte schön weniger Brutales produzieren. Der Punkt ist nur der, dass nicht das Fernsehen oder die Computerspiele per se aggressiv machen, sondern eher der Umgang mit ihnen oder besser gesagt der Nichtumgang.

Erwachsene sprechen mit Kindern viel zu wenig, sie werden nicht aufgeklärt. Der Fernseher wird zum Babysitter, zum Eltern- und Beziehungsersatz. Die virtuelle Welt der PC-Spiele wird mit der echten verwechselt, die Onlinefreunde, die die Kinder aus dem Kopfhörer kennen, werden zum Ersatz für echte Freunde. Das Ich aus dem Computerspiel, der unverwundbare Soldat, der Superkiller, der mächtige Magier ist viel „cooler" als das Kind selbst. Es schlüpft in diese virtuellen Rollen, besiegt das Böse und ist damit der Held. Und das ist der Punkt, an dem es wirklich gefährlich wird: wenn Kinder oder Jugendliche nicht mehr unterscheiden können zwischen der Realität und dem Spiel. Stundenlang sitzen sie vor den Monitoren und töten, ohne korrigierenden oder kontrollierenden Input von außen. Das Problematische daran ist, dass sie dafür sogar noch belohnt werden. Je mehr Feinde sie töten, umso mehr Medaillen gibt es, umso schneller erreichen sie den nächsten Level, umso mehr Anerkennung bekommen sie von den virtuellen Kollegen. Die Psychologie nennt dies positive Verstärkung bzw. auch Konditionierung.

Es sollen weder Computerspiele bzw. das Fernsehen oder Kino generell verteufelt werden. Mir ist es aber wichtig zu zeigen, dass die Kinder Unterstützung durch Erwachsene brauchen, die mit ihnen reden und darüber reflektieren, was sie tun, sodass die Kinder den Kontakt zur realen Welt nicht verlieren und vermittelt bekommen, dass echte Beziehungen wertvoll und befriedigend sind.

Wir alle, auch Sie, liebe Leserinnen und Leser, können solche wichtige Bezugspersonen sein. Nicht nur für die eigenen Kinder, vielleicht auch für ein Nachbarskind, für den Freund des Sohnes oder eine Freundin der Tochter. Je früher ein Kind, das sich in einer schwierigen Lebenssituation befindet, von einer Vertrauensperson aufgefangen wird, je früher es Hilfe bekommt, desto besser sind die Chancen, den Lebensweg dieses Kindes zum Positiven zu beeinflussen und spätere Gewalttaten und somit Opfer zu vermeiden.

6. Die Faszination der Gewalt

Das Gefängnis im Keller

Liebe Leserinnen und Leser, stellen Sie sich Folgendes vor: Sie lesen in der Zeitung ein Inserat, in dem freiwillige Teilnehmer für ein psychologisches Experiment gesucht werden. Dieses Experiment dauert zwei Wochen, in denen Ihre persönliche Freiheit mitunter drastisch eingeschränkt sein kann. Sie werden aber finanziell recht gut dafür entlohnt. Nach einer ausführlichen psychologischen Testung sind Sie einer der 24 ausgewählten Teilnehmer, Sie dürfen sich sogar aussuchen, welche Rolle Sie in dem Experiment einnehmen wollen: die eines Gefängnisinsassen oder die eines Aufsehers. Aufgrund der aktuellen gesellschaftlichen und politischen Situation und der Tatsache, dass Sie ein politisch aktiver und gut informierter Mensch sind, möchten Sie in dem Experiment gerne die Rolle eines Häftlings übernehmen. Man weiß ja nie, was auf einen so zukommt. Vielleicht werden Sie in Ihrem Leben irgendwann einmal verhaftet und können für die Zukunft etwas aus der simulierten Situation lernen.

Sie werden informiert, dass Sie entweder an einem bestimmten Sonntag im Laufe des Tages abgeholt werden und dann das Experiment losgeht oder dass man Sie telefonisch kontaktiert und zu einem bestimmten Ort bittet.

In Ihrem Fall passiert Zweiteres und Sie finden sich an jenem vorgegeben Tag an dem gewünschten Ort, dem Keller eines Universitätsgebäudes, ein. Da sich alle Teilnehmer die Rolle des Häftlings ausgesucht haben, es aber auch die Rolle der Wärter zu besetzen gilt, wird Ihnen mitgeteilt, dass Sie aufgrund einer Auslosung mittels Münzwurf als Wärter eingeteilt wurden. Sie erhalten eine Uniform, eine verspiegelte Sonnenbrille und einen Schlagstock. Was Sie nicht erhalten, sind genaue Anweisungen, was Sie in den kommenden beiden Wochen genau zu tun haben. Sie werden zwar einer von drei Schichten zugeteilt und man sagt Ihnen, dass Sie als Wärter für Ruhe und Ordnung bei den Gefangenen zu sorgen haben und dass tunlichst niemand die Gelegenheit zur Flucht erhalten soll, wie genau Sie das tun sollen oder wie weit Sie gehen dürfen, um diese Ordnung einzuhalten, sagt Ihnen niemand. Gegenstand der Untersuchung ist die Anpassungsfähigkeit des Menschen an äußere Umstände, in diesem Fall an eine Inhaftierung. Das Hauptaugenmerk liegt auf den Häftlingen. Aber diese Informationen haben Sie gar nicht bekommen.

Und dann geht es auch schon los. Die ersten Häftlinge treffen ein, insgesamt werden es neun sein. Diese tragen Augenbinden und werden nackt an die Wand gestellt, um entlaust zu werden. Ich wiederhole noch einmal, dass Sie auf das alles nicht vorbereitet wurden. Nur darauf, dass Sie auf die bald eintreffenden Häftlinge aufpassen sollen. Es soll zu keinen Unruhen kommen und es soll keiner fliehen. Einige andere Wärter – Sie sind mit jeweils zweien und einem Chefaufseher im Dienst – machen sich über die Geschlechtsteile der Häftlinge lustig, Sie denken bei sich, dass das nicht in Ordnung ist, müssen aber vielleicht doch auch schmunzeln. Alles nicht so tragisch, es ist doch nur ein Experiment und alle bekommen gutes Geld dafür.

Sie wissen über die Häftlinge nichts, diese sind ungefähr in Ihrem Alter, haben aber keine Namen, sondern nur Nummern. Auch Sie selbst sind nicht mit Ihrem Namen anzusprechen, sondern mit „Aufseher". Durch Ihre verspiegelte Brille können Sie alles gut beobachten, keiner merkt, was Sie wie und wie lange ansehen. Augenkontakt ist nicht möglich und verleiht Ihnen eine gewisse, wie Sie finden nicht unangenehme, Anonymität.

Die Häftlinge erhalten nun ihre Kleidung und müssen

sich Strumpfhosen über den Kopf ziehen, dies soll rasierte Köpfe imitieren. Es gibt den ersten Zählappell, der bereits sehr lange dauert und durchaus dazu dient, die Häftlinge durch das lange Stehen zu schikanieren und zu demütigen. Sie nehmen das nicht so ernst, die Wärterkollegen machen sich eben einen Spaß und die Häftlinge sollen nicht so empfindlich sein. Bedenken Sie, dass Sie gerade erst wenige Stunden in dem Keller sind.

Die Situation eskaliert bereits jetzt: Ein Häftling befolgt die Anweisungen nicht und landet dafür im „Loch", einem Raum für Isolationshaft. Recht geschieht ihm, denken Sie, warum führt er sich denn so auf. Es ist außerdem die Aufgabe der Wärter, für Ruhe zu sorgen. Man hat Ihnen wohl gesagt, dass körperliche Misshandlungen verboten sind, aber mit dem Schlagstock ein paar Mal gegen die Tür des Einzelhaftraumes zu schlagen kann ja nicht so schlimm sein. Dass es dem, der darin sitzt, Schmerzen bereitet, da das Schlagen auf die Tür in dem kleinen Raum unendlich laut ist, daran denken Sie nicht.

Nun haben Sie nach acht Stunden Ihre erste Schicht erledigt und dürfen nach Hause gehen. Am nächsten Tag erscheinen Sie wieder pünktlich zum Dienst, die Kollegen der vorherigen Schicht berichten über die Vorkommnisse. Sie erfahren, dass sich der Aufwiegler von gestern schon wieder in Einzelhaft befindet, dass andere Häftlinge ihre Zellen verbarrikadiert haben und dass es einen Beschwerdeausschuss der Häftlinge gibt, dessen Vorsitzender ein Gespräch mit dem Gefängnisleiter haben wird.

Sie merken, dass Sie sehr angespannt sind. Angst haben Sie keine, schließlich sind Sie der „Hüter des Gesetzes". Sie haben den Schlagstock und somit die Macht. Und vielleicht sind Sie auch ein bisschen ärgerlich über die Häftlinge. Aber es könnten lange acht Stunden werden, denken Sie sich. Und so kommt es auch. Es gibt die erste Revolte und Sie ertappen sich dabei, aktiv bei den Schikanierungen der Häftlinge mitzumachen. Die anderen Wärter machen es ja auch. Also beschimpfen auch Sie die Häftlinge, geben ihnen demütigende Spitznamen, zwingen sie dazu, homosexuelle Handlungen anzudeuten. Vergessen Sie nicht: Sie sind erst den zweiten Tag im Dienst.

Nun überschlagen sich die Ereignisse. Es kommt zu weiteren Revolten, ein Häftling tritt in Hungerstreik, besorgte Angehörige tauchen auf, ein Seelsorger und ein Jurist kommen, eine Bewährungskommission tagt. Für die Häftlinge ändert sich nichts, sie werden weiter schikaniert und gedemütigt, besonders die Nachtschicht zeichnet sich durch „Kreativität des Bösen" aus. Sie geraten irgendwie mitten hinein und denken sich sogar selbst immer demütigendere Rituale aus. Wenn es darum geht, die Häftlinge bloßzustellen, ihnen etwas zu Fleiß zu tun, sind die Wärter der Nachtschicht einsame Spitze beim Erfinden von Schikanen. Macht einer etwas falsch, wird die ganze Gruppe bestraft. Es werden ihnen zum Beispiel die Matratzen weggenommen, in weiterer Folge auch die Decken und Polster. Einmal setzen sie sogar Feuerlöscher gegen die Häftlinge ein, sodass die Zellen noch lange nach diesem Schaum stinken und eigentlich nicht bewohnbar sind.

Ohne großartiges Hinterfragen übernehmen Sie die Einstellungen und Ansichten der Kollegen, Sie machen nach wie vor bei den Ritualen, wie dem überlangen Zählappell oder dem Anordnen von Liegestützen mit, Sie denken sich sogar selbst etwas aus, um den Zählappell um ein paar Minuten zu verlängern. Dass die Häftlinge schon kaum mehr stehen können, ist Ihnen eigentlich egal. Die haben das verdient, so wie die sich aufführen, da ist ein bisschen Härte eben notwendig. Das ist ja nicht Ihre Schuld.

Zu Hause ertappen Sie sich dabei, wie Sie mit Ihrer Partnerin oder Ihrem Partner im Befehlston sprechen und ein bisschen den Schlagstock, der sonst an der Hüfte baumelt, vermissen.

Es ist inzwischen der sechste Tag Ihrer neuen Arbeit. Sie haben sich gut eingearbeitet und mögen das, was Sie tun. Sie haben das Sagen, Sie haben Macht über andere und ob es Ihnen gefällt oder nicht, Sie mögen dieses Gefühl. Außerdem sind Sie nach wie vor fest davon überzeugt, das Richtige zu tun. Sie haben einen Auftrag erhalten und den führen Sie gewissenhaft aus.

Die Häftlinge werden nun gesammelt in einen Raum geführt, in dem der Gefängnisdirektor wartet. Sie müssen draußen bleiben. Nach kurzer Zeit hören Sie großen Jubel, die Tür öffnet sich und die Häftlinge strömen strahlend heraus. Sie sagen irgendetwas von wegen „Wir sind frei!". Sie verstehen gar nichts. Soll das heißen, dass Sie Ihren neuen, tollen Job schon wieder los sind? Verlieren Sie womöglich einen Teil Ihrer Bezahlung, das alles hätte doch zwei Wochen dauern sollen? Im ersten Moment sind Sie wütend, vor allem auf die Häftlinge, die sich so freuen. Ganz weit hinten ihn Ihrem Gehirn regt sich etwas. Haben Sie etwa Ihren Job schlecht gemacht, weil die sich so freuen, dass es vorbei ist? Das kann nicht sein, Sie haben Ihr Bestes gegeben. Kurz darauf wird auch Ihnen mitgeteilt, dass man sich für Ihre Arbeit bedankt, Sie aber jetzt nach Hause gehen dürfen.

Was ist passiert? Wohin hätte es geführt, wenn das Experiment nicht abgebrochen worden wäre?

Sind Sie davon überzeugt, dass Sie sich niemals an den Schikanen beteiligt und keinesfalls andere so gedemütigt hätten? Hätten Sie - ganz im Gegenteil - versucht, Ihre Wärterkollegen von ihren mehr als fragwürdigen Handlungen abzuhalten?

Der moralische Kompass

Die Wahrscheinlichkeit, dass andere Versuchspersonen moralisch vollkommen richtig gehandelt hätten, ist gering. Nur wenige der Teilnehmer schafften es, sich an ihrem moralischen Kompass zu orientieren. Ich möchte Sie noch einmal daran erinnern, dass es sich bei den Teilnehmern dieses Experimentes um „ganz normale" Menschen gehandelt hat. Es waren Studenten aus gut situierten Familien, die zum Teil bereits verheiratet und liebevolle Väter waren. Keiner von den Teilnehmern ist bei den psychologischen Testungen aufgefallen, alle Ergebnisse waren normal. Ich erinnere Sie auch, dass die Zuteilung zu den Gruppen rein zufällig war. Die Chance, ein Wärter zu sein, war genauso groß wie die, ein Häftling zu werden.

Das, was ich hier beschrieben habe, fand im Sommer 1971 als „Stanford Prison Experiment" an der University of Stanford im nördlichen Kalifornien statt. Der Psychologe Philip Zimbardo wollte vor dem gesellschaftlichen Hintergrund der damaligen Antikriegsdemonstrationen erforschen, wie sich Menschen an eine bestimmte Situation anpassen. Ursprünglich standen die Häftlinge im Zentrum der Aufmerksamkeit dieses Experimentes. Im Laufe der sechs Tage passierten allerdings so viele haarsträubende Dinge, dass schlussendlich auch die Wärter und ihr Verhalten genauer untersucht wurden.

Innerhalb von nur wenigen Tagen sind die Ereignisse in diesem simulierten Gefängnis dermaßen eskaliert, dass Zimbardo und seine Kollegen das Experiment abbrachen, da sie Folgeschäden bei den Teilnehmern befürchteten. Die Wärter wurden zunehmend grausamer und sadistischer. Die Teilnehmer, die die Positionen der Wärter einnahmen, hatten ihre Rollen bereits nach kurzer Zeit stark verinnerlicht und gingen darin auf. Sie dachten sich immer grausamere Spielchen mit den Häftlingen aus. Bereits nach kurzer Zeit kam es zu ersten sexuellen Übergriffen. Die Wärter zwangen die Häftlinge sexuelle Posen einzunehmen und sexuelle Handlungen aneinander zu simulieren. Die Macht, die die Wärter durch ihre Rolle erhalten hatten, gefiel ihnen und führte auch dazu, dass sie sadistischer wurden. Mitgefühl mit den Häftlingen gab es kaum, jegliche Fragen oder gar Kritik seitens der Häftlinge wurde persönlich genommen und sofort bestraft.

Während die Wärter also die Eigenschaften ihrer Rolle verstärkt nach außen trugen, wurden viele der Häftlinge depressiv. Sie revoltierten zwar und einer trat sogar in einen Hungerstreik, all das führte aber nicht zum gewünschten Erfolg. Die Zustände wurden für die Häftlinge schlimmer, die Behandlung durch die Wärter grausamer. Schließlich mussten einige der Teilnehmer, die eine Häftlingsrolle innehatten, vorzeitig entlassen werden, der erste bereits nach 36 Stunden. Von den Wärtern verließ keiner vorzeitig das Experiment.

In den Tagen und Wochen nach dem Experiment trafen sich die Teilnehmer zu sogenannten Debriefings, also Nachbesprechungen mit psychologischer Betreuung. Erschütternd war, wie schnell sich die Personen, die Wärter darstellten, in wirklich grausame Täter verwandelt hatten. Sie hatten innerhalb kürzester Zeit ihre neue Rolle verinnerlicht, begannen immer willkürlicher zu agieren und sich kaum mehr an die – recht spärlichen – Anweisungen zu halten. Klare Anweisungen von Vorgesetzten sind eine der wichtigsten Voraussetzungen, um gewalttätiges und eskalierendes Verhalten zu verhindern.

Einige nahmen ihre neuen Verhaltensweisen sogar mit nach Hause und erteilten dort plötzlich Befehle. Bereits nach wenigen Tagen kam es, wie gesagt, während des Experiments neben verbalen auch zu sexuellen Übergriffen und Demütigungen, nur ganz wenige Teilnehmer auf beiden Seiten haben es geschafft, ihre Moral und ihren Anstand zu bewahren, sie haben sich weiterhin an das gehalten, was Zimbardo den „moralischen Kompass" nennt.

Auch in den Wochen und Monaten nach dem Experiment wurden von Philip Zimbardo Treffen zwischen den Teilnehmern vereinbart. So hatten die „Häftlinge" und die „Wärter" die Gelegenheit, die Vorkommnisse in einem geschützten Rahmen und mit psychologischer Unterstützung nachzubesprechen und aufzuarbeiten. Laut Aussagen der Teilenehmer kam es bei keinem zu psychischen Folgeschäden, wohl waren aber die meisten sehr überrascht und schockiert darüber, zu welchen Handlungen sie in diesen wenigen Tagen fähig gewesen waren. Sowohl die Wärter als auch die Häftlinge.

Diejenigen, die sich nicht an allen Demütigungen beteiligt hatten, die zu den Häftlingen immer wieder auch einmal nett gewesen waren, taten dies aufgrund ihrer persönlichen Moralvorstellungen. Es widerstrebte ihnen, andere respektlos und herablassend zu behandeln. Selbst wenn sie dafür von den anderen Wärtern verspottet oder ausgegrenzt wurden, hielten sie an ihrem Verhalten fest. Es war aber nur eine verschwindend kleine Gruppe, die den Mut hatte, so zu handeln.

Was ist nun passiert in diesem Keller im Sommer 1971? Zimbardo geht von einer ungeheuren Macht der Situation aus. Die Situation, in der ein Mensch sich befindet, ist zu einem Großteil dafür entscheidend, was der Mensch tut. Eine „böse" Situation trifft also auf einen im Prinzip „guten" Menschen und dies hat schwerwiegende Auswirkungen. Natürlich soll das keine Entschuldigung dafür sein, dass jemand etwas Verwerfliches tut, aber dieser Denkansatz hilft vieles besser zu verstehen.

Sie erinnern sich, dass wir in den ersten Kapiteln bereits

einige Theorien zur Entstehung von Gewalt kennengelernt haben. Die Situation selbst zu betrachten ist eine weitere Perspektive, um an die Sache heranzugehen.

Philip Zimbardo war als Sachverständiger im Verteidigungsteam eines im Zuge der Folterungen im irakischen Abu-Ghraib-Gefängnis angeklagten US-Militärs tätig. Zu Erinnerung: Die dort tätigen Soldaten folterten, misshandelten und demütigten die Gefangenen und hielten ihre Taten auf Fotos und Filmen fest. Er hat sich umfassend und ausführlich mit den dortigen Vorfällen und Situationen auseinandergesetzt und kam schließlich zu dem Schluss, dass es sich bei diesen Folterszenarien nicht um ein paar „faule Äpfel" (Soldaten) in einem an sich „guten Fass" (die Armee) handelt, wie es die Obrigkeiten dargestellt haben.

Auf keinen Fall waren diese Misshandlungen systematisch! Nein, die dort herrschenden Bedingungen haben dazu geführt, dass an sich „normale" Menschen nicht mehr gewusst haben, was sie zu tun haben und was nicht. Fehlende Anweisungen, die Entmenschlichung der Opfer (man kennt das auch aus dem Zweiten Weltkrieg, Juden wurden als Ungeziefer und Ratten bezeichnet) und die eigene Anonymität, z.B. durch Uniformen, begünstigen das Entstehen solcher Situationen, in deren Folge Misshandlungen und Folterungen wie in Abu Ghraib erst möglich sind. Dazu kommt die Tatsache, dass Angehörige des Militärs Befehle zu befolgen haben – die anderen tun das ja auch. Soldaten haben nichts zu hinterfragen. Schließlich sind sie weit weg von zu Hause und die Opfer „haben es nicht anders verdient". Sie haben Zivilisten gefoltert, sie haben Bombenanschläge und andere Terrorakte verübt und überhaupt viel Schlimmeres als man selbst getan.

Psychologisch wird dies „Rationalisierung" bezeichnet. Der Mensch sucht Erklärungen dafür, warum er etwas tut, wovon er eigentlich weiß, dass es nicht in Ordnung ist.

Wenn Menschen etwas tun sollen, was sie eigentlich nicht tun wollen, weil es ihren eigenen Einstellungen und Prinzipien widerspricht, entsteht kognitive Dissonanz, also ein Gefühlszustand, in dem man sich sehr unwohl fühlt. Um diese Dissonanz zu entschärfen, beginnen Menschen Erklärungen und Entschuldigungen für das eigene Verhalten zu suchen. Das taten die Wärter im Stanford Prison Experiment 1971 genauso wie die Soldaten in Abu Ghraib mehr als vier Jahrzehnte später. Sie mussten „Befehle befolgen", „die haben es ja verdient", „die haben noch viel schlimmere Dinge gemacht", „wir kämpfen hier für eine gerechte Sache".

Eines der wichtigsten Erkenntnisse des Stanford Prison Experiments ist, dass wir alle in so eine Lage kommen könnten. Auch wenn wir es nicht gerne hören, so sind wir doch alle fähig, Unaussprechliches zu tun, wenn es die Situation erfordern würde. Die Versuchung des Bösen lauert ganz in der Nähe, die Grenze zwischen Gut und Böse ist sehr durchlässig und keineswegs so klar, wie wir denken.

Zu wissen, dass es uns passieren kann, ist aber ein erster Schritt. Wenn wir uns bewusst machen, dass unsere eigenen Bedürfnisse und Wünsche so verstärkt und manipuliert werden können, dass wir unseren moralischen Kompass aus den Augen verlieren, können wir eben diesen ein bisschen besser im Blickwinkel behalten und vielleicht einer der wenigen Helden werden, die Zimbardo im letzten Kapitel seines Buches „Der Luzifer-Effekt" beschreibt. Der Soldat, der die Vorkommnisse in Abu Ghraib aufdeckte und öffentlich machte, war danach unglaublichen Schikanen und Repressalien ausgesetzt. Er und seine Familie mussten immer wieder von der Polizei geschützt und teilweise sogar versteckt werden. Nichtsdestotrotz hat er sich dafür entschieden, das in seinen Augen Richtige zu tun, gleichgültig welche Konsequenzen dies für ihn hatte.

Dieses Buch „Der Luzifer-Effekt" sei an dieser Stelle wärmstens empfohlen. Die Filme, die über das Stanford Prison Experiment gedreht wurden, sollten meiner Meinung nach, wenn überhaupt, nur nach Lektüre des Buches angesehen werden. Ihnen fehlen teilweise wichtige Informationen bzw. wurden der Spannung und der Handlung wegen Dinge verändert, allerdings aus meiner Sicht leider nicht zum Guten.

Mit dem Wissen aus diesem Kapitel möchte ich Sie, liebe Leserinnen und Leser, abschließend auffordern einmal in sich hineinzuhören und darüber nachzudenken, in welchen Situationen Sie dazu fähig wären, Ihre Grenzen zu überschreiten. Vielleicht waren Sie schon einmal in einer Situation, in der Sie knapp davor standen, jemand anderen zu verletzen, oder hätten Macht in einer Weise ausüben können, mit der Sie anderen geschadet hätten? Wie weit könnten Sie gehen?

Und andererseits: Wie viel trauen Sie sich? Mussten Sie Ihrer Überzeugung schon einmal nachdrücklich Gehör verschaffen? In der Disco, als ein anderer Mann nicht aufhörte, Ihre Freundin zu belästigen? Am Spielplatz, als Sie bemerkten, dass ein Fremder Ihr Kind beobachtet und fotografiert? Rasch können sich hier die Reaktionen aufschaukeln, es kommen Aggressionen ins Spiel, man wird laut und wütend. Solche Gefühle und Impulse sind verständlich und in vielen Situationen auch normal. Wichtig ist es, sich dieser Gefühle bewusst zu werden und sie zuzulassen. Genauso wichtig ist es aber, reflektiert und vernünftig zu handeln, nicht impulsiv und ohne nachzudenken. Es ist in Ordnung, den Mann in der Disco höflich, aber bestimmt in seine Schranken zu weisen. Es ist nicht in Ordnung, ihn mit ein paar Freunden auf dem Parkplatz zu verprügeln. Es ist in Ordnung und sogar angezeigt, den Fremden am Spielplatz anzusprechen, vielleicht sogar die Polizei zu rufen.

Seine Meinung zu sagen, den eigenen Standpunkt zu vertreten und an seinen Prinzipien festzuhalten ist sehr oft nicht so einfach, wie es sich anhört. Vor allem, wenn man mit seiner Meinung alleine dasteht, wenn man von anderen unter Druck gesetzt wird. Aber seien wir mutig! Trauen wir uns, diejenigen zu sein, die anders denken, das auch klar ausdrücken und dafür einstehen!

7. Macht und Gewalt – das Böse im Spiegel

Es ist doch nur ein kleiner Stromschlag ...

Unternehmen wir nun wieder eine kleine Reise in die USA der 1960er-Jahre. Begeben wir uns in das kleine und beschauliche Städtchen New Haven im Bundesstaat Connecticut, südlich von New York. Dort liegt die Yale Universität, eine der besten Nordamerikas. Wer dort studiert, braucht viel Geld, aber den Absolventinnen und Absolventen steht danach auch die Welt offen.

Anfang der 1960er-Jahre unterrichtet dort ein junger Mann namens Stanley Milgram, promovierter Sozialpsychologe. Aufgewachsen in New York ging er mit Philip Zimbardo, der uns im vorigen Kapitel bereits begegnet ist, in die Schule.

Stanley Milgram forscht viel auf dem Gebiet des Gehorsams und der Macht, denn er will wissen, wie es in Europa zum Holocaust kommen konnte. Wie konnte es passieren, dass „ganz normale Menschen", also jemand wie du und ich, zu Handlangern des Bösen werden konnten? Wie konnte es passieren, dass all diese Leute „einfach nur Befehle ausführten", wie auch Eichmann es in seinem Prozess in Israel formulierte?

Er startet ein Experiment, mit dessen Ergebnissen niemand rechnen konnte und an dessen Ende Stanley Milgram sagen sollte: „Wenn Sie das Böse sehen wollen, schauen Sie in den Spiegel."

Er schaltet eine Anzeige in der Lokalzeitung, mit der er 500 Männer sucht, die ihm eine Stunde ihrer Zeit zur Verfügung stellen. Es geht um ein Experiment zur Untersuchung von Gedächtnisleistung, die Versuchspersonen erhalten vier Dollar pro Stunde und etwas Geld für die Fahrtkosten. Da sich nicht genügend Leute melden, schicken Milgram und sein Team auch noch Briefe an mehrere Tausend Einwohner aus, bis sie schließlich die gewünschte Anzahl an Versuchspersonen gefunden haben.

Es handelt sich um Menschen aus allen Bevölkerungsschichten, vom Schulabbrecher bis zum Ingenieur, vom Postbeamten bis zum Lehrer, vom Vertreter bis zum Akademiker. Die einzelnen Versuchsgruppen werden nach Alter (über 20, über 30 und über 40) und nach Berufen zusammengestellt und ein paar Tage bevor das Experiment stattfinden soll, darüber informiert, wo sie sich an einem bestimmten Tag zu einer bestimmten Uhrzeit einfinden müssen. Sie alle werden in ein elegantes Labor der Universität geladen, auch der Versuchsleiter ist bereits gefunden. Dieser trägt einen grauen Kittel, ist relativ leidenschaftslos, er wirkt streng und ein bisschen autoritär. Was die Versuchspersonen nicht wissen: Dieser Mann ist ein „Komplize" von Dr. Milgram.

Das Experiment ist folgendermaßen aufgebaut. Den Versuchspersonen wird jeweils die Rolle des Lehrers zugeteilt, der einem „Schüler" Wortpaare beibringen soll. Der Lehrer liest ein Wort des Paares vor, der Schüler muss das dazugehörige wiedergeben. Der Schüler sitzt in einem anderen Raum, wo ihn der Lehrer nicht sehen, sondern nur hören kann. Auch der Schüler ist ein Eingeweihter, es handelt sich um einen 47-jährigen Mann, der eigentlich Buchhalter ist und den die meisten als freundlich und liebenswürdig bezeichnen würden. Ist die Antwort des Schülers falsch oder gibt er gar keine, muss der Lehrer als Strafe einen Stromschlag erteilen.

Im Vorfeld werden die Versuchspersonen mit dem Apparat vertraut gemacht. Es handelt sich um einen Kasten mit insgesamt 30 Knöpfen, jeder für einen Stromschlag. Die Intensität reicht von einem „niedrigen Schock" (15 Volt) in 15er-Schritten über einen „starken Schock" (135 Volt) bis hin zu „Gefahr: ernsthafter Schock" (420 Volt). Die letzten beiden Stufen, 435 und 450 Volt, sind durch drei X gekennzeichnet.

Stanley Milgram befragt die Versuchspersonen vor Beginn der Testreihe, wie weit sie bei den Schocks gehen werden. Alle sagen, dass es mit Sicherheit einen Punkt gibt, und diesen sehr früh, an dem sie dem Versuchsleiter den Gehorsam verweigern werden.

Er befragt auch Experten und Kollegen der Universität, wie sie den Ausgang des Experiments einschätzen. Sie meinen, dass maximal eine pathologische Randgruppe von zwei Prozent bis an das Ende der Schockskala geht, alle anderen werden dem Versuchsleiter sehr bald den Gehorsam verweigern. Sowohl die Versuchspersonen selbst als auch die Experten gehen davon aus, dass der Mensch an sich anständig und gut ist und dass er einem anderen nicht so ohne Weiteres Schmerzen zufügen würde. Schon gar nicht, wenn er den anderen gar nicht kennt bzw. ihm dieser nichts getan hat.

Eine weitere Vorannahme, die zu diesen Vorhersagen führt, ist, dass der Mensch für sein eigenes Handeln verantwortlich ist. Jeder entscheidet sich in einem bestimmten Rahmen für eine bestimmte Handlung und die Grenzsetzung dafür kommt aus ihm selbst. Es konzentriert sich also alles auf das einzelne Individuum und nicht auf die Situation. Wie Sie, liebe Leserinnen und Leser, bereits aus dem vorherigen Kapitel wissen, ist diese Annahme wohl ein Fehler.

Die ersten Experimente starten. Der Versuchsleiter weist den „Lehrer" an, was er zu tun hat. Der Schüler sitzt gut gelaunt im Nebenraum und es kann losgehen. Die ersten Wortpaare werden flugs gelernt und auch richtig wiedergegeben. Passiert doch einmal ein Fehler, so sind die Stromstöße ein Klacks. Der Schüler lacht, es geht fröhlich weiter. Je mehr Wortpaare allerdings gelernt werden müssen, umso mehr Fehler passieren auch. Der Schüler berichtet nun von Schmerzen, nach einigen weiteren Stromschlägen sagt er zum ersten Mal, dass er aufhören wolle, weil er wirklich große Schmerzen habe.

Beim Lehrer macht sich Unbehagen breit. Er sieht den Versuchsleiter unsicher an und weiß nicht so recht, was er tun soll. Dieser aber ist vollkommen überzeugt von dem, was er tut, und sagt dem Lehrer, es könne absolut nichts passieren und das Experiment müsse nun zu Ende geführt werden. Bei einem vorzeitigen Abbruch sei alles umsonst gewesen. Also macht der Lehrer weiter. Der Schüler schreit inzwischen furchtbar, wenn er den nächsten Stromschlag bekommt. Er meint sogar, dass er Herzprobleme habe und dass der Lehrer nun aufhören müsse. Der Versuchsleiter versichert abermals, dass nichts passieren könne und er außerdem die Verantwortung übernehme. Also macht der Lehrer weiter, irgendwann kommen vom Schüler keine Antworten, der Lehrer hört nur leises Stöhnen und dann gar nichts mehr. Ist die letzte Taste am Apparat gedrückt, ist das Experiment zu Ende, der Versuchsleiter bedankt sich höflich für die Mitarbeit, der Lehrer ist entlassen.

Wie weit würden Sie gehen?

Die Ergebnisse von Stanley Milgrams Versuchsreihe sind erschreckend. Bis zu 65% aller Versuchspersonen gehen bis zur höchsten simulierten Schockstufe, einer Voltstärke, bei deren Verabreichung ein Mensch mit Sicherheit sterben würde. Natürlich gibt es auch Widerstand: Die Lehrer widersprechen immer wieder, stellen Fragen, ob sie denn wirklich weitermachen müssten. Aber schließlich gehorcht der überwiegende Teil und fügt dem Schüler Schmerzen und Schaden zu, nimmt seinen Tod in Kauf, nur um das Experiment nicht zu gefährden. Noch einmal zur Erinnerung: Es handelt sich bei den Versuchspersonen um „ganz normale", durchschnittliche Menschen der damaligen Zeit!

Stanley Milgram hat dieses Experiment über etwa vier Jahre in achtzehn verschiedenen Varianten durchgeführt. Er hat die Position der Versuchsteilnehmer zueinander verändert, mit und ohne Sichtkontakt zum Beispiel. Er hat sowohl die Versuchsleiter als auch die Lehrer in Gruppen antreten lassen, er hat Frauen als Lehrer untersucht (65% gingen bis zur letzten Stufe!) und er hat das Experiment in ein heruntergekommenes Lagerhaus verlegt, mit wenig vertrauenswürdig scheinendem Personal. Die Ergebnisse waren fast immer gleich: Eine erschreckend große Mehrheit der Versuchspersonen ging bis zum Äußersten und verabreichte den Schülern Stromstöße von bis zu 450 Volt.

Es gab lediglich ein paar Ausnahmen. War der Versuchsleiter abwesend und konnte nur telefonisch um Rat gefragt werden, sank die Rate derer, die bis zur letzten Stufe gingen, auf 20,5%. Durften die Versuchspersonen die Stärke des Stromschlages selbst wählen, lag die Rate bei 2,5%. Nur einer von 40 drückte auf 450 Volt. Ein sehr interessantes Ergebnis kam heraus, als der Schüler angewiesen wurde, von sich aus um stärkere Schläge zu bitten, auch gegen den Rat des Versuchsleiters. 100% der Lehrer gingen bis zu Stufe 10 (150 Volt) und verweigerten dann den Gehorsam. Auch wenn ein „gewöhnlicher" Mensch und kein angeblicher Professor als Versuchsleiter auftrat, widersprachen und beendeten mehr Menschen das Experiment, nur 20% gingen auf Stufe 30.

War der Versuchsleiter selbst der Schüler, weil er dem „echten" Schüler beweisen wollte, dass das Experiment gar nicht so schlimm ist, war ebenfalls einhellig bei Stufe 10 Schluss.

Dies sind nun ein paar löbliche Ausnahmen, die aber nicht darüber hinwegtäuschen können, dass gute zwei Drittel der Versuchspersonen ihren Schüler schlichtweg foltern, ihn unerträglichen Qualen aussetzen und ihn schließlich sogar töten würden. Einfach so, weil jemand anderer, dem sie mutmaßliche Autorität zuschreiben, es so will.

Dieses Experiment, das heutzutage allerdings durch keine Ethikkommission mehr käme, wurde in mehreren Ländern zu verschiedenen Zeitpunkten wiederholt. Die Ergebnisse waren jenen des Originals fast immer gleich. Genau so wie bei Philip Zimbardos Experiment fanden auch nach den Milgram-Experimenten Nachbesprechungen mit den Teilnehmern statt. Die meisten „Lehrer" berichteten wohl von inneren Konflikten, ob sie dem Schüler weiter Schmerzen zufügen sollten oder nicht. Die Gründe dafür, warum sich die meisten dann doch für den Gehorsam entschieden, waren vielfältig. Sie reichten von „Mir wurde dieses Vorgehen befohlen und ich habe mich an die Anweisungen gehalten" über „Die Schmerzen werden wohl nicht so schlimm gewesen sein" bis zu „Wenn der Leiter sagt, das geht in Ordnung, dann glaube ich ihm, er ist schließlich der Experte".

Wie kommt es zu solchen Verhaltensweisen und Erklärungsversuchen seitens derer, die die Stromstöße verabreicht haben? Stanley Milgram machte sich dazu viele Gedanken.

Gehorsam gegenüber Autoritäten ist etwas, das wir in uns tragen. Von klein auf lernen wir, dass es fast immer jemanden gibt, dem wir gehorchen müssen oder zumindest gehorchen sollen. Zuerst den Eltern, dann der Kindergartentante, den Lehrerinnen, den Polizeibeamten und so weiter. Man darf dies nicht, man soll das nicht, dieses gehört sich nicht, jenes schickt sich nicht. Irgendwie gewöhnen wir uns recht schnell daran.

Ich erinnere mich mit Grauen an meine erste Fahrzeugkontrolle ungefähr zwei Wochen nachdem ich meinen Führerschein bekommen hatte. Mir war völlig bewusst, dass ich absolut nichts falsch gemacht hatte. Der Polizist hielt mich an einem Nachmittag keinen halben Kilometer von meinem damaligen Wohnhaus auf. Ich war nüchtern, hatte alle Papiere dabei, hätte ihm das Erste-Hilfe-Paket und das Warndreieck ohne Probleme zeigen können. Trotzdem war ich dermaßen nervös, dass meine Hände zitterten, als ich ihm den Führerschein zeigte, was den Polizisten natürlich misstrauisch machte. Als er dann aber das Ausstellungsdatum des Führerscheins sah, lächelte er verständnisvoll und ließ mich mit guten Wünschen weiterfahren. Ich muss zugeben, ich hatte damals einfach eine gehörige Portion Angst vor der Autorität Polizei und das eigentlich ohne Grund. Natürlich muss es Regeln geben. Der Mensch ist ein soziales Wesen und das Zusammenleben funktioniert nur, wenn es gewisse Strukturen, Regeln und Gesetze gibt, an die sich alle halten. Seit Menschengedenken haben sich Lebewesen in Gruppen organisiert und strukturiert zusammengearbeitet. Nur so konnten sie Gefahren begegnen und das Überleben ihrer Art sichern. Im Laufe der Evolution wurde Verhalten angepasst, verändert und optimiert, immer mit dem Ziel zu überleben.

Aufgabenteilung ist ein weiterer wichtiger Punkt, um das Zusammenleben zu sichern. Gibt es innerhalb einer Gruppe eine klare Trennung der Tätigkeiten, Jagen, Kindererziehung, Verteidigung, so hat diese Gruppe enorme Vorteile gegenüber anderen. Damit einher geht der Status des Einzelnen. Ist geregelt, wer das Sagen hat, gibt es viel weniger Konflikte. Milgram führt als Beispiel ein Rudel Wölfe an. Nach Erlegen der Beute ist allen völlig klar, dass der Leitwolf als Erster frisst. Dann darf der Nächste in der Rangreihe, bis hinab zum Niedrigsten. Die Akzeptanz und das Fügen in die jeweilige Rolle stabilisiert das Rudel. Und genau so funktioniert es auch bei uns. Wir erinnern uns, dass es im Stanford Prison Experiment, im Gegensatz zu Milgrams Experimenten, sehr wenige und wenn, dann unklare Anweisungen und Regeln für die Wärter gab. Dies führte zu Chaos und Gewalt.

Damit unsere Welt aber funktionieren kann, braucht es Gehorsam. Eine Verhaltensweise, die sich im Laufe einer sehr langen Zeit entwickelt hat. Können wir demnach schlussfolgern, dass Gehorsam so etwas ist wie ein Instinkt, den wir haben? Können wir also gar nicht anders, als Befehlen zu gehorchen? Was für eine praktische Sache! Ich habe ja nur Befehle ausgeführt, das ist mir angeboren! Aber Sie werden es sich schon denken: So einfach ziehen wir uns natürlich nicht aus der Affäre.

Wie schon Zimbardo eindrucksvoll bewiesen hat, kommt es im Hinblick auf unsere Bereitschaft zu gehorchen immer auch auf die Umgebung an, in der wir uns wiederfinden. Wir alle haben die Bereitschaft, gehorsam zu sein, die nicht unbedingt etwas Schlechtes ist. Gehorsam und Hierarchien helfen, wie wir weiter oben gelesen haben, ein System, eine Gesellschaft oder eine Gruppe zu stabilisieren. Wie wirkt sich das aber nun in der Gesellschaft aus? Wer ist gehorsam und wer nicht?

Auch die aktuellere Forschung zum Thema Gehorsam bezieht sich mehr auf die Situation als auf das Individuum. Die Situation hat, wie wir nun schon wissen, einen großen Einfluss auf das Verhalten eines Menschen.

Außerdem wurde untersucht, welche Eigenschaften eine Autorität aufweisen muss, damit die Menschen ihr gehorchen. Zum einen muss sie eine belegte Machtposition innehaben. Das heißt, es muss Faktoren geben, die unumstößlich zeigen, dass jemand aus gutem Grund die Macht ausübt. Damit geht oft einher, dass die Autorität über Wissen verfügt, dass die anderen nicht haben. Nehmen wir als Beispiel die Länder Nordafrikas, in denen es zuletzt politische Umbrüche und den Sturz mehrerer Diktaturen gab. Die Macht war legitimiert, wenn auch auf fragwürdige Weise. Die Herrscher meinten, nur sie könnten aufgrund ihres Könnens und Wissens das jeweilige Land am besten regieren und sie wüssten, was gut für ihr Volk sei.

Weitere Voraussetzungen, die es einer Autorität möglich

machen, an der Macht zu bleiben und für Gehorsam bei den Untergebenen zu sorgen, sind auf der einen Seite Zwang, auf der anderen Belohnung – beides Dinge, die in Diktaturen vorkommen. Mit Zwang und Druck werden jene unten gehalten, die aufbegehren. Aber es gibt auch klare Regeln mit bekannten Konsequenzen für diejenigen, die gehorsam sind. Letztere können dafür belohnt werden, mit guten Jobs für sie und die Familien, mit Zugang zu besseren Nahrungsmitteln usw.

Das Kritische an der ganzen Sache ist, dass der Einzelne seine moralische Verantwortung abgibt. Die Autorität übernimmt als Entscheidungsträgerin die Verantwortung für das Tun des Einzelnen. Schuldgefühle werden nicht mehr empfunden, da man ja nur gehorsam Befehle ausgeführt hat.

Ich bin mir sicher, dass auch Sie, liebe Leserinnen und Leser, bereits Situationen erlebt haben, in denen Sie Gehorsam geleistet haben, vielleicht sehr nervös und verunsichert waren, so wie ich bei der Fahrzeugkontrolle, und sich im Nachhinein über sich selbst gewundert haben.

Kürzlich hat jemand auf Facebook ein Foto gepostet. Es zeigt eine kleine Gruppe von Menschen, die ein Banner mit folgender Aufschrift hält: Zu Risiken und Nebenwirkungen von Nazi-Aufmärschen lesen Sie ein Geschichtsbuch oder fragen Ihre Großeltern.

Auch bei uns ist es noch nicht so lange her, dass sich eine Autorität scheinbar legitimiert und über mehrere Jahre an der Macht gehalten hat. Viele haben braven Gehorsam geleistet und ihre Moral abgegeben. Mit Zwang, Druck, Spitzelwesen und grausamster Folter wurden all jene, die gegen das neue System waren, bekämpft. „Ganz normale" Menschen wurden zu Handlangern des Todes, misshandelten und töteten sogar selbst. Wie konnte es so weit kommen?

8. Folter als extreme Gewaltform

Menschen schreiten, um zu bekommen, was sie wollen, zu schier unglaublichen Mitteln. Nicht nur damals während der Inquisition, auch heute noch ist die Folter die extremste Form des Missbrauchs von Macht. Menschen foltern, tun einander schrecklichste Dinge an und nehmen den Tod eines anderen oft ganz bewusst in Kauf.

Folter kann aus zwei verschiedenen Blickwinkeln betrachtet werden. Sie ist zum einen ein Kriegsmittel. In kämpferischen Auseinandersetzungen werden die Feinde seit jeher gefangen genommen, verhört und gefoltert, oft bis zum Tod. Ebenso bedient sich ein Krieg im eigenen Land gegen Andersdenkende, gegen Mitglieder von Oppositionsparteien, gegen etwaige Verräter der Folter.

Folter kommt aber auch immer wieder in Zusammenhang mit Mord, oft mit Serienmord, vor und scheint der Zahl ihres Vorkommens nach vor allem ein US-amerikanisches Phänomen zu sein.

Folter als Kriegsmittel

Amnesty International definiert Folter folgendermaßen: Folter ist jede Handlung, „durch die einer Person vorsätzlich große oder seelische Schmerzen zugefügt werden, zum Beispiel um von ihr oder einem Dritten eine Aussage oder ein Geständnis zu erlangen, um sie für eine tatsächliche oder mutmaßlich von ihr oder einem Dritten begangene Tat zu bestrafen oder um sie oder einen Dritten einzuschüchtern oder zu nötigen, oder aus einem anderen auf irgendeiner Art von Diskriminierung beruhenden Grund".

Weiters setzt Folter voraus, dass die Person, die das Leid zufügt, Angehöriger des öffentlichen Dienstes oder eines anderen Amtes sein muss, also Staatsdiener.

Folter gibt es schon sehr lange. Die Inquisition hat die

Folter ja fast „perfektioniert". Beginnend im 13. Jahrhundert folterten, quälten und töteten Vertreter der katholischen Kirche im Namen Gottes und für die Reinhaltung des Glaubens. Ketzer, Hexen, Heiler, Blasphemie, schwarze Magie, Satanismus – Papst Gregor IX. gab zu Beginn des 13. Jahrhunderts den Auftrag, all das zu bekämpfen. Unter Ketzern verstand man Menschen, die Gott beleidigten und sein Wort verfälschten. Daher sollten sie auch wie „Majestätsverbrecher" und Fälscher bestraft werden. Hauptsächlich handelte es sich bei den sogenannten Ketzern um Mitglieder der Waldenser, einer um 1170 im französischen Lyon gegründeten christlichen Laienbruderschaft.

Besonders viele Inquisitoren kamen aus den Reihen der Dominikaner, sie hatten sich bereits sehr früh bei der Verfolgung von Ketzern hervorgetan. Das Denunziantentum wurde gezielt gefördert. Wer einem Ketzer Unterschlupf gab, brachte sich und seine Familie in höchste Lebensgefahr. Der Verlust des Vermögens nahm sich dagegen wie ein Kindergeburtstag aus. Wurde in einem Haus ein Ketzer gestellt, wurde es niedergerissen. Wurde man als Zeuge vor Gericht geladen und erschien nicht, galt man ebenfalls automatisch als schuldig.

Auch in Österreich gab es die Inquisition. Zu ersten Ketzerverfolgungen kam es zwischen 1207 und 1215. Um 1260 wurde im südlichen Donauraum eine große Inquisition durchgeführt. In Innsbruck wirkte gegen Ende des 15. Jahrhunderts ein gewisser Heinrich Kramer als Hexeninquisitor. Er wurde allerdings, Gott sei Dank, gestoppt. Seine Urteile wurden aufgehoben und er wurde des Landes verwiesen. In der Folge verfasste er den „Hexenhammer", seine Rechtfertigung für die Verfolgung und Ermordung unzähliger Frauen und Männer, die angeblich Hexen oder Zauberer waren.

Die Folterknechte begannen zumeist mit einer Befragung, gegebenenfalls mit Haft in einem Kerker. In vielen Fällen hat das wahrscheinlich schon „geholfen", die vorgeworfenen Taten, ob der Beschuldigte sie nun begangen hatte oder nicht, zu gestehen. Längere Zeit in einem verdreckten, stinkenden Steinloch gefangen zu sein, in Gesellschaft von Ratten, Mäusen und sonstigem Ungeziefer, wird so manchem schnell die Zunge gelockert haben. Oft genügte es, die Folter nur anzudrohen.

War jemand doch etwas „sturer", so wurde eventuell eines der folgenden Instrumente angewandt: Kopfpresse, Schädelquetsche, auf dem Brustkorb platzierte Gewichte, Garotte, Geißelungsgürtel mit Eisenstacheln, Pflöcke unter die Nägel, Zangen, Streckbank, Wasserkäfig, Fesseln, Pechfackeln und so weiter. Diese Liste ließe sich noch ein gutes Stück weiter fortsetzen. Es gab auch damals schon die „Sexfolter", also Vergewaltigung, ein Kriegsmittel, das heute noch systematisch eingesetzt wird.

Unterschieden wurde, welchem Zweck die Folter diente. Zuerst ging es darum, ein Geständnis zu erzwingen, wurde jemand eines Verbrechens angeklagt. Dabei sollte nicht nur herausgefunden werden, ob jemand mit dem Teufel im Bunde stand, sondern der Beschuldigte sollte die ihm angelasteten Straftaten zugeben.

Hatte die Folter ihre Wirkung getan und wurde der oder die Angeklagte verurteilt, kam wieder Folter zum Einsatz – diesmal mit dem klaren Ziel zu töten.

Eine Kindsmörderin wurde zumeist in einen Sack gesteckt und ersäuft. Raubmörder wurden gerädert. Die letztgenannte, komplizierte Folter- bzw. Hinrichtungsart geht auf Menschenopfer für den Sonnengott zurück. Zuerst wurden dem Straftäter mit einem mit Eisen verstärkten Wagenrad alle Knochen gebrochen, dann wurde der so recht biegsam Gemachte auf eine weiteres Rad gelegt, welches mit einem Pfahl aufgerichtet wurde. Man bedenke, dass der Bestrafte immer noch am Leben war! Hatte der Henker Gnade, schlug er dem Delinquenten gegen den Hals, sodass er ohnmächtig wurde, oder er trieb ihm einen Nagel ins Herz.

Bei Massenhinrichtungen wurde meist verbrannt, dies war am effektivsten. Ketzer, Fälscher und Hexen wurden oft mit ihren gesamten Prozessakten verbrannt. Auch Sodomie und Brandstiftung wurden mit dem Scheiterhaufen bestraft. Das Verbrennen galt als besonders qualvoll, aber notwendig, da nur das Feuer eine Auferstehung am jüngsten Tag verhindern konnte. Wer „Glück" hatte, wurde vorher vom Henker erstochen oder erwürgt.

Weitere unglaubliche Folter- und Tötungsmethoden waren zum Beispiel das Vierteilen oder das Lebendigbegraben. Ersteres sah so aus, dass der Verurteilte bei lebendigem Leibe vom Henker in vier Teile geschnitten wurde. In Wien wurden meist Hochverräter so bestraft. Zur Abschreckung wurden die einzelnen Körperteile an die Stadttore genagelt. Zweiteres war den vornehmen Damen der besseren Gesellschaft vorbehalten. Sie wurden auch in den meisten Fällen im eigenen Hause eingemauert oder begraben, sodass nichts von den begangenen Verbrechen und der dadurch entstandenen Schande an die Öffentlichkeit gelangte.

Seltener angewandt wurden das Pfählen und das Ausdärmen. Der Verurteilte wurde auf einen spitzen Pfahl gesetzt und langsam hinuntergedrückt. Beim Ausdärmen wurde dem Verurteilten die Bauchhöhle geöffnet und der Darm an einen Baum genagelt. Der Straftäter musste so lange um den Baum laufen, bis die Eingeweide aufgewickelt waren. Ehebrecher wurden gemeinsam in ein Grab gelegt und mit einem Pfahl durchbohrt. Des Weiteren gab es das Enthäuten, dabei wurden dem Verurteilten große Haustücke herausgeschnitten, Brandmarken und auch die Prügelstrafe. All das war angeordnet von Gerichten, also dem Staat, bzw. von der Kirche „im Namen Gottes". Damals waren diese Gräueltaten „im Namen Gottes" und „im Namen der Gerechtigkeit" absolut normal. Folterungen und Hinrichtungen hatten großes Publikum, das mitunter sogar applaudierte. Die Leute waren schon damals fasziniert von grausamen Dingen, genauso wie wir es heute noch sind. Sie waren aber auch froh, dass es sie selbst nicht getroffen hat und dass sie aus einer sicheren Distanz dem gruseligen Treiben zusehen konnten. Außerdem verschaffte es Befriedigung, die Bestrafung eines Menschen, der ein Verbrechen begangen hat, zu sehen.

Was die Menschen im Mittelalter noch live erleben „durften", holen wir uns heutzutage aus dem Netz oder indem wir uns bluttriefende Horrorfilme ansehen. Gebannt schauen wir zu, wenn andere Menschen Schlimmes erleiden, selbst wenn dies nur für den Film möglichst echt aufbereitet wurde. Für einige ist es eventuell eine Möglichkeit, eigene sadistische Tendenzen auf legalem Weg auszuleben, andere reagieren sich beim Ansehen von Gewaltvideos vielleicht ab. Jedenfalls sind wir froh, dass es einen anderen und nicht uns selbst erwischt hat.

In der jüngeren Weltgeschichte wurde im Zweiten Weltkrieg gefoltert, in Korea und in Vietnam, in Somalia, in Südafrika, in Ägypten, in Libyen, im Sudan, in China, in der Sowjetunion und im heutigen Russland, im Iran, im Irak, in den USA. Diese Liste könnte man noch eine Weile fortsetzen. Laut Amnesty International wird in 81 Ländern der Welt systematisch gefoltert.

Waren es „ganz normale" Menschen, die anderen unfassbares Leid zufügen? Was ist mit ihnen passiert? Wie weit Menschen gehen, zeigen auf erschütternd eindrucksvolle Weise die nächsten Beispiele.

Achmed, der Staatsfeind

Achmed kommt aus einem Kriegsgebiet im Osten Europas. Er und sein Bruder waren mit ihren Familien einige Monate bevor ich Achmed kennenlernte, nach Österreich gekommen. Was ich im Rahmen der Beratungsgespräche zu hören bekam, verschlug mir immer wieder die Sprache. Wie kann es sein, dass es im Jahr 2005 so etwas gibt, und das vor unserer Haustüre?

Achmed ist zum Zeitpunkt unseres ersten Treffens ungefähr Ende zwanzig, sein Bruder etwas älter. Er ist ein netter und sympathischer Mann, dem man nicht gleich anmerkt, was er alles erlebt hat.

Er und sein Bruder hatten für die Freiheit ihres Landes gekämpft, so wie viele junge Männer damals. Sie hatten die Gräuel des Krieges hautnah miterlebt, hatten Leute sterben sehen, waren selbst unzählige Male nur ganz knapp mit dem Leben davongekommen. Viele ihrer Verwandten und Freunde waren tot. Zerfetzt von Bomben, verbrannt in den Häuserruinen, erschossen von feindlichen Soldaten oder zu Tode gefoltert.

Irgendwann kommt der Tag, an dem auch Achmed und sein Bruder gefangen genommen werden. Was der Mensch alles aushalten würde, das habe er sich gar nicht vorstellen können, sagte er.

Er und sein Bruder werden anfangs gemeinsam verhört. Sie werden immer und immer wieder brutal geschlagen, die Soldaten drücken Zigaretten auf ihrer Haut aus, brechen ihnen Knochen. Auch verbal werden sie auf das Übelste beschimpft, es wird gedroht, dass ihre Frauen, Mütter und Kinder noch drankommen werden. Dann wird Achmed weggebracht.

Die nächsten Tage verbringt er in einem Erdloch im Freien. Brütend heiß am Tag, kalt in der Nacht, gegessen hat er zu dem Zeitpunkt schon lange nicht mehr. Auch zu trinken bekommt er nichts. Irgendwann ist er so weggetreten, dass er halluziniert. Schließlich stellen sie ihm einen Kübel mit Wasser in sein Loch. Es stinkt erbärmlich, es ist Abwaschwasser, Gott weiß, was noch darin ist. Achmed trinkt es, er will einfach nur überleben. Manchen haben sie Schlangen in die Grube geworfen, das sei ihm erspart geblieben, erzählt er.

Für ihn haben sie sich viel Schlimmeres ausgedacht. Es wird ihm anal ein Gummischlauch eingeführt, in dessen Inneren sich Stacheldraht befindet. Dann wird der Gummischlauch wieder herausgezogen, der Stacheldraht bleibt drin. Bei jeder falschen Antwort auf die Fragen der Folterer wird der Draht ein kleines Stückchen herausgezogen, ganz langsam. Ähnliches passiert auch seinem Bruder, wie er später erfährt. Als letztes „Geschenk" bekommt Achmed eine Spritze, seither ist er HIV-positiv.

Achmed und sein Bruder haben „Glück". Irgendwann legt man ihre geschundenen Körper vor die Haustüre der Familie, beide überleben. Nachdem die körperlichen Wunden halbwegs geheilt sind, packen sie das Nötigste und verlassen mit ihren Frauen und Kindern ihr Heimatland. Geredet haben sie mit kaum jemandem über das, was ihnen passiert ist. Die Tatsache, dass Achmed HIV-positiv ist, ist ein Tabu, genauso wie Verhütung, sodass wahrscheinlich auch seine Frau infiziert ist.

Maliha – die gefährliche Andersdenkende
Maliha kommt aus dem Nahen Osten. Sie ist eine unglaublich hübsche junge Frau, die in ihrer Heimatstadt studiert hat, gerade zum ersten Mal verliebt war, aber das Pech hatte, ein wenig anders und kritischer zu denken, als es der Regierung recht war. Von ihrer Familie wird sie unterstützt, ihr Vater ist Lehrer und auch er hält nichts vom damaligen

Präsidenten und seiner Regierung. Maliha nimmt an Studentenversammlungen teil, sie engagiert sich für die Gleichberechtigung von Frauen und zeigt eine liberale Einstellung.

Als sie eines Tages von der Universität nach Hause geht, hält neben ihr ein Auto, sie wird von mehreren Männern gepackt, in das Auto geworfen und in ein Gefängnis gebracht. Sie sei verhaftet und werde vor Gericht gestellt, sagt man ihr. Weswegen erfährt sie nicht. Über mehrere Tage wird sie verhört und dabei immer wieder geschlagen. Zuerst „nur" ins Gesicht, dann in den Bauch und zwischen die Beine. Sie soll Namen von anderen Verrätern aus der Studentengruppe nennen. Am dritten Tag kommen die ersten Männer zu ihr in die Zelle und vergewaltigen sie. In den folgenden sieben Tagen wird sie immer wieder vergewaltigt, von wie vielen Männern, weiß sie nicht mehr. Sie schweigt weiter und man lässt sie schließlich gehen. Kurze Zeit später verlässt sie ihr Land und ihre Familie, da sie bei der nächsten Verhaftung wahrscheinlich nicht mehr lebend davongekommen wäre.

Warum verüben Menschen solche schrecklichen Taten? Wie kann ein Mensch einem anderen derart Grausames antun? Meist kennen sich Täter und Opfer gar nicht. Wie kommt man dazu, einem Fremden unglaubliche Schmerzen zuzufügen oder ihn sogar zu töten?

Philip Zimbardo und Stanley Milgram haben versucht das herauszufinden. In ihren Experimenten haben sie gesehen, wie sich ganz normale Menschen, aus normalen Städten, mit normalen Berufen in Folterer verwandeln.

Es gibt immer eine Autorität, die sagt, was man tun muss. Im Vorfeld wird der Feind durch gezielte Propaganda entmenschlicht. Es handelt sich nicht mehr um Menschen aus Fleisch und Blut, mit denen man Jahrzehnte lang friedlich Tür an Tür lebte. Plötzlich sind es „Ratten", „Kakerlaken", „Schmarotzer". Die Sprache verändert sich. Das systematische Ermorden von Juden im Dritten Reich hieß „Sonderbehandlung", die Deportationen wurden als „Umsiedlung" bezeichnet. Das hört sich doch alles gar nicht so schlimm an. Und nun kommt wieder die Autorität ins Spiel und sagt, dass die Sicherheit unseres Landes in Gefahr sei. Diese Schmarotzer würden uns unsere Jobs wegnehmen, sie kontrollierten die Wirtschaft und würden die kleinen Leute um ihr Hab und Gut bringen. Ich bin mir sicher, dass einige von Ihnen, liebe Leserinnen und Leser, nun Hitler, Himmler oder Goebbels vor dem geistigen Auge gesehen haben. Aber diese Art der Propaganda umgibt uns auch heute überall, man muss nur aufmerksam durch die Straßen gehen, besonders wenn Wahlen anstehen.

Zu guter Letzt haben die Täterinnen und Täter auch noch Uniformen, hinter denen sie sich verstecken können, und sie treten in der Gruppe auf. Wenn alle das machen, kann es erstens nicht so schlimm sein und zweitens *muss* ich dann ja mitmachen. Wie sieht das denn aus, wenn ich verweigere, womöglich bekomme ich selbst noch Probleme. Für viele Folterer in totalitären Regimes geht es auch um das eigene Überleben. Machen sie nicht mit, sind sie selbst in Gefahr. Für andere wiederum ist es einfach nur ein Job, den irgendjemand machen muss. Wenn sie es nicht sind, sind es andere. Und schließlich muss das Geld zum Überleben ja verdient werden. Auch hier handelt es sich meist um ganz normale Menschen, die sich in widrigen Umständen zurechtfinden und für das Auskommen ihrer Familie sorgen wollen. Es sind hier Verdrängungs- und Rationalisierungsmechanismen am Werk, sodass diese normalen Menschen ihre „Arbeit" tun können. Die Folgen des eigenen Tuns werden verdrängt, die Tatsache, dass das, was sie tun, Unrecht ist, ebenso. Dafür werden Erklärungen gefunden, warum sie ihre Handlungen dennoch ausführen können und es „irgendwie in Ordnung" ist. Diese Prozesse nennt man, wie bereits erwähnt, Rationalisierung. Die Opfer „werden es schon verdient haben", sie „werden schon etwas angestellt haben" und „müssen dafür bestraft werden". „Außerdem machen es viele andere ebenfalls und die, die es anordnen, haben schließlich Macht und Wissen und deren Legitimation geht auf meine Tätigkeit über."

An dieser Stelle muss erwähnt werden, dass es auch jene Menschen gibt, die als Folterknechte ihre sadistischen Vorlieben ausleben und denen das, was sie tun, Spaß macht. Ohne solche Menschen könnten Diktaturen nicht funktionieren.

Es scheint, als ob die Täter immer nur Männer wären. Wir wissen aber spätestens seit den Konzentrationslagern, dass auch Frauen zu unbeschreiblichen Gräueltaten fähig sind. Zum Abschluss dieses Kapitels noch ein Beispiel dafür aus der jüngeren Zeitgeschichte.

Pauline, die Grausame
Ruanda, ein ostafrikanischer Binnenstaat mit etwas mehr als elf Millionen Einwohnern, wird auch das „Land der tausend Hügel" genannt. Einst deutsche und belgische Kolonie erlangte es 1962 die Unabhängigkeit. Von da an bis 1973 gab es keinen Frieden im Land. Schon damals kam es wiederholt zu Massakern an den Tutsi, unzählige Menschen flüchteten in die Nachbarländer.

Die Bewohner Ruandas waren durch „Rasseforscher" im 19. Jahrhundert in drei Gruppen eingeteilt worden: Hutu, Tutsi und Twa. Zweitere waren immer als Elite angesehen worden, obwohl sie die Minderheit im Land darstellten.

Zu Zeiten der Kolonialmächte entwickelten sich die Tutsi als Viehbauern zur herrschenden Schicht über die Ackerbauern, die Hutu. Im Laufe der Jahrzehnte forderten die Hutu mehr politisches Mitspracherecht ein, was die Tutsi als Bedrohung ihrer Vormachtstellung sahen. 1959 kam es erstmals zu gewalttätigen Auseinandersetzungen, denen mehrere Hunderte Menschen zum Opfer fielen. 1972 kam es erneut zu Tötungen an den Tutsi, als Racheakt für ein Massaker an ungefähr 150.000 Hutu im Nachbarland Burundi.

Zwischen 1990 und 1994 beherrschte extrem rassistische Anti-Tutsi-Propaganda Zeitungen und Fernsehen Ruandas. Das Radio spielte eine besondere Rolle, denn in Ruanda sind 40% der Menschen Analphabeten. Die Tutsi wurden zum Feind erklärt, sie mussten vernichtet werden. Die Tutsi würden die Auslöschung der Hutu planen, es musste ein Präventivschlag geplant werden. Sie sehen, wie hier die Propaganda funktioniert. Frei erfundene Gewalttaten von Tutsi an Hutu wurden verbreitet, um den Hass noch mehr zu schüren.

In einem weiteren Schritt entmenschlichte die Propaganda alle Tutsi. Sie wurden als „Kakerlaken", „Würmer", „Affen" bezeichnet, die man auslöschen müsse. „Bäume sollten gefällt und junge Triebe sollten keinesfalls geschont werden" – das bedeutete „übersetzt" nichts anderes als: Tutsi sollten getötet werden, alle, auch Kinder.

Schließlich wollten die politischen Führer die Hutu-Bevölkerung mit Schusswaffen ausstatten. Dies erwies sich allerdings als zu kostspielig, sodass Macheten gekauft und verteilt wurden.

Am 6. April 1994 wurde das Flugzeug des ruandischen Präsidenten beim Landeanflug auf den Flughafen der Hauptstadt Kigali abgeschossen. Alle Personen an Bord kamen ums Leben. 30 Minuten später begann das Töten. Wer den Anschlag begangen hat, ist bis heute nicht klar.

Tutsi, oppositionelle Hutu und belgische UNO-Soldaten wurden ermordet. Die Gewalt breitete sich wie ein Feuer in Windeseile über das ganze Land aus. Angehörige der Hutu-Volksgruppe ermordeten fast eine Million Tutsi. Sie töteten ihre Nachbarn, deren Kinder, ihre Studienkollegen, ihre

Freunde und Freundinnen, Ärzte töteten ihre Patienten, Lehrer ihre Schüler, einfach weil sie Tutsi waren.

Im Dorf Butare regte sich Widerstand gegen die angreifenden Hutu. Die Regierung entsandte eine Sonderbeauftragte, eine Frau, die aus der Gegend kam. Sie war Ministerin für Familien und Frauen, eine ehemalige Sozialarbeiterin, die sich immer schon für die Rechte von Frauen eingesetzt hatte: Pauline Nyiramasuhuko. Die Bewohner des Dorfes erhofften sich Hilfe von ihr, war sie doch eine von ihnen. Sie aber lockte die Bewohner des Dorfes in eine grausame Falle. Sie versprach ihnen, dass das Rote Kreuz ihnen helfen werde. Sie sollten alle ins örtliche Fußballstadion kommen, dort würden sie Essen erhalten und Zuflucht finden. Im Stadion warteten allerdings bewaffnete Hutu-Banden. Berichten zufolge hatte die Ministerin selbst ihnen den Auftrag gegeben, alle Mädchen und Frauen zu vergewaltigen, bevor sie sie umbrachten. Einer anderen Gruppe von Hutu soll sie gesagt haben, sie sollten die Frauen bei lebendigem Leib verbrennen. Angeblich hat sie sogar selbst das Benzin ausgeteilt. Ihrem eigenen Sohn erlaubte sie, zu vergewaltigen. Er ließ sein Opfer am Leben, damit es zusehen konnte, wie seine Mutter vergewaltigt und seine Familie getötet wurde.

Die Folter an den Frauen war grauenvoll. Sie wurden mit verschiedensten Gegenständen penetriert, von vielen Männern hintereinander vergewaltigt. Ihnen wurden die Brüste abgeschnitten, sie wurden mit heißem Wasser oder Säure übergossen. Eine Frau wurde vor den Augen ihres Mannes von ihrem zwölfjährigen Sohn vergewaltigt, während ein Bewaffneter eine Axt an den Hals des Jungen hielt und ihn so zwang, all das zu tun.

Kann man überhaupt versuchen zu verstehen, warum eine Frau so etwas tut? Wie kann sie so etwas Unmenschliches ihrem eigenen Volk antun?

Pauline wird 1946 in der Nähe von Butare geboren, ihre Eltern sind Bauern. Freunde und Familienmitglieder beschreiben sie als ehrgeizig und sehr diszipliniert, sie habe immer schon hoch hinaus und in die Politik gewollt. In der Highschool lernt sie Agathe Kanziga kennen, die später einen Hutu-Präsidenten heiraten sollte. Nach dem Schulabschluss geht Pauline nach Kigali und beginnt im Ministerium für Soziales zu arbeiten. Mithilfe ihrer Freundin Agathe erklimmt sie die Karriereleiter recht schnell.

Sie heiratet und bekommt vier Kinder, ihre politische Karriere verfolgt sie zielstrebig weiter. 1992 wird sie Ministerin. Von da an verändert sie sich, erzählt ihr Schwager in einem Interview. Sie besucht ihre Familie nicht mehr, verachtet sie, weil sie arm ist. Trotzdem führt sie ihr Weg aber immer wieder zurück nach Butare. Dort kann der Anti-Tutsi-Extremismus nicht Fuß fassen. Pauline organisiert Demonstrationen und versucht auch mit Einschüchterung, die Linie ihrer Partei durchzusetzen. Immer wieder kommt sie nach Butare und legt die Stadt still. So lässt sie zum Beispiel Straßensperren errichten, um den Verkehr zum Erliegen zu bringen. Die Bevölkerung nennt diese Tage „Geistertage".

Mehr und mehr ist sie involviert in die Ideologie ihrer Partei. Was aber können Gründe sein für Paulines Verhalten? Einfach nur Karrieredenken? Geht sie konform mit der extremen Linie der Partei, um den Mächtigen und Wichtigen zu gefallen und selbst weiter nach oben zu kommen?

Vielleicht ist es überzeugter und „ehrlicher" Rassismus? Vielleicht hasst sie die Tutsi, fühlt sich ihnen unterlegen, beneidet sie, weil viele Tutsi-Frauen sehr schön und großgewachsen sind. Sie selbst äußert sich dazu nie wirklich, auch zeigt sie keine Reue oder Bedauern für das, was sie getan hat. So ein Verhalten zu verstehen fällt mir schwer. Um die genauen Gründe zu verstehen und diese vielleicht nachvollziehen zu können, müsste man mehr über Paulines Motive erfahren. Darüber, was genau sie zu diesen Taten veranlasst hat. Hass, Rache, Wut? Wir wissen es nicht.

Im Juni 2011 wird Pauline vom Internationalen Strafgerichtshof für Ruanda zu lebenslanger Haft verurteilt. Die Anklage lautet auf Völkermord, Verschwörung zum Völkermord, Verbrechen gegen die Menschlichkeit, darunter Tötungen, Anstiftung zu Vergewaltigung und schwere Verstöße gegen die Genfer Konvention. Auch ihr Sohn wird verurteilt.

Zum Abschluss dieses Kapitels möchte ich Ihnen noch ein sehr interessantes Beispiel aus der Tierwelt erzählen. Bisher waren die Forschung und die Wissenschaft davon ausgegangen, dass nur der Mensch geplant, systematisch und um ein Ziel zu erreichen, handelt. US-amerikanische Anthropologen haben zehn Jahre lang eine Gruppe von ca. 150 Schimpansen in einem ugandischen Nationalpark beobachtet. Schimpansen gelten ja als die nächsten Verwandten des Menschen.

Die Forscher fanden heraus, dass die Affen in dieser Zeit 21 Mitglieder anderer Horden umgebracht hatten. Meist kam es im Rahmen von Revierpatrouillen zu den Tötungen. Die Schimpansen versuchten nach und nach ihr eigenes Gebiet zu vergrößern, auch wenn dies das Töten von Artgenossen erforderte. Teilweise jagten sie ihre Gegner wirklich systematisch.

Über die Zeit gelang es ihnen so, neue Nahrungsquellen zu erschließen und ihr eigenes Revier zu vergrößern. Die Forscher machten dabei erschreckende Parallelen zum Menschen aus, von den Affen hatte man sich ein so planendes und eigentlich kaltblütiges Vorgehen bisher nicht erwartet.

Würden auch wir Menschen ohne Regeln (wieder) wie die Tiere leben, würde das Recht des Stärkeren herrschen? Es ist anzunehmen. Aber es ist gleichfalls anzunehmen, dass sich früher oder später wieder Strukturen entwickeln würden, weil der Mensch eben in der Lage ist zu reflektieren und herauszufinden, unter welchen Bedingungen er das Überleben seiner Art am besten sichern kann.

„Tötet mich oder nehmt mich wie ich bin. Denn ich werde mich nicht ändern", sagte Marquis de Sade – für die Menschheit selbst gilt dies hoffentlich nicht. Die Geschichte hat, trotz aller furchtbaren Taten, die geschehen sind, gezeigt, dass wir gute Anlagen in uns tragen und zu großen humanen und mitfühlenden Leistungen fähig sind, selbst wenn verschiedene Staaten und auch einzelne Individuen täglich das Gegenteil demonstrieren.

Mr. Serienkiller – Folter im Zusammenhang mit Straftaten

Was wir alle aus schaurig-gruseligen Kinofilmen kennen, ist leider nicht nur reine Fantasie, sondern auch furchtbare Realität: Folter, die im Zusammenhang mit Straftaten angewendet wird. Nicht selten enden diese Straftaten mit dem Tode des Opfers.

Sehr häufig bezieht man diese Taten auf Serienmörder, noch viel häufiger auf solche mit einem sexuellen Motiv.

Serientäter kann man grob in drei Gruppen unterteilen: Zum einen gibt es Tötungen, die von Krankenschwestern, Pflegern oder Ärzten begangen werden. Wir haben darüber schon in einem anderen Kapitel gelesen. Sie ermorden oft über lange Zeiträume Patienten unter dem Vorwand, diese „erlösen" zu wollen. Begründet sind diese Taten häufig mit Überarbeitung, Überforderung, teilweise leiden natürlich auch hier die Täterinnen an psychischen Störungen. Es liegt kein sexuelles Tötungsmotiv vor.

Als zweite Gruppe seien jene Täter erwähnt, die Fremde ermorden, gleichgültig wie alt ihre Opfer sind, welche ethnische Zugehörigkeit oder welches Aussehen sie aufweisen. Man geht davon aus, dass es sich bei den Tätern zumeist um Männer handelt, die einfach hassen. Diese Kategorie scheint, bezogen auf die Häufigkeit des Vorkommens, auf jeden Fall eher amerikanisch als europäisch zu sein. Auch hier gibt es keine sexuelle Komponente. Es handelt sich um die seltenste Form von Serienmord.

Und es gibt eben noch jene, die aus sexuellen Motiven foltern und morden. Sex ist ein zentrales Element ihrer Taten. Sie vergewaltigen zuerst und morden dann oder sie töten zuerst und nehmen dann sexuelle Handlungen an der Leiche vor. Dieser zweite, nekrophile Typ ist allerdings seltener. Der typische, sexuelle motivierte Serientäter ist männlich und hat laut FBI-Definition zumindest drei Menschen nach dem gleichen Muster ermordet.

Der US-amerikanische Psychiater und Psychotherapeut Dr. Michael Stone beschäftigt sich seit vielen Jahrzehnten mit Mördern, besonders mit Serientätern. Er wollte herausfinden, ob es in den Lebensgeschichten der Täter Gemeinsamkeiten gibt, die ihre Taten erklären können.

Ist diese Art der Grausamkeit etwas Angeborenes oder ist es doch die Umgebung, in der jemand aufwächst, die zu solchen Verbrechen führt? Beides ist ohne Zweifel eng miteinander verbunden.

Angeboren sein können psychische Erkrankungen, vielleicht gibt es in der jeweiligen Familie Angehörige mit psychischen Erkrankungen wie Persönlichkeitsstörungen oder manisch-depressiven Erkrankungen. Oder jemand sieht einfach nur „komisch" aus, hat zum Beispiel große Ohren und wird ständig von anderen gehänselt. Dies kann zu starken emotionalen Verletzungen führen, die später dazu führen, dass grausame Rachefantasien entwickelt werden können.

Zu der Frage nach möglicherweise angeborenen Faktoren stellen sich auch jene danach, wo jemand aufgewachsen ist, wie sein Umfeld ausgesehen hat. Waren die Eltern zusammen, war ein Elternteil gewalttätig, musste ein Kind sehr häufig umziehen, hatte es stabile Beziehungen zu Verwandten und Freunden? Auch Hirnschäden können eine Rolle dabei spielen, wie ein Mensch sich entwickelt – gleichgültig, ob diese Schäden durch einen Unfall verursacht oder durch Misshandlungen der Eltern entstanden sind. Es gibt eine Unzahl an Faktoren, die einen Menschen zu einem Serienmörder machen können, aber nicht unweigerlich in diese schlimme Richtung führen müssen. Gott sei Dank ist es ja so, dass der Großteil der Menschen, der einzelne der Risikofaktoren aufweist, absolut nicht zu Serienmördern wird.

Auf der Suche nach Zahlen, wie viele Serientäter es auf der Welt denn gibt, bin ich auf Folgendes gestoßen. Von 1826 bis 2004 soll es in den USA 352 männliche und 64 weibliche Serienmörder gegeben haben. Betrachtet man die Jahre 1970 bis 2004, so soll es 158 männliche und 30 weibliche gegeben haben. International gesehen schwanken die Zahlen zwischen 300 und 850, ohne auf die Geschlechterverteilung einzugehen.

Viele Serientäter zeigten bereits in der frühen Kindheit auffälliges Verhalten. Dr. Stone spricht von „Probeverhalten": Angriffe auf Familienmitglieder oder auch Fremde, Raubüberfälle, das Foltern von Tieren, Brandstiftung, Voyeurismus, Drogen- oder Alkoholmissbrauch. Je früher sich so ein Verhalten zeigt, umso lauter sollten die Alarmglocken schrillen.

Tatsache ist aber, dass es kein allgemein gültiges Profil für Serienmörder gibt. Nicht alle, die in einer gewalttätigen Familie aufwachsen, werden zu Mördern. Nicht alle, die als Kind ein Tier quälen oder töten, werden zu Mördern. Nicht alle, die Drogen nehmen, werden zu Mördern. Es gibt lediglich verschiedene Faktoren, die einzeln oder gehäuft bei den untersuchten Tätern aufgetreten sind. Auch ein hohes Interesse an dem Thema „Serienmord" selbst ist kein Grund für Sie, liebe Leserinnen und Leser, sich darüber Sorgen machen zu müssen, ob in Ihnen ein Serienmörder schlummert.

Dr. Stone beschreibt mehrere Risikofaktoren, die dazu führen können, dass ein Mensch sich zu einem Serienmörder entwickelt. Angeboren sein können zum einen psychische Störungen mit Psychosen wie Schizophrenie, manisch-depressive Erkrankungen, Autismus oder das Asperger Syndrom (ähnlich dem Autismus), aber auch Störungen wie das Aufmerksamkeitsdefizit-Syndrom, Alkoholismus, Epilepsie und ein gesteigerter Sexualtrieb. Weitere Risikofaktoren sind Persönlichkeitsstörungen in verschiedenen Ausprägungen: antisozial, schizoid, sadistisch, paranoid oder impulsiv-aggressiv.

Risikofaktoren, die durch das Umfeld bedingt sind, können körperliche, psychische Misshandlungen durch die Eltern oder sonstige primäre Bezugspersonen sein. Ebenso wie Verwahrlosung, Vernachlässigung, der Tod eines Elternteils, das Aufwachsen ohne Vater, die Scheidung der Eltern, bevor das Kind 16 Jahre alt ist, oder die Tatsache, ein Adoptivkind zu sein.

Das Risiko, ein gefährlicher Straftäter zu werden, wird erhöht durch sexuellen Missbrauch durch einen Elternteil bzw. das Miterleben(müssen) von sexuellen Aktivitäten der Eltern, Missbrauch von Geschwistern, Konsum von Pornografie bereits in jungen Jahren etc.

Auch Gehirnverletzungen, besonders des Frontallappens, erhöhen das Risiko.

Weitere Risikofaktoren können Paraphilien wie z.B. Voyeurismus, sexueller Sadismus, Fesselspiele, Exhibitionismus darstellen. Ebenso wie Jugendkriminalität, Drogenmissbrauch, Alkoholismus, das Quälen von Tieren, Brandstiftung und Sexualverbrechen während der Pubertät.

Schlechte Gene plus schlechte Eltern plus Pech plus Drogen plus Hormone ist also gleich Serientäter? Es sei noch einmal ganz ausdrücklich darauf hingewiesen, dass all diese Faktoren und ihr in verschiedensten Kombinationen erfülltes Aufeinandertreffen ein Risiko darstellen *können,* aber nicht *müssen*! Außerdem handelt es sich bei den untersuchten Serientätern, anhand welcher diese Kriterien festgelegt wurden, um amerikanische Männer. Inwieweit man all das auf europäische und österreichische Verhältnisse umlegen kann, sei hier offengelassen.

Ted Bundy, Jeffrey Dahmer, John Wayne Gacy, Henry Lee Lucas – sie alle sind relativ bekannte Serientäter, die viele Menschen zum Teil sehr grausam gefoltert und ermordet haben. Weniger bekannt ist der Straftäter Wesley Dodd, dessen Geschichte ich Ihnen deshalb erzählen möchte.

Wesley Dodd, der Kindermörder
Wesley wird 1961 in Washington State geboren. Er ist als Kind sehr klein für sein Alter, wird oft gehänselt und entwickelt sich zum Einzelgänger. Einerseits sagt er später, dass seine Familie intakt und glücklich gewesen sei, andererseits meint er auch: „In meiner Familie gab es keine Liebe. Ich habe nie die Worte ‚Ich liebe Dich' gehört oder selbst gesagt." Als er fünfzehn Jahre alt ist, lassen sich seine Eltern scheiden.

In der Pubertät beginnen erste Verhaltensauffälligkeiten. Er stellt sich ans Fenster und entblößt seine Geschlechtsteile vor den vorbeigehenden Schulkindern. Er schafft es, oft in der Nähe von Kindern zu sein, zumeist als Babysitter oder als Begleitperson in einem Ferienlager. Als seine beiden ersten Opfer gelten ein Cousin und eine Cousine, die er beide missbraucht. Je älter er wird, desto mehr fixieren sich seine Fantasien auf kleine Buben. Er treibt sich auf Spielplätzen und in Spielhallen herum, lockt seine Opfer mit Geld.

Mit etwa 25 Jahren hat Wesley Dodd bereits dreißig Kinder missbraucht. Er wird zwar immer wieder gefasst, erhält aber meist nur sehr kurze Haftstrafen. Seine schon lange Zeit vorhandenen Fantasien werden zu diesem Zeitpunkt stärker. Alles schreibt er in sein Tagebuch: Er will foltern und töten und denkt sogar an Kannibalismus. Dann werden aus den Fantasien konkrete Pläne. „Ich fing an zu planen, schrieb alles ins Tagebuch", sagt er dazu selbst.

Im Herbst 1989 findet er einen verwilderten Park, er nennt ihn seine „Jagdgründe". Dort treibt er sich herum und lauert spielenden Kindern auf. Eines Tages spricht er zwei Brüder an und überredet sie mit ihm zu einem entlegenen Platz zu kommen. Dort missbraucht er beide und tötet sie anschließend. Die Details dieser Morde schreibt er penibel in sein Tagebuch. Das Töten gebe ihm ein viel stärkeres Hochgefühl als die sexuellen Handlungen, hält Dodd fest. Es ist also die Gewalt, die ihm Befriedigung verschafft, weniger der Sex mit Kindern.

Knapp zwei Monate später entführt er einen vierjährigen Jungen von einem Spielplatz. Er bringt ihn zu sich nach Hause und quält und foltert ihn dort zwölf Stunden lang. Am nächsten Morgen erdrosselt er den Buben, der noch schläft, und hängt ihn in seinen Kleiderschrank. Sein Tun hat er genauestens mit Fotos dokumentiert. Diese und die Unterwäsche seiner Opfer befinden sich in einer Schachtel unter seinem Bett. Die Leiche entsorgt er später in der Nähe eines Sees.

Für sein nächstes Opfer entwirft Wesley Dodd ein Foltergerüst, es soll aber Gott sei Dank nicht zum Einsatz kommen. Am 13. November will er einen Buben aus einem Kino entführen. Dieser ruft allerdings um Hilfe und andere Kinobesucher halten Dodd fest, bis die Polizei kommt.

Nach seiner Verhaftung gesteht Dodd ohne Gefühlsregung, ohne Reue seine Taten. „Ich habe nachgedacht, aber ich weiß nicht, warum ich damit angefangen habe. Ich habe Kinder zwölf, dreizehn Jahre lang belästigt, aber ich habe ihnen nie Gewalt angetan."

Dodd wird wegen dreifachen Mordes und versuchter Entführung angeklagt, er verlangt seine Hinrichtung. Während des Prozesses wird er vom Richter gefragt, was er im Falle einer Verurteilung tun würde. Wesley Dodd antwortet:

„Ich würde alles tun, um zu fliehen, und wenn nötig Wachen töten. Und ich würde sofort wieder das tun, was ich vorher getan habe."
„Und das wäre?"
„Kinder töten."
„Kinder töten und vergewaltigen?"
„Ja."
„Sie sollten also aus Sicherheitsgründen hingerichtet werden?"
„Ja."

Im Januar 1990 wird Dodd für schuldig befunden und zum Tode durch den Strang, so wie er es sich gewünscht hat, verurteilt. Es handelte sich um die erste solche Verurteilung in Washington seit dreißig Jahren. Wesley Dodd ergreift keine weiteren Rechtsmittel und das Todesurteil wird am 5. Jänner 1993 vollstreckt.

Was lief falsch im Leben von Wesley Dodd? Welche Risikofaktoren nach Stone lassen sich ausmachen?

Es ist ziemlich sicher von einer antisozialen Persönlichkeitsstörung auszugehen. Wesley Dodd sah seine Opfer nur als Objekte, um seine Bedürfnisse zu befriedigen. Mitgefühl oder Mitleid war ihm völlig fremd. Im Gegenteil, es machte ihm Spaß, andere zu quälen und leiden zu sehen, hier kommt also Sadismus ins Spiel, die Neigung, sexuelle Lust zu empfinden, wenn man andere Menschen quält. Über die Entstehung sadistischer bzw. sadomasochistischer Neigungen gibt es verschiedene Theorien, welche von einer nicht gelungenen Ablösung von der Mutter bis zu sexuellem Missbrauch in der Kindheit reichen.

Wesleys früher Exhibitionismus lässt auf eine gesteigerte Sexualität schließen, er begann schon in einem sehr frühen Alter Kinder zu missbrauchen und wurde früh straffällig.

Über die Familie wissen wir wenig, aber Dodds eigene Aussagen lassen darauf schließen, dass es Probleme gegeben hat. Es habe keine Liebe in seiner Familie gegeben, sagt er. Vielleicht gab es aber auch Gewalt und Missbrauch. Die Scheidung der Eltern kommt als möglicher Risikofaktor hinzu.

In der Geschichte von Wesley Dodd gibt es einen Wendepunkt. Nämlich, als er feststellt, dass ihn die Gewalt und das Töten eigentlich mehr erregen und auch mehr Befriedigung verschaffen als der Sex mit den Kindern. Ein Forscherteam an der Royal Canadian University in Ottawa hat sich mit dieser Frage näher beschäftigt. Führt Sex zu Gewalt oder führt Gewalt zu Erregung und Sex?

Untersucht wurden ausschließlich verurteilte Sexualstraftäter, und zwar mittels eines phallografischen Verfahrens. Es wurde dabei ein Messgerät an den Penis der Versuchspersonen angeschlossen, das Änderungen im Umfang maß und so Aufschluss über den Grad der Erregung gab. Danach wurden den Männern verschiedene Geschichten vorgelesen, in denen es entweder nur um Sex, um sexuelle Gewalt oder um reine Gewalt ging. Vom Versuchsleiter erhielten sie die ausdrückliche Anweisung, ihre Erregung, so gut es ihnen möglich war, zu unterdrücken.

Die Auswertung der Ergebnisse zeigte, dass es relativ einfach war und auch gut gelang, die Erregung zu unterdrücken, wenn es um die rein sexuellen Geschichten ging. Sobald Gewalt im Spiel war, konnte die Erregung nicht mehr unterdrückt werden, was darauf schließen ließ, dass die Gewalt erotisiert und sexualisiert wurde.

Behandelt werden die Straftäter im Rahmen dieser Untersuchung auf zwei verschiedene Arten. Einerseits mit Antidepressiva, deren Inhaltstoffe auch den Sexualtrieb unterdrücken. Andererseits mit sogenannten Anti-Androgenen. Diese senken das Sexualhormon Testosteron, was ein Absinken des Triebes zur Folge hat. Dies wird auch gemeinhin als chemische Kastration bezeichnet.

Zur weiteren Behandlung von Straftätern und Sexualstraftätern erzähle ich in einem späteren Kapitel noch mehr. Tatsächlich gibt es heute bereits sehr viele und gute Methoden zur Behandlung von Gewalt- und Sexualstraftätern.

III. Abnorme Taten

9. Was ist „normal"?

Was ist eigentlich normal? „Die spinnt ja!", „Der hat doch einen Knall!", „Das ist jetzt aber echt nicht normal!"

Viel zu oft sind wir sehr schnell mit Zuschreibungen, wenn wir etwas nicht ganz nachvollziehen können. Die gute Freundin, die einfach nicht über den Ex hinwegkommt, der sie ohnehin schlecht behandelt und unserer Meinung nach noch nicht einmal gut ausgesehen hat. Der Bekannte, der jedes Wochenende mit seinem Rad Berge erklimmt, die Frau im Fernsehen, die sich Hörner aus Silikon in die Stirn implantieren lässt, und das sogar ohne Betäubung, die jungen Leute, die trotz hochsommerlicher Temperaturen Wollhauben tragen, weil es gerade „in" ist.

Also, was ist denn nun eigentlich „normal"?

In der Psychologie gibt es verschiedene Normen. Zum Beispiel die statistische Norm – meist wird ein bestimmtes Merkmal in Form einer sogenannten Glockenkurve dargestellt, man spricht auch von einer Normalverteilung. Das heißt, dass es einen Mittelwert gibt, also einen Wert, um den sich die häufigsten Ausprägungen dieses Merkmals scharen. Und davon existiert eine Abweichung. Alles, was im Rahmen des Mittelwertes plus oder minus der Abweichung liegt, wäre demnach normal.

Betrachten wir als Beispiel die Intelligenz. Der Mittelwert ist 100, die Abweichung 10. Die Glockenkurve deckt als größten Bereich die IQ-Werte von 90 bis 110 ab. Ungefähr 50% der Menschen sind hier zu finden. Die Kurve fällt nach links ab, hier liegen die niedrigeren IQ-Punkte, ein kleinerer Teil der Bevölkerung reiht sich hier ein. Menschen mit IQ-Werten im Bereich zwischen 50 und 69 würde man als leicht geistig behindert bezeichnen. Manche mögen zwar Lernschwierigkeiten in der Schule haben, es ist ihnen aber auf jeden Fall möglich, zu arbeiten und gute soziale Beziehungen zu haben.

Bei IQ-Werten von 35 bis 49 spricht man von einer mittelgradigen geistigen Behinderung. In der Kindheit treten Entwicklungsverzögerungen auf, es kann aber durchaus eine gewisse Unabhängigkeit erreicht werden. Auch das Erlernen eines Berufes ist möglich. Im Erwachsenenalter kann Unterstützung im Alltag nötig sein.

Bei einem IQ von 20 bis 34 handelt es sich um eine schwere geistige Behinderung. Die Betroffenen brauchen rund um die Uhr Unterstützung und Betreuung. Bei einem Wert unter 20 IQ-Punkten spricht man von schwerster geistiger Behinderung. Die eigene Versorgung, Kommunikation und die Mobilität sind in hohem Ausmaß beeinträchtigt.

Auch nach rechts fällt die Kurve ab. Circa 25% der Bevölkerung fallen in den Bereich der überdurchschnittlich Begabten. In diese Gruppe würde man zum Beispiel Maturantinnen und Studenten zählen. Ein bis zwei Prozent der Menschen sind hochbegabt mit einem IQ von 140 oder darüber.

Sie sehen anhand dieses Beispiels gut, dass eine statistische Seltenheit nicht immer gleichbedeutend ist mit Abnormität. Im rechten Abschnitt der Kurve liegen Menschen, die hochbegabt sind, deren IQ zum Teil weit über 140 liegt und von denen es nicht gar so viele gibt. Als abnorm im Sinne von krank würde das wahrscheinlich kaum jemand bezeichnen.

Anders sieht es auf der linken Seite der Kurve aus. Ein niedriger IQ ist häufig gleichbedeutend mit geistiger Behinderung, welche in unserer Gesellschaft von vielen als „nicht normal" angesehen wird.

So eine Kurve kann man über viele Eigenschaften oder

Fakten legen, z.B. sportliches Talent. Hier würde man im rechten Abschnitt der Kurve Menschen wie den Tennisspieler Rafael Nadal finden, den ehemaligen Stabhochspringer Sergej Bubka, den Sprinter Usain Bolt. Bei dieser Bewertung kommen wir jedoch nicht auf die Idee, solche Ausnahmetalente als „abnorm" oder „krank" zu bezeichnen.

Ebenso kann bei körperlichen oder psychischen Erkrankungen so eine Verteilung erstellt werden: So und so viele Menschen haben diese oder jene Krankheit, wenn ich sie also habe, liege ich in der Norm. Wobei hier Norm aber nicht gleich normal ist. Wenn ich Karies habe, liege ich zwar in der Norm, normal, in diesem Fall im Sinne von gesund, ist das aber nicht.

Halluzinationen, welcher Art auch immer, werden in unserer Gesellschaft, ich getraue mich sogar zu sagen im westlichen Kulturkreis, als nicht normal angesehen. Jemand, der halluziniert, muss also krank sein oder hat zu viele Drogen konsumiert. In anderen Gesellschaften sieht das aber ganz anders aus. In manch einem afrikanischen Land gilt jemand, der Stimmen hört, Dinge sieht, die andere nicht sehen, als von Gott gesegnet und wird verehrt. Auch werden durch bestimmte Substanzen und Rituale Zustände, in denen man halluziniert, ganz gezielt herbeigeführt.

Außer den statistischen Normen gibt es gesellschaftliche oder soziale Normen, dass man arbeiten geht zum Beispiel, dass man seine Steuern zahlt, dass man nicht stiehlt usw. Was in einer Gesellschaft „normal" ist, kann in einer anderen aber als abweichend gesehen werden. Eine Frau muss als Jungfrau in die Ehe gehen, ihr Vater hat den Bräutigam ausgesucht, die Frau muss oder darf nicht arbeiten gehen, sie braucht keine Ausbildung, da sie ja Kinder zu bekommen und aufzuziehen hat. In vielen Gesellschaften sind solche Ansichten normal. So war es schon immer und so wird es auch bleiben, lautet dann die einfache Begründung.

Scheidung – vor nicht allzu langer Zeit war das auch in Österreich ein Tabu. „Man" lässt sich nicht scheiden, Frauen noch viel weniger als Männer, Ende der Diskussion. Das wäre eine unerträgliche Schmach gewesen. Oftmals war es einer Frau aus ökonomisch-finanziellen Gründen ohnedies gar nicht möglich, diesen Schritt zu gehen. Ein Umstand, den es leider auch heute noch gibt. Nichtsdestotrotz liegt die Scheidungsrate in Wien bei über 50%.

Zu guter Letzt gibt es noch ideelle Normen. Diese erlegen wir uns oft selbst auf bzw. werden sie uns von der Familie, von Freunden oder der Gesellschaft mitgegeben. Wir alle haben Vorstellungen davon, wer wir sein möchten, wie wir sein möchten, was wir können und was wir im Leben erreichen möchten. Es sind dies die Idealvorstellungen über uns selbst, die jede und jeder von uns hat.

Schwierig wird die Diskussion dann, wenn zum Beispiel die ideellen Normen nicht mit den gesellschaftlichen zusammenpassen. Betrachten wir als harmloses Beispiel die Lebenssituation von Menschen, die in Wagensiedlungen in Wien wohnen. Für die meisten von uns ist es normal, in einer Wohnung oder in einem Haus zu leben.

Die erwähnte Gruppe von Leuten hat eine andere Form des Zusammenlebens gewählt. Diese Menschen wohnen in fahrbaren Behausungen, die sie auf größeren Grünflächen abstellen. Im Gegensatz zur vielleicht gängigen Meinung haben die meisten gute Jobs und sind keine „Sozialschmarotzer". Sie sind zum Beispiel ein Tischler, eine Physikerin oder ein Psychologe, manche haben auch eigene Firmen gegründet. Aufgrund verschiedenster Gesetze müssen sie immer wieder neue Areale aufsuchen und scheinen in einem Graubereich zu leben. Ihre fahrbaren Unterkünfte gelten rechtlich als Neubauten, wenn sie geparkt werden, und es bedarf eines Abbruchbescheids, wenn sie weiterziehen wollen. Es scheint, als könne der Staat mit dieser Form der Existenz nichts anfangen, und sie lässt sich in kein Schema pressen, also kann sie auch nicht „normal" sein. So verhält es sich zumindest in Österreich. In Deutschland dagegen haben Wagensiedlungen oder Wagenburgen, wie sie dort genannt werden, traditionell eine lange Geschichte und gehören zum Stadtbild jeder größeren Stadt.

Als weniger harmloses Beispiel dafür, was passieren kann, wenn ideelle und soziale Normen nicht zusammenpassen, dient der Fall eines jungen Mannes, der in seinem Leben viel Geld verdienen will. Er möchte es besser haben als seine Eltern, die ihr Leben lang viel gearbeitet, aber doch nicht wirklich etwas erreicht haben – zum Leben zu wenig, zum Sterben zu viel. Der junge Mann möchte sich schöne Urlaube leisten, ein tolles Auto fahren, Designerkleidung tragen – von allem das Beste.

Gegen diese Ziele ist an sich ja nichts einzuwenden, die Frage ist nur, wie will er sie erreichen? Mit einer guten Schulausbildung, einem Studium, ehrlicher Arbeit? Viel zu mühsam, das geht doch auch anders, oder? Er geht ins Fitnessstudio, trainiert sich ordentliche Muskeln an, sodass er schon rein körperlich einschüchternd wirkt und sich gegen andere behaupten kann. Und dann lässt er einfach andere für sich arbeiten. Junge Burschen, die Drogen für ihn verkaufen, Mädchen und Frauen, die für ihn auf den Strich gehen, wieder andere, die Waffen schmuggeln.

Der junge Mann erreicht vielleicht auch so seine Ziele: Er trägt Armani-Anzüge, fährt einen Porsche, genießt Urlaub auf den Malediven. Die Frage ist aber, wie lange kann er diesen Lebensstil wirklich genießen? Wann klicken die Handschellen, wann erwischt ihn doch eine Kugel oder ein Messer?

Der Weg, den unser junger Mann einschlägt, ist natürlich eine Möglichkeit, um – zumindest kurzfristig – an Geld zu kommen, aber ist es auch eine gute? Ist es „normal"? Versuchen wir es herauszufinden und schauen zunächst in unser Strafgesetzbuch.

Bestimmt der Staat, welche Verhaltensweisen „normal" sind? Oder treffen die Strafgesetze eine Aussage dazu? In gewisser Weise ja, denn vieles, was in unseren Augen nicht normal ist bzw. was nicht in die gesellschaftlichen Normen passt, kann bestraft werden.

Das Strafgesetzbuch in Österreich besagt: „Eine Strafe oder vorbeugende Maßnahme darf nur wegen einer Tat verhängt werden, die unter eine ausdrückliche gesetzliche Strafdrohung fällt und schon zur Zeit ihrer Begehung mit Strafe bedroht war." Das heißt also, wenn ich in einem Geschäft etwas stehle, ist dies eine Straftat, gesetzlich gesehen ein Vergehen. Wenn ich jemanden verprügle, ist dies eine Straftat. Vor Gericht kann ich zu einer Geld- oder Gefängnisstrafe verurteilt werden. Bedingt, also mit Bewährungszeit und -auflagen, oder unbedingt, was einen Aufenthalt im Gefängnis zur Folge hat.

Auch im Strafgesetz unseres Nachbarlandes Deutschland ist dies so geregelt. Es besagt, dass eine Tat nur dann bestraft werden kann, wenn die Strafbarkeit gesetzlich bestimmt war, schon bevor die Tat begangen wurde.

Die Strafgesetzbücher in Deutschland und in Österreich unterscheiden außerdem anhand der Länge der angedrohten Freiheitsstrafe zwischen Verbrechen und Vergehen. Mord, Totschlag, schwerer Raub, Vergewaltigung sind beispielsweise demnach „echte" Verbrechen, weniger hart sanktionierte Taten „nur" Vergehen. In Österreich traten 1975 wirklich weitreichende Änderungen in Kraft, die das Wesen der Bestrafung änderten: Die Unterscheidung zwischen Vergehen und Verbrechen wurde festgelegt, Arrest, Kerker und verschärfter Kerker wurden durch eine einheitliche Freiheitsstrafe ersetzt. Zusätzliche Verschärfungsmaßnahmen wie Fasten, hartes Lager oder Isolationshaft in einer dunklen

Zelle wurden gänzlich abgeschafft. Geringe Freiheitsstrafen wurden durch Geldstrafen ersetzt, bei Rückfallstätern wurde die Höchststrafe um die Hälfte erhöht. Verbrechen gegen Einzelpersonen und nicht mehr jene gegen den Staat wurden in den Vordergrund gerückt. Man ging mit dieser Reform auch weg vom Vergeltungsrecht hin zum Zweckstrafrecht. Prävention, nicht Sühne, ist nun Ziel des Strafrechts, wobei generell immer gelindere Alternativen zu einer Freiheitsstrafe anzuwenden sind, sofern dies möglich ist.

Nach diesem kurzen Ausflug in die Rechtswissenschaften könnte man nun zusammenfassend sagen, dass alles, was im Strafgesetzbuch als Straftat ausgewiesen ist, nicht unseren Normen entspricht, da es Handlungen sind, die gegen die gesellschaftlichen Normen verstoßen und daher als nicht „normal" im Sinne der gesellschaftlichen Übung bewertet werden.

Das deutsche Strafvollzugsgesetz besagt, dass die Aufgabe des Strafvollzuges ist, Gefangene wieder zu befähigen ein Leben in sozialer Verantwortung und ohne Straftaten zu führen. Auch im österreichischen Strafvollzugsgesetz ist der Zweck des Vollzuges beschrieben mit dem Ziel, Verurteilten zu einer rechtschaffenen, den Erfordernissen des Gemeinschaftslebens angepassten Lebenseinstellung zu verhelfen. Den sogenannten schädlichen Neigungen soll nach einer Entlassung tunlichst nicht mehr nachgegangen werden.

Die Gesellschaft ist sich also in Form von Strafgesetzen im Großen und Ganzen darüber einig, was „normal" ist und was nicht.

Nun gibt es aber im österreichischen Strafgesetzbuch den § 76 – Totschlag, gemeinhin auch als „Mord im Affekt" bekannt: „Wer sich in einer allgemein begreiflichen heftigen Gemütsbewegung dazu hinreißen lässt, einen anderen zu töten, ist mit einer Freiheitsstrafe von fünf bis zehn Jahren zu bestrafen." Das deutsche Gesetzbuch formuliert hier übrigens anders und verlangt eine Tötung ohne Mordmerkmale. Was bedeutet „allgemein begreiflich", wer setzt hier die Grenze? Ab wann ist es nicht mehr allgemein begreiflich, jemanden zu töten? Wie kann ein Richter das erkennen und bestimmen?

Wenn ich als Mutter den Vergewaltiger meiner Tochter töte, ist diese Tat ziemlich sicher allgemein begreiflich. So wie am 6. März 1981, als die damals 30-jährige Marianne Bachmeier den Mörder ihrer siebenjährigen Tochter Anna erschoss. Der einschlägig vorbestrafte Sexualstraftäter hatte das Mädchen entführt, in seiner Wohnung gefangen gehalten und schließlich erdrosselt. Ob er sich auch an ihm vergangen hat, blieb ungeklärt. Mit acht Schüssen streckte die Mutter ihn in einem Lübecker Gerichtssaal nieder und wurde selbst zu sechs Jahren Haft verurteilt. Angeklagt war sie wegen Totschlags und unerlaubten Waffenbesitzes.

Die Wogen gingen hoch. Diskussionen um Selbstjustiz wurden allerorts geführt. Marianne Bachmeier, eine attraktive Frau, polarisierte. Schließlich wies sie für viele eine nicht gerade lupenreine Vergangenheit auf: Zwei Kinder hatte sie zur Adoption freigegeben, sie hätte auch mehrmals abgetrieben, ihr Geld verdiente sie mit einer Kneipe. Manche warfen ihr vor sich in Szene zu setzen, als sie ihre Lebensgeschichte für viel Geld und exklusiv an ein deutsches Magazin verkaufte, um ihre Anwaltskosten zu bezahlen. Selbst Seiten aus ihrem Tagebuch wurden abgedruckt. Später sollte sie es bereuen, sich in diesem Maß an die Medien verkauft zu haben, aber sie machte mit, solange sie ihrer Meinung nach davon profitierte. Plötzlich nahm die Öffentlichkeit ihr die „heldenhafte Mutter" nicht mehr ab. Hat sie ihr Kind wirklich geliebt, hatte sie Anna nicht auch weggeben wollen? Mariannes beste Freundin bestätigte dies.

In einem Interview sagte Marianne später, sie habe durch den Mord verhindern wollen, dass Klaus Grabowski, der mutmaßliche Mörder ihrer Tochter, weiter Lügen über ihr Kind verbreite. Im Zuge seiner Aussage vor Gericht hatte Grabowski dem Kind nämlich Mitschuld an dem Verbrechen angelastet. Schließlich sei das Mädchen freiwillig mit in seine Wohnung gegangen und habe sich nicht gewehrt. In einer Talkshow sagte sie fünfzehn Jahre später, sie habe ihm wahrscheinlich Schlimmeres, nämlich eine lebenslängliche Freiheitsstrafe, erspart.

Erst im Laufe der Ermittlungen wurde klar, dass es vielleicht doch keine Tat im Affekt war. Marianne Bachmeier hatte im Keller unter ihrer Kneipe Schießübungen abgehalten und die Tat offenbar doch bis zu einem gewissen Grad geplant. Sie starb am 17. September 1996 mit erst 46 Jahren an Krebs und wurde im Grab ihrer Tochter beerdigt.

Wenn eine Frau nach Jahren der Demütigung und Gewalt ihren schlagenden Ehemann tötet, ist dieser Ausbruch sicher auch allgemein begreiflich.

Wenn allerdings ein Mann seine Frau prügelt und umbringt und das Gericht erkennt es aufgrund seines „kulturellen Hintergrundes" ebenfalls als allgemein begreiflich an, da sich die Frau scheiden lassen wollte, was in bestimmten Kulturkreisen nicht „normal" ist – muss man das verstehen?

Weltweit ist das Risiko für Frauen zwischen 16 und 45 Jahren, von einem Lebenspartner oder nahen Verwandten getötet zu werden, größer als das Risiko, Opfer eines Krieges oder von Terrorismus zu werden! Frauen werden nicht vom bösen Unbekannten, der aus dem Gebüsch hervorspringt, vergewaltigt oder ermordet. Nein, es sind Ehemänner, Lebensgefährten, Väter, Brüder oder Cousins, die ihnen Gewalt antun. Die größte Gefahr geht also von jenen aus, denen sie eigentlich am meisten vertrauen. Man spricht in diesem Zusammenhang oft von sogenannter struktureller Gewalt gegen Frauen. Dies ist eine von der Gesellschaft akzeptierte und zum Teil auch geförderte Form der Gewalt. Denn durch bestimmte Regeln und Verpflichtungen, denen Frauen gesellschaftlich vermeintlich unterliegen, geraten sie in Abhängigkeit und Unselbständigkeit. Ein noch relativ harmloses Beispiel, da es in dem Sinne keine körperliche Gewalt beinhaltet, zeigt sich in der Einkommensschere zwischen Männern und Frauen. Vielen Frauen ist es aus finanziell-ökonomischen Gründen nicht möglich, sich aus nicht mehr funktionierenden oder auch gewalttätigen Beziehungen zu befreien. So geht es auf mehreren Ebenen oft ums nackte Überleben.

Nähere Ausführungen dazu sind in Kapitel I zu finden, in denen der Teufelskreis dieser Form von Gewalt beschrieben wird.

Wir haben uns bisher ausführlich damit beschäftigt, was als „normal" gelten kann und was nicht, wer dies definiert und wer es beurteilt. Wir haben die große Bandbreite der „Normalität" kennengelernt. Was ist aber nun im Gegensatz dazu vollkommen „abnorm"? Welchen Menschen oder welche Ereignisse in unserer Gesellschaft bezeichnen wir als absurd? Boni in Millionenhöhe als Belohnung dafür, eine Bank in den Bankrott zu führen, unmenschliche Fremden- und Asylgesetze, abgeschobene Kinder? Viele solcher alltäglicher Vorkommnisse sind meiner Meinung nach „nicht normal", ich möchte fast sagen abnorm. Außerdem fallen mir im Besonderen zum Thema Asyl die Worte unmenschlich und menschenverachtend ein, aber das wäre ein anderes Thema.

Die Verhaltensweisen der Menschen umfassen eine hohe Bandbreite. Wie schnell bezeichnen wir etwas als abnorm! Doch wir alle haben unsere guten und schlechten Seiten, bei manchen kommen die schlechten aber mehr zum Vorschein, oder gewinnen sogar die Oberhand und bei manchen treten auch schlimme Krankheiten zutage. Viele Taten von Menschen können wir einfach nicht nachvollziehen, weil wir sie nicht verstehen.

10. Was sind abnorme Rechtsbrecher?

„… dem entsprach auch das psychiatrische Gutachten: Es liege eine geistige und psychische Abnormität höheren Grades vor, die klinische Prognose sei ungünstig. Das Gericht entschied, dass der Angeklagte in eine Anstalt für geistig Abnorme eingewiesen wird."

Solches lesen wir fast täglich in der Zeitung, manchmal mit dem Zusatz, dass der Täter oder die Täterin zu einer Haftstrafe *und* der Einweisung in eine Anstalt für geistig abnorme Rechtsbrecher verurteilt wurde.

Aber was genau heißt das nun? Was sind abnorme Rechtsbrecher? Wo liegt der Unterschied zum „normalen" Rechtsbrecher? Ist nicht jeder, der das Gesetz bricht, also gegen Normen verstößt, abnorm? Das müssen oft wahre Monster sein, diese geistig Abnormen. Sie schneiden ihren Müttern die Köpfe ab, zerstückeln Leichen, erschießen einfach den Nachbarn, weil es eine Stimme ihnen befohlen hat. Und dann sitzen sie ein paar Jahre in einer Anstalt ab, haben es dort schön, bekommen auch noch Therapie auf Steuerkosten und werden in ein bequem vorbereitetes Leben entlassen. So hört und liest man es oft.

Liebe Leserinnen und Leser, so einfach ist es nicht! Was hinter den Mauern einer Anstalt bzw. eines Gefängnisses passiert, damit beschäftigen wir uns noch später in diesem Buch. Sehr häufig fehlen den Konsumenten der täglichen Medien Hintergrundinformationen zu den einzelnen Fällen. Eine seriöse Berichterstattung ist oft leider nicht im Sinne des Erfinders, da Reißerisches sich einfach besser verkauft. Darum wollen wir uns jetzt ein wenig mit diesem Thema beschäftigen, um hoffentlich Klarheit zu schaffen und im besten Fall auch Vorurteile abzubauen.

Schauen wir doch wieder im Strafgesetzbuch nach, die passenden Paragrafen werden wir in Österreich beim § 21 Abs 1 StGB finden. Da heißt es: „Begeht jemand eine Tat, die mit einer ein Jahr übersteigenden Freiheitsstrafe bedroht ist, und kann er nur deshalb nicht bestraft werden, weil er sie unter dem Einfluss eines die Zurechnungsfähigkeit ausschließenden Zustandes (siehe § 11) begangen hat, der auf einer geistigen oder seelischen Abartigkeit von höherem Grad beruht, so hat ihn das Gericht in eine Anstalt für geistig abnorme Rechtsbrecher einzuweisen, wenn nach seiner Person, nach seinem Zustand und nach der Art der Tat zu befürchten ist, dass er sonst unter dem Einfluss seiner geistigen und seelischen Abartigkeit eine mit Strafe bedrohte Handlung mit schweren Folgen begehen werde."

Zugegeben, man könnte es wahrscheinlich auch einfacher ausdrücken. Ich versuche es: Ist jemand psychisch krank (das wäre die geistige oder seelische Abartigkeit höheren Grades, zum Beispiel Schizophrenie) und begeht eine Straftat, die mit mehr als einem Jahr Freiheitsstrafe bedroht ist (zum Beispiel Körperverletzung, Vergewaltigung, Mord), so muss vom Gericht überprüft werden, ob diese Person zum Tatzeitpunkt wusste, was sie tat.

Dieses Wissen darum, was ich tue, ist im bereits erwähnten § 11 geregelt. Dieser besagt, „wer zur Zeit der Tat wegen einer Geisteskrankheit, wegen Schwachsinns, wegen einer tiefgreifenden Bewusstseinsstörung oder wegen einer anderen schweren, einem dieser Zustände gleichwertigen seelischen Störung unfähig ist, das Unrecht seiner Tat einzusehen oder nach dieser Einsicht zu handeln, handelt nicht schuldhaft".

Die Krankheit hat es der Person zum Tatzeitpunkt also unmöglich gemacht zu erkennen, dass das, was sie tut, falsch ist. Die Stimmen haben zum Beispiel befohlen, einen Menschen zu erschießen. Da gibt es kein Hinterfragen, ob das richtig ist oder falsch, es ist zu tun. Für die Kranken hat das Nichtausführen der Befehle sonst schreckliche Folgen. Freilich sind diese Folgen genauso wenig objektiv real wie die

Stimmen. Als logische Konsequenz ergibt sich daraus, dass die Betroffenen sich auch nicht dafür entscheiden können, von der Tat abzusehen, weil sie ja von vorneherein gar nicht wissen, dass sie falsch ist.

Konkret geht es hier um die Fähigkeit zur Diskretion und zur Disposition. Kann ich erkennen, was recht und unrecht ist, und kann ich danach handeln? Wenn nicht, dann bin ich im österreichischen Justizjargon ein sogenannter „Aansa", sprich ein nach dem Absatz 1 („Aansa" = „Einser") des § 21 Verurteilter, und bekomme keine Gefängnisstrafe im herkömmlichen Sinn, sondern werde auf unbestimmte Zeit in eine entsprechende Anstalt eingewiesen. Dort erhalte ich die entsprechende medizinisch-psychiatrische, psychologische und soziale Betreuung.

Ed Gein – unheimliche Inspiration?

Diese spröden Gesetzestexte sind anhand eines anschaulichen Praxisfalles viel greifbarer und einfacher zu verstehen. Deshalb erzähle ich Ihnen die Geschichte von Ed Gein.

Wir unternehmen eine kleine Reise in den Ort Plainfield, Wisconsin, im Jahre 1906. Das Städtchen hat gerade einmal 640 Einwohner, als dort Edward Theodore Gein geboren wird. Mit seinem Bruder und seiner Mutter lebt er auf einer abgeschiedenen Farm, die er später auch bewirtschaftet.

Die Mutter ist eine sehr strenge und dominierende Frau, die täglich in der Bibel liest. Auch Ed liest sie drastische Stellen daraus vor, er lernt von Beginn an, dass Sex etwas Schlimmes ist und Männer sündhafte Wesen sind, die nur ihrem Trieb folgen. Über seinen Vater ist so gut wie nichts bekannt.

Fast vierzig Jahre lang lebt Ed ausschließlich mit seiner Mutter und seinem Bruder zusammen auf dieser Farm, er ist ein zurückgezogener Mann, der keine Freunde hat, geschweige denn Kontakt zu Frauen.

1944 stirbt sein Bruder, 1945 auch seine Mutter, die Krebs hatte. Ed ist nun von einem Tag auf den anderen auf sich alleine gestellt. Die Farm verkommt zusehends, aber dank staatlicher finanzieller Unterstützung muss er sie nicht mehr bewirtschaften. Im Ort verrichtet er für die Nachbarn immer wieder kleinere Arbeiten und verdient sich so etwas Geld dazu. Ed wird sehr eigenbrötlerisch und den Bewohnern von Plainfield zunehmend unheimlicher.

Wie sich später herausstellt, wird er nach dem Tod seiner Mutter mehr und mehr psychotisch. Er hört Stimmen, auch die seiner verstorbenen Mutter. In den Ästen der Bäume hinter seinem Haus sieht er Gesichter und Geier, er ist immer mehr der Meinung, ein Werk Gottes zu sein und seine Mutter wieder zum Leben erwecken zu können. Irgendwann verliert er völlig den Bezug zur Realität.

Zur gleichen Zeit kommt es auf den Friedhöfen Plainfields gehäuft zu Grabschändungen, Körperteile von Leichnamen fehlen, teilweise auch ganze Körper.

Im Dezember 1954 verschwindet die Betreiberin eines kleinen Gasthauses in Plainfield, Mary Hogan. Die Polizei findet einen Reifenabdruck, eine Revolverhülse und eine Blutspur, die bis auf den Parkplatz führt. Die Ermittler gehen davon aus, dass Mary erschossen, in ein Auto geladen und weggebracht wurde. Weitere Ermittlungserfolge bleiben jedoch vorerst aus.

Im November 1957 verschwindet die Besitzerin eines Eisenwarengeschäfts, Bernice Worden. Ed Gein hatte sie mit seinem Gewehr erschossen und auf seinen kleinen Lastwagen geladen. Als der Sohn von Bernice, der Hilfssheriff ist, später in das Geschäft kommt, findet er Blutspuren. Ein Augenzeuge erinnert sich an Eds Lastwagen, Bernices Sohn wiederum fällt ein, dass er Ed Gein in den Tagen zuvor häufig im Geschäft der Mutter gesehen hat. Die Polizei kommt so schließlich auf die Spur Ed Geins und entdeckt in seinem Haus schier Unglaubliches.

Die Farm ist vollkommen verwahrlost, nur das Zimmer der Mutter ist so wie an dem Tag, als sie starb. Es ist sauber, aufgeräumt und in keiner Weise verändert. Ed selbst bewohnt ausschließlich zwei Zimmer im Erdgeschoß. Die Polizei findet im Schuppen die Leiche von Bernice Worden, an den Beinen aufgehängt, ohne Kopf, in der Mitte von oben bis unten aufgeschnitten. Die Ermittler stoßen weiters auf Schachteln mit weiblichen Geschlechtsorganen und Knochen – auch Überreste von Mary Hogan können identifiziert werden. Aus Brustwarzen hatte sich Ed einen Gürtel gemacht, das Herz von Bernice befindet sich in einem Topf am Herd. Mit der Haut der ausgegrabenen Leichen und der beiden ermordeten Frauen hatte er Möbel bezogen, daraus Armreifen angefertigt, Teile davon auch angezogen.

Später sagt Ed Gein, er habe nicht anders gekonnt. Die Opfer habe er ausgesucht, weil sie seiner Mutter ähnlich gesehen hätten. Ed Gein ist laut Gutachtern in der Lage, dem Prozess zu folgen, er wird aber als zurechnungsunfähig erkannt und in eine psychiatrische Anstalt eingewiesen. Als Musterhäftling geführt, verstirbt er dort 1984 an Herzversagen.

Wäre dies alles im heutigen Österreich passiert, wäre Ed Gein ebenfalls als zurechnungsunfähiger, geistig abnormer Rechtsbrecher mit ungünstiger Prognose in eine Anstalt für geistig abnorme Rechtsbrecher eingewiesen worden.

Zum Zeitpunkt der Straftaten war er aufgrund seiner geistigen Erkrankung nicht in der Lage zu erkennen, dass das, was er tat, Unrecht war. Somit konnte er auch nicht nach dieser Einsicht handeln.

Seine Diagnose hätte wahrscheinlich paranoide Schizophrenie gelautet: Stimmen hören, Gesichter in den Ästen sehen, der Wahn, die Mutter wieder zum Leben erwecken zu können, der Glaube, von Gott auserwählt zu sein – dies alles sind eindeutige Symptome einer schweren Krankheit. Dazu kommen wir ausführlich etwas später. Ed Gein hätte mit Sicherheit eine sehr lange Zeit in einer Anstalt verbracht.

Armer Kranker, armer Irrer oder gefährliches Monster?

Nun wenden wir uns einem jüngeren Fall zu, der sich im deutschsprachigen Raum ereignet hat.

Herr Aigner wächst in einer intakten Familie in einer größeren Stadt auf. Er ist das älteste von vier Kindern, geht in den Kindergarten, die Schulzeit verläuft im Großen und Ganzen unauffällig und er bringt gute Noten nach Hause. Er ist schon etwas ruhiger als andere Kinder, spielt oft alleine, hört viel Musik. Aber dass er auffällig gewesen wäre, kann man nicht sagen.

Erfolgreich absolviert er eine Lehre, ebenso den Präsenzdienst und möchte danach ein Studium an der Universität beginnen. Ab diesem Zeitpunkt, Herr Aigner ist zwanzig Jahre alt, beginnt er sich zu verändern. Er zieht sich noch mehr zurück, sperrt sich oft stundenlang in sein Zimmer ein und redet wirr. Seine Umwelt nimmt ihn als „komisch" wahr, ohne dies genauer beschreiben zu können, die Familie findet keinen Zugang mehr zu ihm.

Herr Aigner hat akustische und optische Halluzinationen und glaubt ein von Gott erwählter Herrscher über die Welt zu sein. Er flüchtet sich in diesen Phasen verstärkt in seine Religion. Dennoch schafft er es, für sich selbst zu sorgen. Trotz seiner Probleme verdient er Geld, kümmert sich um seine Wohnung und hat sogar eine Freundin.

In regelmäßigen Abständen muss er in ein psychiatrisches Krankenhaus. Da Herr Aigner nicht der Meinung ist, krank zu sein, kommt es meist zu Unterbringungen gegen seinen Willen und er wird durch die Polizei ins Krankenhaus gebracht. Dort zeigt er sich kooperativ, nimmt die nötigen Medikamente, die ihm die Ärzte gegen die von ihnen diagnostizierte Schizophrenie verschrieben haben, und kann bald entlassen werden. Bereits kurz danach setzt er die Medikamente aber wieder ab und alles geht von vorne los.

Seine Freundin ist für Herrn Aigner eine große Stütze, aber mit Fortdauer seiner Erkrankung wird er ihr gegenüber aggressiv. Er schreit sie an, beschimpft sie, schlägt sie ins Gesicht. Sie ist für ihn böse, sie will ihn manipulieren, immer wieder greift er sie körperlich an, das Schlimmste kann aber verhindert werden.

Eines Tages eskaliert die Situation schließlich: Herr Aigner ist der festen Überzeugung, Herrscher über die Welt zu sein. An diesem Tag ist er zufällig zu Besuch bei seiner Schwester. Auch sie ist für ihn böse und muss unverzüglich vernichtet werden. Herr Aigner erdrosselt sie und entsorgt ihre Leiche. Kurze Zeit später wird er verhaftet.

Ed Gein und Herr Aigner haben gemeinsam, dass sie an einer schizophrenen Erkrankung litten bzw. leiden. Aufgrund dieser Erkrankung waren beide zum Zeitpunkt der Tat, wie schon weiter oben erwähnt, nicht in der Lage zu erkennen, was Recht und was Unrecht war. Sie erinnern sich an die Ausführungen im vorigen Kapitel? Somit konnten sie auch nicht danach entscheiden und handeln.

Noch in der U-Haft wird Herr Aigner medikamentös behandelt, die Psychose klingt ab. Beim Prozess wird er aufgrund seiner Zurechnungsunfähigkeit während der Tat in eine Anstalt für geistig abnorme Rechtsbrecher eingewiesen.

Für die Medien sind solche Fälle natürlich ein gefundenes Fressen – ein grausamer Mord, ein „irrer" Täter, hohe Verkaufszahlen sind gesichert. Ich wiederhole mich hier, wenn ich sage, dass es manchen Medien meist leider nicht um seriöse Berichterstattung geht. Bei den Leserinnen und Lesern entsteht dabei allerdings ein Bild, das in der Folge kaum zu korrigieren ist und das schwerwiegende Vorurteile zur Folge hat. Nichtwissen und fehlende oder gar falsche Informationen schaffen neben den Vorurteilen auch Angst. Aus kranken Menschen, die natürlich schlimme Taten begangen haben, werden überlebensgroße Monster, die einem hinter jeder Ecke auflauern, die man fürchten muss und die man am besten für den Rest ihres Lebens einsperrt.

An dieser Stelle widme ich deshalb der Erkrankung Schizophrenie etwas Raum, in der Hoffnung, das Verständnis für diese Krankheit zu fördern und Vorurteile abzubauen.

Schizophrenie – wenn die Welt ver-rückt

Schizophrenie ist eine sehr schillernde Krankheit, die in vielerlei Formen auftreten kann. Woher sie kommt bzw. wie sie entsteht, wird an späterer Stelle genauer ausgeführt. Aber gleichgültig welche Ursachen die Krankheit hat, sie verändert für immer die Welt der Betroffenen, ihrer Familien und Freunde von Grund auf und stellt ihr Leben auf den Kopf.

Die Fachliteratur spricht davon, dass ein Drittel aller Betroffenen nach so einer einmaligen psychotischen Episode nie mehr eine solche erlebt, die Krankheit heilt also aus. Mit psychotischem Schub meint man eine akute Phase der Krankheit, in der die weiter unten aufgeführten Symptome in den verschiedensten Kombinationen auftreten. Es handelt sich in diesem Fall um eine zeitlich begrenzte Phase mit beispielsweise optischen und akustischen Halluzinationen, häufig ausgelöst durch eine Stresssituation, die anders nicht mehr bewältigt werden kann.

Ich möchte Ihnen ein Beispiel aus meiner Zeit im Frauenhaus erzählen, um dies verständlich zu machen. Eine junge Frau, nennen wir sie Maria, kommt im Alter von 21 Jahren mit ihren vier Kindern zu uns. Sie stammt aus einem Kriegsgebiet und ist mit ihrem Mann und den Kindern unter gefährlichsten Bedingungen nach Österreich gekommen. Hier angelangt kommt es immer wieder zu gewalttätigen Auseinandersetzungen mit dem Mann, er trinkt und schlägt seine Frau häufig. In den ersten Tagen im Frauenhaus geht es ihr recht gut, sie richtet sich ein und freundet sich langsam mit einigen anderen Frauen an.

Als Maria aber nach ein paar Wochen wirklich zur Ruhe gekommen ist, brechen viele Erinnerungen an die Zeit im Krieg und auch an die Flucht hervor. Als es dann noch zu einem Streit mit einer anderen Frau kommt, dreht sie durch. Sie nimmt ein Küchenmesser, redet wirres Zeug von Teufeln und Dämonen und droht ihre Kinder umzubringen. Sie selbst sei auch besessen und würde bald die Welt beherrschen. Wahnvorstellungen und Halluzinationen – zwei klassische Symptome einer psychotischen Episode.

Maria verbringt einige Tage in einem psychiatrischen Krankenhaus, wird medikamentös behandelt und für die Zeit danach wird eine Psychotherapie organisiert, sodass sie ihre traumatischen Erlebnisse verarbeiten kann. Die Kinder erhalten mehr Betreuung, damit Maria immer wieder Zeit für sich hat. Nach dieser Episode hat sie keinen weiteren psychotischen Schub, auch eine weitere Behandlung mit Medikamenten ist nicht nötig.

Ein weiteres Drittel an Betroffenen lernt mit der Krankheit ganz gut zu leben. Diese Erkrankten sind medikamentös gut eingestellt, erkennen einen bevorstehenden psychotischen Schub und können Vorkehrungen treffen. Sehr häufig berichten Betroffene, dass sie es gut begreifen, wenn sich ein

Schub ankündigt. Die akustischen Eindrücke werden plötzlich dumpf, so als hätte man Watte in den Ohren. Andere wiederum nehmen Licht und Schatten anders wahr oder haben körperliche Empfindungen wie Händezittern oder Herzrasen. Wenn sich dies ankündigt, greifen sie zu ihren Medikamenten. Oft ist dann auch eine Zeit lang Ruhe nötig, die Betroffenen müssen sich den überlastenden Reizen der Umwelt entziehen und sich zum Beispiel eine Stunde ins Bett legen, bevor sich der Zustand wieder normalisiert.

Viele schaffen es auch, regelmäßig zu arbeiten, Familien zu gründen und häufig sogar ohne Medikation zu leben. Sie erkennen rechtzeitig die ersten Anzeichen und helfen sich dann mit den entsprechenden Medikamenten selbst weiter.

Beim letzten Drittel der Betroffenen chronifiziert die Erkrankung. Das bedeutet, es kommt immer wieder zu schweren Schüben, eventuell brauchen diese Patienten langfristige Unterstützung in Form von betreutem Wohnen. Die Beziehungs- und Arbeitsfähigkeit sind dabei stark eingeschränkt.

Die Symptome der Schizophrenie werden gemeinhin in Plus- und Minussymptome eingeteilt. Als Plussymptome bezeichnet die Fachwelt unter anderem die im Folgenden aufgezählten, wobei es sich hier nur um eine kleine Auswahl handeln kann.

Ein geradezu klassisches Symptom sind Halluzinationen. Diese können alle Sinne betreffen. Wenn jemand zum Beispiel Stimmen hört, so können diese befehlend sein, es können mehrere sprechen oder auch nur eine. Diese Stimmen können sich über den Betroffenen unterhalten oder auch mit ihm reden. Sie können bekannt oder unbekannt sein, männlich oder weiblich.

Optische Halluzinationen können Gesichter sein, die jemand sieht. Es können Schatten an der Wand sein, UFOs oder Außerirdische. Betroffene vergleichen dies oft mit einem LSD-Trip. Die Wahrnehmung verschärft sich, alles wird bunt, manchmal können solche Halluzinationen aber genauso stark angstbesetzt sein. Auch olfaktorische, also Geruchshalluzinationen, können auftreten. Außerdem gibt es taktile Halluzinationen: Man spürt etwas, was gar nicht da ist. „Beliebt" und in vielen Drehbüchern für Filme verwendet ist die Einbildung, Käfer unter der Haut zu haben, diese Sinnestäuschung vereint optische, taktile und vielleicht sogar akustische Elemente.

Auch Wahnideen treten sehr häufig auf. Der neue Pfleger ist ein Geheimagent, der mich verhaften will. Die Ärzte wollen mich mit ihren Spritzen vergiften, der Nachbar leitet nachts Gas in die Wohnung, Außerirdische bestrahlen mich, während ich schlafe …

Wahnideen sind so vielfältig wie die Menschen selbst und häufig treten diese Wahnkonstrukte in unglaublich komplizierter Form auf. Sie sind bis ins kleinste Detail durchdacht, für den Betroffenen absolut logisch und daher meist auch unumstößlich. Für Nichtbetroffene, Familienangehörige zum Beispiel, sind solche Wahnsysteme oft sehr schwierig auszuhalten. Sie wollen dem Kranken immer wieder klarmachen, dass seine Ideen keinerlei reale Grundlagen haben, dass die Nachbarn sicher kein Gas in die Wohnung einleiten, scheitern aber kläglich. In der längerfristigen Betreuung ist es wichtig, darauf zu achten, dass man möglichst nicht selbst in das Wahnsystem miteingebaut wird. Dies könnte unter Umständen sogar gefährlich werden. Wahnideen können unter anderem in Form eines Beziehungswahns, eines Verfolgungswahns, eines Abstammungswahns oder auch eines Eifersuchtswahns auftreten.

Bei den sogenannten Denkstörungen handelt es sich um das Phänomen, dass ein Betroffener nur auf Umwegen oder vielleicht auch gar nicht zu seinem Denkziel kommt. Bittet man einen Klienten zum Beispiel zu erzählen, wie er aufgewachsen ist, so kann man ihm bis zum Abschluss der

Hauptschule ganz gut folgen. Plötzlich erzählt er aber, dass er sich selbst sehr oft im Radio höre und nachts in der Armee kämpfe. Außerdem heiße er sowieso anders und komme eigentlich aus Kanada, leider habe er jedoch alle seine Dokumente verloren. Die Wahngedanken und/oder Halluzinationen können vom Betroffenen meist ohne Probleme sehr klar beschrieben werden.

Sofern jemand darüber erzählt bzw. wenn jemand in einer akuten psychotischen Phase ist, sind dies Symptome, die das Gegenüber relativ rasch bemerkt.

Neben all diesen beschriebenen Plussymptomen treten als zweite Gruppe der häufigsten Symptome, wie schon erwähnt, sogenannte Minussymptome auf.

Sehr häufig schränken Betroffene ihren Kontakt zur Umwelt fast gänzlich ein, ziehen sich sozial zurück, isolieren sich und brechen nach und nach ihre gesamten sozialen Beziehungen ab. Sie reagieren sehr sensibel auf Veränderungen, auch positiver Natur, und benötigen daher oft lange Auszeiten. Kommt zum Beispiel ein neues Mitglied zum Personalteam hinzu, kann das auf einer psychiatrischen Station viel Unruhe unter den Patientinnen und Patienten auslösen. Sie schlafen schlechter, reagieren vielleicht auch paranoid auf den oder die Neue. Betroffene kommen kaum mehr aus ihren Zimmern und liegen nur noch im Bett. Sehr oft geht dieser Rückzug einher mit dem Vernachlässigen der Körperhygiene und einem Einschränken der Nahrungsaufnahme.

In der forensischen Praxis, also in der Arbeit mit geistig abnormen Rechtsbrechern, braucht es oft sehr lange, bis Patientinnen oder Patienten sich wieder einmal hinaustrauen. Begleitete Ausgänge werden lange vorher geplant und es kann vorkommen, dass sie vom Betreffenden selbst immer wieder verschoben werden, weil schlicht und einfach die psychischen und häufig auch physischen Ressourcen noch nicht wieder hergestellt sind.

Ebenfalls als Minussymptomatik bezeichnet werden Apathie, verflachte Affekte und inadäquate Affekte. Dies heißt, dass es kaum mehr zu Gefühlsregungen kommt und wenn doch, können diese der Situation unangepasst erscheinen. Ein klassisches Beispiel ist, wenn jemand in der Kirche bei einem Begräbnis laut loslacht. Vielleicht erinnert sich der eine oder die andere nun ebenfalls schon einmal in einer eher unpassenden Situation gelacht zu haben, zum Beispiel beim Erhalt einer schlechten oder traurigen Nachricht. Sie müssen sich deswegen aber noch keine Sorgen machen, liebe Leserinnen und Leser! Lachen bzw. Humor ist auch ein Copingmechanismus. Sie erinnern sich, dass wir uns mit den verschiedenen Bewältigungsmechanismen in einem der ersten Kapitel auseinandergesetzt haben. Als ich im Gymnasium vom Selbstmord eines Freundes erfahren habe, musste ich zuerst einmal kräftig loslachen. Nicht, weil ich es so lustig fand, sondern weil es dermaßen unglaublich und erschütternd war, dass ich nur darüber lachen konnte. Erst nach und nach sickern die Informationen und man reagiert dann auch angemessen, in diesem Fall mit Trauer, Wut und Tränen.

Sogar lebensgefährlich werden kann ein Symptom, das man Stupor nennt. Es handelt sich dabei um eine völlige Bewegungslosigkeit, oft gepaart mit einer unglaublichen Körperspannung, bei der rasches medizinisches Eingreifen angezeigt ist. Man behandelt Stupor mit dem Verabreichen von sogenannten Muskelrelaxantien, also Mitteln, welche die Spannung lösen und helfen, die Muskeln wieder zu entspannen.

All diese Symptome und noch viele mehr können bei einer schizophrenen Erkrankung auftreten, allerdings niemals alle gleichzeitig bei einer Person. Auch nicht alle Betroffenen leiden automatisch unter all diesen Symptomen. Viele können sich mit ihrer Situation ganz gut arrangieren. Ein Betroffener erzählte einmal in einer Fernsehreportage, dass er die Stimmen, es handelte sich um zwei Männer und eine Frau, durchaus schätze, er würde sich mit ihnen sehr gut unterhalten. Er bespreche ganz alltägliche Themen mit ihnen, aber auch Spezielles wie Politik. In seiner aktuellen Lebenssituation würde er nicht sehr häufig die Gelegenheit zu geistig anregenden Unterhaltungen haben, sodass er die Gespräche mit den drei Stimmen durchaus genieße, wohlwissend, dass diese Personen nicht real sind.

Auch in der TV-Sendereihe „Am Schauplatz" gibt es eine Folge, die sich mit Menschen, die an Schizophrenie leiden, auseinandersetzt. Darin kommt eine Frau vor, die sich mit der männlichen inneren Stimme, die sie seit Jahrzehnten begleitet, absolut arrangiert hat. Sie hat der Stimme, die ihr Ratgeber, Freund und Begleiter ist, die ihr aber immer wieder auch einmal „auf die Nerven geht", sogar einen Namen gegeben – Adonis. Die Frau ist seit längerer Zeit pensioniert, lebt alleine in ihrer kleinen Wohnung und hat es sich über die Jahre zur Aufgabe gemacht, die Menschen über die Krankheit Schizophrenie zu informieren, um so Ängste zu nehmen und Vorurteile abzubauen. Sie ist, bekleidet mit einer neongelben Warnweste, in ihrer Heimatstadt unterwegs und verteilt Informationsblätter und Broschüren. Unterstützt wird sie von ihren Kindern und natürlich auch von Adonis!

Großartige, fundierte und gut zu verstehende weitere Ausführungen zur Schizophrenie sind in den Büchern des Schweizer Psychiaters Asmus Finzen zu finden.

Im ICD-10, der internationalen Klassifikation von Krankheiten (International Classification of Diseases) der Weltgesundheitsorganisation WHO, finden sich die psychischen Erkrankungen im Kapitel F, die Schizophrenien, schizotypen und wahnhaften Störungen im Kapitel F2.

Schizophrenie ist gekennzeichnet durch „grundlegende und charakteristische Störungen von Denken und Wahrnehmung sowie inadäquate oder verflachte Affektivität (...). Die Störung beeinträchtigt die Grundfunktionen, die dem normalen Menschen ein Gefühl von Individualität, Einzigartigkeit und Entscheidungsfreiheit geben. Die Betroffenen glauben oft, dass ihre innersten Gedanken, Gefühle und Handlungen anderen bekannt sind oder dass andere daran teilhaben (...). Besonders akustische Halluzinationen sind häufig und können das Verhalten oder die Gedanken kommentieren. Die Wahrnehmung ist oft gestört: Farben oder Geräusche können ungewöhnlich lebhaft oder in ihrer Qualität verändert wahrgenommen werden (...). Die Stimmung ist charakteristischerweise flach, kapriziös oder unangemessen."

Es geht noch einige Seiten so weiter, vielerlei Symptome werden geschildert, keines davon möchte man jemals selbst erleben.

Unterschieden werden außerdem verschiedene Formen der Schizophrenie. Bei straffällig Gewordenen wird meist eine paranoide Form diagnostiziert. Wobei es sich dabei laut ICD auch um die am häufigsten auftretende Form dieser Krankheit handelt. „Das klinische Bild wird von ziemlich dauerhaften, oft paranoiden Wahnvorstellungen beherrscht, meist begleitet von in der Regel akustischen Halluzinationen und anderen Wahrnehmungsstörungen. Störungen der Stimmung, des Antriebs und der Sprache stehen nicht im Vordergrund."

Herr Meier – die Geschichte einer Erkrankung

Herr Meier ist Ende zwanzig, als seiner Frau erste Veränderungen an ihm auffallen. Er murmelt immer wieder stundenlang vor sich hin, stellt sich auf einen bestimmten Platz in der Küche und schläft nächtelang nicht. Er ist ein gutaussehender Mann, die beiden Kinder sind noch klein, Herr Meier arbeitet und bringt gutes Geld nach Hause.

Nach langem Hin und Her, Frau Meier hat ihren Mann unzählige Male gebeten zu einem Arzt zu gehen, tut er es endlich. Es wird wohl eine psychische Störung diagnostiziert und es werden auch Medikamente verschrieben, allerdings in nicht idealem Umfang. Außerdem ist Herr Meier nicht der Meinung, krank zu sein, die Medikamente verschwinden also schnell in irgendeiner Schublade.

Immer wieder zwingt Herr Meier seine Frau in der Nacht mit ihm auf der bereits erwähnten Stelle in der Küche zu stehen und zu beten. Er muss unbedingt verhindern, dass der Teufel von seiner Frau Besitz ergreift, hat sie doch ohnehin schon ständig geistigen Kontakt mit diesem. Und noch dazu stellt ein Arbeitskollege seiner Frau nach, eine unvorstellbare Frechheit. Frau Meier versucht ihrem Mann die Medikamente heimlich zu verabreichen, inzwischen hat sie häufig große Angst vor ihm, auch um das Wohl ihrer Kinder macht sie sich Sorgen.

Eines Nachts wird sie wach und als sie die Augen öffnet, sieht sie ihren Mann am Bettrand sitzen – mit einem Messer in der Hand. Er müsse ihr den Teufel austreiben. Einige Monate geht es so dahin, Frau Meier und ihre Kinder leiden unter den psychotischen Schüben des Mannes, die heimlich gegebenen Medikamente entfalten ihre Wirkung nicht.

Herr Meier wirft seiner Frau wiederholt vor, ihn mit dem Arbeitskollegen zu betrügen. Gleichgültig wie sehr sie ihm schwört, dies entspreche nicht der Wahrheit, Herr Meier wird immer wütender und zunehmend eifersüchtiger. Eines

Abends treffen sich die beiden Männer zufällig auf der Straße, Herr Meier trägt einen Revolver bei sich. Dies tut er schon länger, da er sich von sehr vielen Menschen bedroht und verfolgt fühlt. Er erschießt den vermeintlichen Nebenbuhler und wird nach einer kurzen Flucht durch seinen Heimatort verhaftet.

Herr Meier weist typische Symptome einer paranoiden Schizophrenie auf – Eifersuchtswahn, Verfolgungsideen. Im Verlauf der Ermittlungen stellt sich auch heraus, dass er immer wieder Stimmen gehört hat.

Ich möchte hier noch einmal darauf hinweisen, dass es sich bei dem eben Beschriebenen tatsächlich um eine Krankheit handelt. Herr Meier sitzt nicht nachts mit einem Messer am Bett seiner Frau, weil er das so will und so geplant hat. Er steht unter dem Einfluss von akustischen Halluzinationen und Wahnvorstellungen. Seine Frau sieht er in großer Gefahr. Herr Meier möchte sie in gewisser Weise schützen, und zwar vor dem Teufel und den Dämonen, die von ihr Besitz ergreifen wollen. Natürlich geht die Gefahr aber von ihm selbst aus, es war reines Glück, dass weder sie noch die Kinder im Laufe der Jahre zu Schaden gekommen sind. Leider hat es einen anderen Unschuldigen getroffen.

Die Diagnose Schizophrenie ist für viele Familien ein echter Schicksalsschlag. Nach wie vor werden Betroffene damit alleine gelassen, es erfolgt zu wenig Aufklärung darüber, was das eigentlich bedeutet, schizophren zu sein. Hauptsache, die Medikamente werden geschluckt, dann wird schon alles werden. Oft ist diese Diagnose auch eine große Stigmatisierung, eben aufgrund der schon erwähnten Vorurteile und Ängste. Kann ich mit dem normal reden? Was, wenn ihm mein rotes T-Shirt nicht gefällt, was, wenn ihn das reizt? Bin ich in Gefahr, wenn ich mit der einmal ins Café gehe? Hoffentlich glaubt sie nicht, dass ich ein Geheimagent bin. Diese und andere Gedanken kamen mir selbst vor

Beginn meiner aktuellen beruflichen Tätigkeit. Ich merkte schnell, dass auch ich viele Vorurteile hatte und sehr stark von Filmen und Serien beeinflusst war. Ich war ehrlich gesagt von mir selbst erschüttert, aber ich lernte damit umzugehen und konnte meine Vorurteile Schritt für Schritt abbauen. Ich versuche immer den Menschen zu sehen, der mir gegenübersitzt, nicht das, was er getan hat. Meine Aufgabe ist es, diesem Menschen zu helfen, weil er krank ist, und das tue ich so gut ich kann. Abgrenzung ist in diesem Fall für mich leicht, da es sich bei meiner Arbeit um Täterarbeit handelt. Dass ich aufgrund meiner Arbeit selbst zu einer geistig abnormen Straftäterin werde, ist eher unwahrscheinlich.

Nun aber zurück zu den verschiedenen Formen der Schizophrenie. Außer der paranoiden gibt es noch weitere, die im ICD-10 beschrieben sind.

Die hebephrene Schizophrenie, im Volksmund auch „Jugendirrsinn" genannt, zeichnet sich durch Veränderungen im affektiven Bereich, also im Bereich der Gefühle und Emotionen, aus. Wahnvorstellungen und Halluzinationen sind, wenn sie auftreten, bruchstückhaft. Die Stimmung ist flach, es sind keine Gefühlsregungen bemerkbar und sie sind unpassend, also der Situation, in der sich jemand befindet, nicht entsprechend. Oft ist dieser Zustand begleitet von einem Kichern oder selbstzufriedenem Lächeln. Die Denkprozesse sind ungeordnet und die Sprache zerfahren. Betroffene isolieren sich häufig, sie scheinen in ihrem Verhalten ziellos und ohne Empfindungen. Diese Form der Erkrankung beginnt meist zwischen dem 15. und 25. Lebensjahr. Sie hat aufgrund der schnellen Entwicklung der Minussymptomatik (also der Affektverflachung und des Antriebsverlustes) eine eher schlechte Prognose, sehr oft chronifiziert die Erkrankung bzw. können auch mit Medikamenten nur bescheidene Erfolge erzielt werden. Während die Diagnosen der paranoiden und katatonen Schizophrenie im Erwachsenenalter gestellt werden, wird die der hebephrenen Schizophrenie nur bei Jugendlichen oder jungen Erwachsenen gestellt.

Bei der katatonen Schizophrenie stehen psychomotorische Symptome im Vordergrund. Als Psychomotorik bezeichnet man die Verknüpfung des emotionalen Befindens mit körperlichen Bewegungen. Wenn jemand zum Beispiel sehr nervös oder ängstlich ist und ständig mit seinen Fingern spielt.

Diese Symptome können zum einen zwischen Erregung und Stupor variieren. Das heißt, dass jemand entweder hochgradig erregt ist, kaum stillsitzen kann, sich ständig setzt und wieder aufsteht. Stupor wiederum bedeutet völlige Regungslosigkeit und Erstarrung.

Auf der anderen Seite schwanken Betroffene zwischen Befehlsautomatismus (Betroffene setzen von außen kommende Anweisungen wie ein Automat um) und Negativismus. Bei Letzterem handelt es sich um völlige Befehlsverweigerung in Bezug auf Bewegung. Sehr häufig passiert dies, weil die betroffene Person paranoid und sehr misstrauisch ist. Wenn ich nicht weiß, was die Person von mir will, ich gar Angst vor ihr habe, werde ich nichts tun, was sie von mir verlangt.

Auch Zwangshaltungen oder -stellungen können über lange Zeit beibehalten werden. Sitzt jemand auf einem Sessel und ich ziehe ihm beide Arme nach oben, so kann diese Person stundenlang so sitzen bleiben. Für Sie und mich würde das schon nach wenigen Minuten sehr schmerzhaft und unangenehm werden, für psychisch Kranke nicht.

Als weitere und hier letzte Form kennt die psychiatrische Lehre die undifferenzierte Schizophrenie. Das ICD meint dazu: „Zustandsbilder, welche die allgemeinen, diagnostischen Kriterien der Schizophrenie erfüllen, ohne einer der beschriebenen Unterformen zu entsprechen, oder solche, die Merkmale von mehr als einer Unterform aufweisen, ohne eindeutiges Überwiegen bestimmter diagnostischer Charakteristika. Diese Kategorie ist nur für psychotische Zustandsbilder zu verwenden und auch erst nach dem Versuch, das Erscheinungsbild einer der drei bereits beschriebenen Unterformen zuzuordnen." Vereinfacht gesagt gibt es Formen von schizophrenen Erkrankungen, die man aufgrund der gezeigten Symptome nicht einer der drei großen Gruppen zuordnen kann. Daher hat man eine vierte Kategorie geschaffen, um sie zumindest benennen zu können.

Woher kommt Schizophrenie?
Wie entsteht diese Krankheit? Die Fachwelt weiß heute, dass es nicht die „schizophrenogene Mutter" ist, die durch ihr unklares Bindungsverhalten die Krankheit auslöst. Lange Jahre gab man Angehörigen, vor allem den Müttern, die Schuld, wenn Kinder erkrankten. Es herrschte die Meinung, dass eine Mutter durch sogenanntes „Doublebind-Verhalten" zum Ausbruch der Krankheit beiträgt. So ein Verhalten bezeichnet einen Widerspruch, zum Beispiel lautet die gesprochene Botschaft: „Komm her und lass dich umarmen, ich möchte gerne mit dir kuscheln." Die Körpersprache drückt aber das Gegenteil davon aus, die Mutter ist dem Kind nicht zugewandt, auch der Ton ist nicht liebevoll und freundlich, sondern bestenfalls neutral oder ablehnend.

Schizophrenie ist auch nicht Ausdruck einer persönlichen Schwäche, es ist eine medizinische Krankheit und die Wissenschaft geht heute davon aus, dass sie etwas mit chemischem Ungleichgewicht im Hirn zu tun hat. Konkret geht es um den Neurotransmitter Dopamin. Neurotransmitter sind Botenstoffe im Gehirn, die es den Nervenzellen erlauben, einander chemische Botschaften zu schicken. Dopamin ist einer dieser Botenstoffe. Es kann sein, dass der Körper zu viel davon ausschüttet oder dass das Gehirn zu sensibel darauf reagiert.

Weitere Faktoren, die zum Ausbruch einer schizophrenen Erkrankung führen können, sind zum einen genetische. Wenn es in der Familie schon Erkrankungen gab, ist das eigene Risiko, zu erkranken, erhöht. Je enger der Verwandtschaftsgrad, umso höher ist das eigene Risiko zu erkranken. Zum anderen sind es Umgebungsfaktoren, man spricht auch von stressenden Lebensereignissen, ein Todesfall, der Auszug von zu Hause aber genauso eine Hochzeit oder die Geburt eines Kindes. Zum Ausbruch der Krankheit kommt es bei Männern meist zwischen 15 und 25 Jahren, bei Frauen etwas später.

In der Gehirnforschung gibt es sehr interessante neue Erkenntnisse zur Schizophrenie. Zum Beispiel sollen Versuchspersonen einzelne Bilder einer Bildgeschichte in die richtige Reihenfolge bringen. Die Geschichte hat folgenden Inhalt: Ein kleines Kind spielt trotz der Warnungen der Mutter mit Zündhölzern, ein Brand bricht aus, die Feuerwehr muss gerufen werden. Der Brand hat gravierende Folgen, nicht nur für das Kind, sondern auch für andere Menschen. Gesunde Menschen schaffen es, die Bilder sinnvoll zu ordnen. Menschen, die an Psychosen leiden, können das nicht. Es ist ihnen nicht möglich, den Zusammenhang zwischen Ursache und Wirkung in einem sozialen Kontext zu erkennen.

Ein Forscher der University of Southern California hat die Gehirne von an Schizophrenie erkrankten Jugendlichen untersucht. Der erste Scan erfolgte nach der Diagnose, dann wurden über fünf Jahre hinweg weitere Scans in regelmäßigen Abständen durchgeführt, wobei vor allem nach psychotischen Schüben Untersuchungen gemacht wurden. Es stellte sich heraus, dass die Betroffenen nach Halluzinationen und Wahnsymptomen bis zu fünf Prozent ihrer grauen Hirnsubstanz verloren. Der Schaden beginnt hinten im Gehirn und breitet sich nach vorne aus. Nach fünf Jahren sind die größten Schäden im präfrontalen Kortex zu finden. Der präfrontale Kortex ist, wie weiter vorne beschrieben, ein Teil des Stirnlappens unseres Gehirns, der mit der Planung und Initiierung unseres Handelns in Verbindung gebracht wird. In manchen Arealen ist die Hirnsubstanz bis zu 25% reduziert und unwiederbringlich verloren.

An der Yale University im US-amerikanischen Bundesstaat Connecticut wurde versucht herauszufinden, woher akustische Halluzinationen kommen. Man hat die Gehirnaktivität von schizophrenen und nichtschizophrenen Personen während des Sprechens erfasst. Kurz bevor ein gesunder Mensch zu sprechen beginnt, gibt es bereits einen Anstieg an Gehirnaktivität im entsprechenden Areal. Diese Aktivität bereitet darauf vor, dass jetzt bald die eigene Stimme zu hören sein wird und nicht eine andere. Bei an Schizophrenie Erkrankten ist diese vorangehende Aktivität im Gehirn kaum vorhanden und die Betroffenen interpretieren die eigene Stimme als etwas, das von außen kommt. Es hat sich in dieser Untersuchung herausgestellt, dass die Menschen, bei denen der Anstieg an Aktivität am geringsten ist, die heftigsten akustischen Halluzinationen haben.

Ein Wissenschafter an der Universität in Michigan wiederum hat sich mit der Frage beschäftigt, warum Schizophrene die Realität oft anders wahrnehmen als gesunde Menschen. Dinge, die man im Normalfall versteht und die sonst nicht übermäßig wichtig sind, nehmen plötzlich eine zentrale und vor allem Unheil bringende Position ein.

Ein bestimmter Teil unseres Stirnlappens, der mediale präfrontale Kortex, konstruiert sozusagen unsere innere Wirklichkeit. Wenn wir jemanden treffen, werden dort Informationen verarbeitet: Wie denken wir über diese Person, ist sie wichtig für uns und wenn ja, wie sehr etc. Es liegt nun die Vermutung nahe, dass diese Gehirnregion bei Menschen, die an einer schizophrenen Erkrankung leiden, besonders aktiv ist.

Die Versuchsanordnung sah folgendermaßen aus: Es wurden zwei Gruppen von Personen, einer Versuchsgruppe mit Schizophrenen, einer Kontrollgruppe mit Gesunden, Bilder gezeigt, die genau dieses Areal im Gehirn anregen sollten – also den medialen präfrontalen Kortex. Für ungefähr vier Minuten sahen die Testpersonen positiv besetzte Bilder, zum Beispiel von Tierbabys, und auch negativ besetzte, zum Beispiel Bilder einer Rauferei oder Kriegsszenen. Im Anschluss wurden alle Testpersonen einer Magnetresonanztomografie (MRT) unterzogen. Es handelt sich hierbei um ein bildgebendes Verfahren, das in der medizinischen Diagnostik angewendet wird. Es stellt die Struktur und Funktion von Gewebe und Organen im menschlichen Körper dar. Die MRT wird auch als Kernspintomografie bezeichnet oder als MRI, nach dem englischen Magnetic Resonance Imaging. In diesen Untersuchungen zeigte sich jedenfalls, dass bei der Kontrollgruppe das Gehirn bei den positiv besetzten Bildern aktiv wurde, bei den schizophrenen Testpersonen stieg die Gehirnaktivität bei den negativen Bildern an.

Die Forscher gehen nun davon aus, dass dieser Teil des präfrontalen Kortex, der mediale, bei schizophrenen Menschen nicht richtig funktioniert und dadurch verzerrte Wahrnehmungen und auch Halluzinationen entstehen. Durch fehlerhafte Schlüsse im Gehirn wird plötzlich wichtig, was eigentlich unwichtig ist: zum Beispiel die Tatsache, dass die Ampel von Rot auf Grün schaltet, ein alltägliches Phänomen. Plötzlich hat dieses Umschalten zu genau diesem einen Zeitpunkt, an dem eine betroffene Person an der Ampel steht, eine ungeheuerliche Bedeutung. Zum Beispiel, dass die Welt bald untergehen wird oder eine nahe Person sterben wird. Solche Eindrücke sind ohne Zweifel Empfindungen, die Angst machen.

Die Wahrscheinlichkeit für einen „normalen" Menschen, im Laufe seines Lebens an Schizophrenie zu erkranken, liegt übrigens bei 0,6 bis 1%. Das mag sich nicht hoch anhören, aber im Grunde könnte eben jeder von uns genau dieser Eine von 100 sein.

Worauf ich aber hinaus will, ist, dass einerseits eine verschwindend kleine Anzahl von Tätern geistig abnorm und zurechnungsunfähig ist. Andererseits ist wiederum eine verschwindend kleine Anzahl von schizophrenen Menschen gewalttätig. Wie ein Psychiater einmal sagte: Von 100.000 Erkrankten leben 99.900 ein ganz normales Leben. Es ist wahrscheinlicher, mit einem Flugzeug abzustürzen, als von einem „Wahnsinnigen" ermordet zu werden.

Die häufig von den Medien geschürte Angst ist unnötig. Natürlich verkaufen sich die Schlagzeilen vom „irren Geisteskranken" besser, leider gibt es aber kein Interesse an der Sache darüber hinaus. So werden Vorurteile produziert und es wird polarisiert.

Und eines noch: Schizophrenie hat *nichts*, aber auch gar nicht mit „gespaltener" (der korrekte Begriff lautet multipler) Persönlichkeit zu tun. Der korrekte Ausdruck dafür ist „dissoziative Störung". Dies ist eine gänzlich andere Störung aus dem Bereich der neurotischen Erkrankungen. Für mehr Information verweise ich auf das ICD-10 sowie die hochinteressanten Bücher von Michaela Huber zu diesem Thema.

Die sogenannten Psychopathen

Wenden wir uns nun der zweiten Gruppe von geistig abnormen Rechtsbrechern zu, den sogenannten „Zwaaran", also jenen, die nach § 21 Abs 2 Strafgesetzbuch verurteilt sind. In Deutschland wird dies als Sicherungsverwahrung bezeichnet, welche zusätzlich zu einer Haftstrafe angeordnet wird, wenn zu befürchten ist, dass jemand auch in Zukunft schwerwiegende Taten begehen wird.

Im österreichischen Strafgesetzbuch liest sich dies folgendermaßen: „Liegt eine solche Befürchtung vor, nämlich, dass jemand auch zukünftig schwere Verbrechen begehen wird, so ist in eine Anstalt für geistig abnorme Rechtsbrecher auch einzuweisen, wer, ohne zurechnungsunfähig zu sein, unter dem Einfluss seiner geistigen oder seelischen Abartigkeit von höherem Grad eine Tat begeht, die mit einer ein Jahr übersteigenden Freiheitsstrafe bedroht ist. In einem solchen Fall ist die Unterbringung zugleich mit dem Ausspruch über die Strafe anzuordnen."

Was macht hier den Unterschied zu der zuerst besprochenen Gruppe der geistig abnormen Rechtsbrecher aus? Nach § 21 Abs 2 Strafgesetzbuch Verurteilte waren zum Zeitpunkt der Tat *nicht* zurechnungs*un*fähig. Das heißt, sie haben sehr wohl gewusst, dass das, was sie tun, Unrecht ist, und sie hätten auch danach handeln können. Sie hätten die Tat also nicht begehen müssen.

Ein Beispiel: Ein junger Mann lernt in einer Bar eine junge Frau kennen. Sie trinken gemeinsam etwas, sind sich sympathisch, sie plaudern angeregt. Als die junge Frau nach Hause möchte, bietet ihr der junge Mann an sie zum Taxi zu begleiten, was sie gerne annimmt. Schließlich ist es schon spät. Aber anstatt die junge Frau sicher zum Taxi zu bringen, schleift er sie in den nächsten Hauseingang und vergewaltigt sie. Schließlich hat sie sich mit ihm unterhalten, mit ihm getrunken, mit ihm geflirtet und der Rock ist auch ziemlich kurz. Dass sie mehrmals um Hilfe gerufen hat, ihm gesagt hat, dass er ihr wehtut und dass sie das nicht will, ist ihm völlig gleichgültig. Auch dass eine Vergewaltigung strafbar ist, weiß der junge Mann, das ist ihm ebenso egal. Mitgefühl mit dem Opfer? Fehlanzeige. Reue oder Schuldgefühle? Woher denn, ist doch „selber schuld, die Schlampe".

Der Einzige, der Nachteile hat, ist er selbst, jetzt, wo er im Gefängnis sitzt. So und ähnlich argumentieren Menschen, die nach § 21 Abs 2 verurteilt wurden und, wie wir gleich sehen werden, an einer Persönlichkeitsstörung leiden.

Doch auch wenn diese Gruppe der geistig abnormen Rechtsbrecher wohl zwischen Recht und Unrecht unterscheiden kann, leidet sie dennoch an einer psychischen Erkrankung, die nach dem Gesetz eine geistige oder seelische Abartigkeit höheren Grades darstellt. Es ist meist davon auszugehen, dass unter Einfluss dieser Störung weitere Straftaten begangen werden. Je nach Delikt werden solche Straftäter zu einer Gefängnisstrafe verurteilt und in eine entsprechende Institution eingewiesen.

Gerne bezeichnet man diese Art von Täter als „Psychopathen", auch die Bezeichnung „Soziopath" ist häufig bzw. liegt oft eine sogenannte dissoziale Persönlichkeitsstörung, oft mit narzisstischen Zügen, vor. Persönlichkeitsstörungen könnte man als „extrovertierte Störungen" bezeichnen, die Betroffenen brauchen immer Publikum.

Jeder von uns kennt vermutlich jemanden, der narzisstische Züge hat, der sich gerne über die Maßen selbst darstellt, immer der Beste und Tollste ist. Ohne Bewunderer oder Neider würde das nicht funktionieren. Das heißt nicht, dass diese Person wirklich eine Persönlichkeitsstörung hat, aber sie weist Züge einer narzisstischen Persönlichkeit auf.

Ein klassisches Beispiel für eine dissoziale Persönlichkeitsstörung sind Zuhälter, wobei natürlich nicht alle, aber viele Zuhälter persönlichkeitsgestört sind. Sie sind sehr manipulativ, haben keine Gewissensbisse, nutzen andere ohne Skrupel aus und bereichern sich an ihnen. Eine ausführliche Beschreibung der „Psychopathie" soll später noch folgen.

Im bereits erwähnten ICD-10 sind Persönlichkeitsstörungen im Kapitel F6 zu finden. Es handelt sich um „eine Reihe von klinisch wichtigen, meist lang anhaltenden Zustandsbildern und Verhaltensmustern. Sie sind Ausdruck des charakteristischen, individuellen Lebensstils, des Verhältnisses zur eigenen Person und zu anderen Menschen."

So wie einige Menschen grundsätzlich sehr hilfsbereit, fürsorglich und entgegenkommend sind, so sind andere ausnutzend, überheblich und gefühlskalt. Diese Eigenschaften ziehen sich durch alle Lebensbereiche und treten in vielen Situationen auf. Ist eine Person im Privatleben hilfsbereit, so wird sie dies bis zu einem gewissen Grad auch im Beruf sein. Jemand, der an einer dissozialen Persönlichkeitsstörung leidet, wird sowohl im Privat- als auch im Berufsleben rücksichtslos sein, über Leichen gehen und sich nicht um die Gefühle seiner Mitmenschen kümmern.

Viele dieser Verhaltensweisen werden schon in der frühen Kindheit erworben. Wir haben am Anfang des Buches bereits gelesen, dass Kinder aus gewalttätigen Familien lernen ihre eigenen Gefühle zu unterdrücken oder gar zu verleugnen. In der Folge wird dieses Verhalten verfestigt und führt dazu, dass dieses Kind als Erwachsener nichts mit den Gefühlen anderer anfangen kann und diese ignoriert und verletzt.

Personen mit Persönlichkeitsstörungen weisen gegenüber der Mehrheit der Bevölkerung deutliche Abweichungen im Wahrnehmen, Denken, Fühlen und in Beziehungen zu anderen auf. Wie wir später noch ausführlicher erfahren werden, können Menschen mit einer dissozialen Persönlichkeit zwar den Satz „Du tust mir weh" sinngemäß verstehen, auf der emotionalen Ebene aber nicht. Daher ist es ihnen auch gleichgültig, wenn ein Opfer das sagt, sie werden mit der Folter oder der Vergewaltigung weitermachen, um sich zu befriedigen.

Die dissoziale (oder antisoziale) Persönlichkeitsstörung zeichnet sich also besonders durch ein Verhalten aus, das auffallend von sozialen Normen abweicht: Betroffene haben häufig wenig bis kein Mitgefühl mit anderen. Dies hat damit zu tun, dass in einer bestimmten Gehirnregion weniger Aktivität stattfindet als bei anderen Menschen.

Menschen mit einer dissozialen Persönlichkeit zeigen kaum Gewissensbisse und übernehmen keinerlei Verantwortung für ihre Taten. Es geht hier also hauptsächlich um antisoziale Verhaltensweisen. Spezifische Persönlichkeitszüge, die in Form von Lügen und Manipulationen zu Tage treten oder sich in einem übersteigerten Selbstwertgefühl äußern, werden im Gegensatz zur Psychopathie nicht berücksichtigt.

Im Folgenden möchte ich Ihnen ein Beispiel geben, das diese Art der Störung greifbarer macht.

Wie aus einem seltsamen Kind ein abnormer Rechtsbrecher wird

Herr Müller wächst gut behütet in einer kleinen Stadt auf, er hat einen älteren und einen jüngeren Bruder, der Vater ist Handwerker, die Mutter Hausfrau.

Der Vater ist ein sehr strenger Mann, er hat für die Sorgen und Probleme seines heranwachsenden Sohnes kein Verständnis und verlangt von ihm nur sich wie ein „echter Mann" zu benehmen. Herr Müller muss schon als junger Bub viel zu Hause mithelfen, doch er bekommt nicht einmal Taschengeld dafür. Auch die Mutter wird vom Vater unterdrückt, sie kann nicht über eigenes Geld verfügen und hat zu tun, was ihr Mann sagt. Sie liebt ihren Sohn zwar von Herzen, kann ihm aber keine Stütze sein.

Herr Müller entwickelt sich in den ersten Jahren trotz der widrigen Umstände zu einem gescheiten und lieben Kind. In der Schule wird er später aber massiv gehänselt, er findet keine Freunde. Die Buben verprügeln ihn, die Mädchen lachen ihn aus, weil er ein Hörgerät tragen muss. Da ihn die

Eltern kaum aus den Augen lassen und er niemanden zu sich nach Hause einladen darf, gelingt es ihm auch nicht, sich außerhalb der Schule mit anderen Kindern anzufreunden.

Erstmals strafrechtlich auffällig wird Herr Müller im Alter von sechzehn Jahren. Er lädt ein ihm flüchtig bekanntes Mädchen zum Essen und ins Kino ein. Dieses lacht ihn aber nur aus und macht sich über ihn lustig. Er attackiert es, wird wegen Körperverletzung angeklagt und zu einer Jugendstrafe verurteilt.

Nach Verbüßung der Strafe beginnt Herr Müller ein Studium, das ganz gut läuft und das er auch abschließen kann. Zwischenmenschlich wird er aber immer wieder enttäuscht. Es gelingt ihm nicht, eine funktionierende und befriedigende Beziehung zu einer Frau aufzubauen. Eines Tages entlädt sich all seine Wut und Herr Müller erwürgt eine ihm völlig unbekannte junge Frau in einem Park. Er wird nach einigen Tagen festgenommen und gesteht die Tat. Herr Müller wird wegen Mordes zu lebenslanger Haft verurteilt und in eine Anstalt für geistig abnorme Rechtsbrecher eingewiesen.

Was ist mit dem lieben Kind passiert? Herr Müller hat im Laufe seines Lebens eine Persönlichkeitsstörung entwickelt, die es ihm unmöglich macht, sich in andere hineinzuversetzen. Empathie, also Mitgefühl für andere, fehlt ihm völlig, sodass er keinerlei Mitleid mit dem Opfer oder dessen Angehörige haben kann. Das, was ihm leidtut, ist, dass er selbst nun inhaftiert ist und ihm niemand eine zweite Chance geben will.

Auf seine Gefühle hat nie jemand Rücksicht genommen, im Gegenteil. Immer wieder wurde er verspottet, nicht einmal in der eigenen Familie fand er Rückhalt und Unterstützung.

Es ist ihm nicht möglich, Verantwortung für seine Tat zu übernehmen. Alle anderen, vor allem sein eigener Vater und das Opfer selbst, sind schuld an dem, was geschehen ist. Mitleidsbekundungen beziehen sich ausschließlich auf ihn selbst und die Tatsache, dass er im Gefängnis sitzen muss. Herr Müller hat auch keine realistische Einschätzung seiner selbst. Er sieht sich als brillanten Geist, den niemand verstehen kann, da er allen anderen intellektuell überlegen ist. Wäre diese Tat zu verhindern gewesen? Wahrscheinlich, wenn Herr Müller im Laufe seines Lebens die Gelegenheit gehabt hätte, auch positive und unterstützende zwischenmenschliche Beziehungen zu erfahren. In seinem Fall sind leider zu viele negative Faktoren aufeinandergetroffen, sodass ein unschuldiger Mensch sterben musste.

Checkliste für Psychopathen
Der renommierte kanadische Psychiater Robert Hare befasst sich seit vielen Jahren mit Psychopathie und hat in den 1980er-Jahren die „Psychopathy Checklist" (PCL) entwickelt, welche inzwischen in der revidierten Form als PCL-R vorliegt. Zusätzlich zu den antisozialen Verhaltensweisen erfasst diese Checklist auch noch spezifische Persönlichkeitsmerkmale. Man könnte sagen, dass Psychopathie eine besonders schwere Form der antisozialen Persönlichkeitsstörung ist, sie wird aber nicht als eigene Störung in den Diagnosemanualen angeführt. Die insgesamt 20 Items sind in zwei Faktoren gegliedert:

Faktor I – Persönlichkeitsmerkmale
1. Trickreich sprachgewandter Blender mit oberflächlichem Charme: Es handelt sich hier um eine Person, die einen während eines Gesprächs regelrecht „einwickelt", sodass man selbst das eigentliche Gesprächsziel völlig aus den Augen verliert. Man fragt zum Beispiel: „Welche Probleme hatten Sie bisher in Ihrem Leben?", und bekommt abenteuerlichste

Geschichten aufgetischt. Am Ende des Gesprächs weiß man aber genauso viel wie vorher, nämlich nichts.

2. *Erheblich übersteigertes Selbstwertgefühl:* Es handelt sich um jemanden, der objektiv und überprüfbar in seinem Leben noch nicht viel erreicht hat, sich aber selbst als den Größen und Besten in allem präsentiert.

3. *Pathologisches Lügen:* Hier geht es um Lügen um des Lügens Willen. So einer Person macht es Spaß, die Unwahrheit zu sagen. Wird sie erwischt, hat sie entweder Tausende Erklärungen parat oder tischt einfach neue Lügen auf.

4. *Betrügerisch-manipulatives Verhalten:* Dies äußert sich in Verhaltensweisen, die einzig und allein darauf ausgelegt sind, andere zu hintergehen, zu prellen und ihnen zu schaden. Ein Beispiel wäre das unrechtmäßige Kassieren von Sozialleistungen.

5. *Mangel an Gewissensbissen oder Schuldbewusstsein:* Schlechtes Gewissen gegenüber anderen? Fehlanzeige! Das Einzige, was bedauert wird, sind die negativen Folgen für sich selbst. Gefängnisstrafen zum Beispiel oder gestrichene Sozialleistungen. Oft ist es einer Person gar nicht möglich, die Folgen ihres Tuns für andere richtig einzuschätzen. So schlimm wird es schon nicht gewesen sein.

6. *Oberflächliche Gefühle:* In der Psychologie und Psychiatrie spricht man von Affizierbarkeit. Ist jemand affizierbar, so gelingt es uns im Gespräch, dessen Gefühlswelt mit- und nachzuempfinden. Gefühle können im positiven (also Freude, Glück etc.) als auch im negativen Bereich (z.B. Wut, Angst, Trauer) affiziert werden. Hat man einen Psychopathen als Gesprächspartner, so gibt es nicht viel zu affizieren.

Er wirkt kalt und gefühllos. Gefühlsausbrüche sind, wenn sie denn überhaupt auftreten, kurz, dramatisch und sehr oberflächlich. Es macht den Eindruck, als sei alles gespielt. Auch können verschiedene Gefühle weder beschrieben noch unterschieden werden. Liebe wird mit Sex gleichgesetzt, Wut mit Trauer usw.

7. *Gefühlskälte, Mangel an Empathie:* Dieses Item führt noch ein Stück weiter als das vorherige. Es geht hier um einen ganz grundlegenden Mangel an Mitgefühl gegenüber anderen. Die Gefühle, Wünsche und Rechte anderer werden gnadenlos missachtet, der Psychopath selbst bildet den Mittelpunkt allen Handelns und Denkens. Die Befriedigung seiner Bedürfnisse steht an erster Stelle. Für seine Opfer hat er Spott übrig, „die haben schon bekommen, was sie verdient haben".

8. *Mangelnde Bereitschaft und Fähigkeit, Verantwortung für eigenes Handeln zu übernehmen:* Schuld sind immer die anderen, die Gesellschaft, die Eltern, die Polizei, die Gerichte, die Opfer selbst. Sowohl im kriminellen wie im nichtkriminellen Bereich wird alle Schuld und Verantwortung auf andere abgewälzt.

Faktor II – Verhaltensweisen
1. Parasitärer Lebensstil: Wohnen im Hotel Mama kann eine Form parasitären Lebensstils sein. Die finanzielle Abhängigkeit von anderen ist eigentlich beabsichtigt, man will sich von anderen durchfüttern lassen, will auch nichts arbeiten und stellt sich als hilflos dar. Alle anderen sollen bitte für mich sorgen, ich selbst kann es aus 1.001 Gründen nicht. Die Familie, die Freunde, alle werden angeschnorrt. Beim abendlichen Fortgehen habe ich „zufällig" meine Geldtasche zu Hause vergessen, sodass ich heute wieder keine Runde

zahlen kann. An den Haushaltskosten kann ich mich nicht beteiligen, wie denn? Auch für das Essen kann ich leider nicht bezahlen. Ich würde ja wirklich gerne und vielleicht geht es sich nächsten Monat aus, aber diesmal ...

2. *Unzureichende Verhaltenskontrolle:* Schon das zu laute Schließen einer Tür kann unvorhersehbare und der Situation überhaupt nicht angepasste Wutausbrüche zur Folge haben. Eine Person, deren Verhaltenskontrolle unzureichend ist, schimpft, droht und schlägt schon bei nichtigen Dingen. Kommt zusätzlich Alkohol ins Spiel, sinkt die Hemmschwelle weiter und es kommt noch leichter zu noch heftigeren Gewaltausbrüchen.

3. *Fehlen von realistischen, langfristigen Zielen:* Wird jemand, der keinen Schulabschluss vorweisen kann, zahlreiche Vorstrafen und keinen legalen Aufenthaltsstatus hat, nach seinen Zukunftsplänen gefragt und antwortet dann, dass er nach seiner Entlassung Chefkoch in einem Wiener Nobelhotel werden wird, so kann man dieses Item als zutreffend betrachten.

4. *Impulsivität:* Im Unterschied zum Item „unzureichende Verhaltenskontrolle" geht es hier darum, Dinge aus einer Laune heraus zu tun. Es wird nicht darüber nachgedacht, ob ich es mir leisten kann, schnell einmal nach München auf einen Kaffee zu fahren. Mir ist danach, also mache ich es. Dass ich dabei womöglich eine Bewährungsauflage verletze, weil ich das österreichische Staatsgebiet verlasse, ist nebensächlich. Es wird mich schon keiner erwischen. Und in die Arbeit mag ich morgen nicht, das Büro steht übermorgen auch noch. Vorausschauendes Handeln und das Abwägen von Konsequenzen ist Psychopathen meist nicht möglich. Das Verhalten orientiert sich an Eingebungen des Augenblicks.

5. *Verantwortungslosigkeit:* Eine Psychopathin verspricht das Blaue vom Himmel, nur unter dem Strich bleibt von all diesen Versprechungen nichts übrig. Verpflichtungen, wie zum Beispiel Unterhaltszahlungen, werden nicht eingehalten. Schulden werden nicht zurückgezahlt, sie kommt zu spät oder gar nicht, gleichgültig ob zu einer privaten Verabredung oder in die Arbeit. Loyalität ist ein Wort, das diese Psychopathin nicht kennt.

6. *Jugendkriminalität:* Betrachtet werden hier schwerwiegende Verhaltensauffälligkeiten bis zum 17. Lebensjahr. Diese beinhalten auch Anklagen und Verurteilungen.

7. *Frühe Verhaltensauffälligkeiten:* Hier wird in der Betrachtung die Altersgrenze bis zum 12. Lebensjahr gesenkt. Schuleschwänzen, Diebstähle, Lügen, Brandstiftung, Vandalismus, bis hin zu frühreifen sexuellen Übergriffen und sonstiger Gewaltanwendung werden berücksichtigt.

8. *Stimulationsbedürfnis, ständiges Gefühl der Langeweile:* Es geht hier um Menschen, die ständig auf der Überholspur unterwegs sind, die immer Action brauchen. Bungee-Jumping, Fallschirm springen, Kokain, mit 200 km/h über die Autobahn – man „muss es doch ausprobiert haben, um mitreden zu können!" Auch was Beziehungen und Arbeitsstellen betrifft, gibt es viele Anfänge, aber genauso viele Abbrüche. Sobald es monoton und langweilig wird, macht sich der Psychopath auf zu neuen Ufern.

9. *Widerruf einer bedingten Entlassung:* Hier wird einerseits das Verletzen von Bewährungsauflagen wie z.B. Alkoholverbot, das erneute Begehen einer Straftat, Versäumen der Termine bei der Bewährungshilfe beurteilt. Andererseits stellen aber auch das Entweichen aus der Unterbringung, das

Missbrauchen von Haftausgängen oder Hafturlauben, versuchte oder geglückte Ausbrüche und Fluchten die Bewertungsgrundlage dieses Items dar.

Die nächsten und letzten drei Items können keinem der beiden Faktoren zugeordnet werden:

1. *Promiskuität:* Als promiskes Verhalten bezeichnet man das völlig wahllose Eingehen von oberflächlichen und belanglosen sexuellen Beziehungen. Es geht in keiner Weise um persönliche Bindung oder Zuneigung. Die Sexualpartner sind austauschbar und nur zur unmittelbaren Befriedigung der Bedürfnisse wichtig. Häufig werden auch mehrere Beziehungen gleichzeitig geführt oder es bestehen regelmäßige Kontakte zu Prostituierten.

2. *Polytrope Kriminalität* (viele verschiedene Arten von Straftaten): Mit polytroper Kriminalität meint man, dass eine Person im Laufe ihrer kriminellen Karriere Delikte quer durch das Strafgesetzbuch begangen hat. Die PCL führt insgesamt fünfzehn Deliktgruppen an, z.B. Eigentumsdelikte, Drogenkriminalität, Sexualdelikte, Brandstiftung, Mord usw. Hat man aus sechs oder mehr Gruppen Delikte begangen, ist das Item mit 2 zu bewerten.

3. *Viele kurzzeitige ehe(ähn)liche Beziehungen:* Eine ehe(ähn)liche Beziehung umfasst das Zusammenleben von zwei Personen, welche auch gewisse Verpflichtungen füreinander haben. Es wird kein Unterschied zwischen homo- und heterosexuellen Beziehungen gemacht. Bewertet wird auch das Alter des Betreffenden. Ist jemand unter 30 Jahre alt, bekommt er oder sie die volle Punktezahl bei drei oder mehr Beziehungen. Ist jemand über 30 Jahre alt, wird die volle Punkteanzahl erreicht, wenn vier oder mehr dieser Beziehungen eingegangen wurden.

Die PCL ist ein häufig verwendetes Instrument im Strafvollzug, hauptsächlich im Rahmen der Prognostik.

Die Items werden auf drei verschiede Arten bewertet.

0 wird vergeben, wenn ein Item nicht auf die Person zutrifft. Bei jemandem, der keinerlei Beziehungen zu Frauen, keine One-Night-Stands hatte und auch nie ein Bordell besuchte, wären die Items Promiskuität und viele kurzzeitige ehe(ähn)liche Beziehungen mit 0 zu bewerten.

1 Punkt wird vergeben, wenn es Ansätze gibt, aber man nicht von einer vollen Ausprägung des Items sprechen kann. Das Item „Betrügerisch-manipulatives Verhalten" wird dann mit 1 bewertet, wenn jemand versucht andere zu manipulieren und bemüht ist für sich immer das Beste herauszuholen, wenn man aber nicht von einem überdauernden Verhaltensmuster sprechen kann.

Mit 2 werden all jene Items bewertet, die voll ausgeprägt sind. Wenn der zu Bewertende zum Beispiel ein erheblich übersteigertes Selbstwertgefühl, Mangel an Gewissensbissen oder Schuldbewusstsein, oberflächliche Gefühle, Impulsivität und mangelnde Bereitschaft und Fähigkeit, Verantwortung für eigenes Handeln zu übernehmen, zeigt, und diese Eigenschaften konsistent sind und über lange Zeit auftreten.

Erreicht jemand insgesamt 30 oder mehr Punkte, kann man ihn oder sie durchaus als Psychopath oder Psychopathin bezeichnen. Ein „normaler" Mensch kommt im Normalfall auf nicht mehr als 4 bis 8 Punkte.

Eines der Hauptkriterien der Psychopathie ist, wie bereits mehrfach erwähnt, das Fehlen von Empathie. Betroffene können sich in andere nicht hineinfühlen, deren Leid berührt sie in keiner Weise. Wissenschaftlich wird sehr viel auf diesem Gebiet gearbeitet und geforscht. Die Spezialisten sind sich heute soweit einig, dass sie von bestimmten biologischen und genetischen Risikofaktoren ausgehen, die wir an früherer Stelle schon kennengelernt haben. Treffen diese Risikofaktoren dann noch auf ein wenig förderliches bis feindliches Umfeld, könnten die Rahmenbedingungen für das Entstehen einer Psychopathie oder anderer psychischen Krankheiten nicht besser sein.

An der Yale University wurde bei Gehirnuntersuchungen festgestellt, dass bei dissozialen Persönlichkeiten im Frontalkortex, wo Information verarbeitet wird, weniger Aktivität stattfindet. Die Aussage „Bitte tun Sie mir nichts!" kann zwar sinngemäß verstanden werden, die emotionale Komponente, nämlich die Angst des Gegenübers, sowie mögliche Konsequenzen, Schmerzen und Scham beim Opfer allerdings nicht.

Ein weiterer wichtiger Faktor bei dissozialem Verhalten ist Furcht oder besser gesagt ihre Abwesenheit. An der University of Southern California wurde gezeigt, dass Menschen, die an einer dissozialen Persönlichkeitsstörung leiden, keine Furcht empfinden. Es wurden zwei Gruppen von Personen untersucht, eine mit Persönlichkeitsstörung, die andere ohne. Allen Versuchspersonen wurden Kopfhörer aufgesetzt und es wurde ihnen angekündigt, dass in kurzer Zeit ein sehr unangenehmes und lautes Geräusch ertönen würde. Die Personen, die nicht an einer dissozialen Persönlichkeitsstörung litten, zeigten mit der Zeit steigende, deutliche Angstsymptome in Erwartung des Geräuschs. Sie wurden nervös, begannen zu schwitzen, der Herzschlag wurde schneller. All das fehlte bei der anderen Gruppe völlig.

Heute Biedermann, morgen Psychopath?
Herr Hofer lebte eigentlich den Großteil seines Lebens recht unauffällig. Eine sehr schöne Kindheit hatte er nicht, aber es hätte auch schlimmer sein können. Er und seine Geschwister hätten sich gegenseitig geholfen und versorgt, wenn die

Eltern es aufgrund ihrer Alkoholsucht wieder einmal nicht gekonnt haben, sagt er.

Nach der Schulzeit, die Herr Hofer mehr schlecht als recht übersteht, findet er eine ganz gut bezahlte Arbeit, zieht in seine erste eigene Wohnung und hat auch eine Freundin. Mit dieser streitet er sich zunehmend häufiger, die Beziehung geht in die Brüche. Frauen kommen und gehen in seinem Leben, seine Arbeit und seine Wohnung kann er aber halten, sodass zumindest dies zwei stabile Faktoren in seinem Leben sind.

Schließlich verliebt er sich wieder, diesmal ist es wirklich ernst. Die Frau zieht bei ihm ein, sie wird schwanger und erwartet das erste Kind von Herrn Hofer. Herr Hofer ist überglücklich, er will alles besser machen als seine eigenen Eltern. Er bekommt sein mittlerweile recht problematisches Verhältnis zum Alkohol in den Griff, alles läuft gut, ein zweites Kind komplettiert die kleine Familie.

Doch bald zeigen sich erste Risse in der Familienidylle. Herr Hofer trinkt wieder mehr, was seine Freundin sehr stört. Es kommt häufiger zu Streitereien. Herr Hofer hat keinerlei Verständnis für die Sorgen seiner Freundin, schließlich bringt er ja genug Geld nach Hause, die Wohnung ist hübsch eingerichtet und alle haben genügend zu essen.

Immer öfter eskaliert zu Hause die Situation. Die Frau fühlt sich mit der Kindererziehung allein gelassen, Herr Hofer ist damit völlig überfordert. Die Vorwürfe und Anschuldigungen seiner Freundin treiben ihn weiter in die Alkoholsucht. Er wird ihr gegenüber zunehmend aggressiver, beschuldigt sie fremdzugehen und irgendwann schlägt er sie zum ersten Mal. Die Kinder schlägt er nie, auf seine eigene Art und Weise liebt er sie, doch eine wirkliche Beziehung kann er zu ihnen nicht aufbauen, so sehr er sich auch bemüht. Wenn es hart auf hart kommt, geht er lieber ins Wirtshaus ums Eck als mit den Kindern auf den Spielplatz.

Eines Tages kommt es zur Katastrophe. Herr Hofer verliert seinen Job. Auch dort hat er sich verändert gezeigt, aufgrund seines Alkoholkonsums Fehler bei seinen Arbeiten gemacht, war zu spät gekommen und mit Kollegen in Streit geraten.

Herr Hofer steigt in sein Auto, er ist völlig verzweifelt, aber auch voll unglaublicher Wut. Er fährt auf einem Feldweg in einem Wald in der Nähe auf und ab, um sich abzureagieren. Plötzlich kommt ihm eine Spaziergängerin entgegen. Er fährt immer wieder sehr knapp auf, sodass sie fast stürzt. Schließlich steigt er aus, schlägt sie brutal zusammen und vergewaltigt sie. Er lässt sie einfach liegen, glaubt, dass sie tot ist. Anschließend fährt er nach Hause zu seiner Familie, als wäre nichts geschehen.

Im Rahmen der Vernehmungen meint Herr Hofer, er sei dermaßen wütend auf seinen Chef und seine Arbeitskollegen gewesen, dass diese Frau „eben das Pech gehabt hat", ihm über den Weg zu laufen. Er zeigt keinerlei Mitgefühl, weder für das Opfer noch für dessen Familie. Auch nicht für seine Frau und seine Kinder, die nun ohne Mann und Vater auskommen müssen. Verständnis für seine Gefängnisstrafe und die Einweisung in eine Anstalt hat er keines, so schlimm sei das doch alles nicht gewesen, schließlich habe die Frau doch überlebt.

Wie konnte es so weit kommen? Herr Hofer hat schon als Kind nicht gelernt, was es heißt, Verantwortung zu übernehmen. Er musste zusehen, wie er selbst überlebte, alles andere war zweitrangig. Gefühle zu haben konnte er sich nicht leisten, sie wären ohnehin nur verletzt und ignoriert worden. Auch sein Wille, es besser machen zu wollen, hat nicht ausgereicht, in seiner Kindheit ist bereits zu viel schiefgegangen.

Sieht man es jemandem an, dass er geistig abnorm ist? Manchen vielleicht, aber den meisten nicht. In der jüngeren

Vergangenheit wurden immer wieder Banker und Manager als „Psychopathen" bezeichnet. Ohne Skrupel haben manche von ihnen fremdes Vermögen verprasst, Menschen um ihr über Jahrzehnte hart erspartes Geld gebracht. Sieht man es denen an? Ich würde sagen Nein, im Gegenteil. Es sind exzellent angezogene, gut frisierte und absolut gepflegte Menschen mit blendend weißen Zähnen und perfekt manikürten Fingernägeln. Ich stelle es mir sehr interessant vor, jene Menschen, die in vollem Wissen um ihre Tat anderen die finanzielle Grundlage zum Leben entziehen, einmal nach der PCL-Skala zu bewerten. Viele Psychopathen leben in guten Positionen mitten unter uns und werden für ihr toughes, brutales Verhalten, das ihnen Geld und Ansehen einträgt, sogar noch bewundert. Viele Menschen leiden unter diesen Menschen, die psychopathische Züge in sich tragen, auch wenn manche ihr Leben lang nicht straffällig werden und nur im privaten Bereich „zuschlagen".

Geistig Abnorme sehen in unserer Vorstellung ja auch ganz anders aus! So wie Ed Gein zum Beispiel, ungepflegt, mit Zahnlücken und einem seltsam unheimlichen Blick, den man noch lange im Rücken zu spüren glaubt, obwohl Ed gar nicht mehr da ist.

Jeden von uns kann eine psychische Krankheit treffen, der Großteil wird aber deshalb nicht straffällig werden. Und sogar Psychopathen, die irgendwann doch gegen das Gesetz verstoßen, schaffen es sehr häufig, über viele Jahre davor ein unauffälliges Leben zu führen.

Diejenigen, die hinter Gittern landen, sind eine Minderheit. Mit Jänner 2012 befanden sich zum Beispiel in Österreich insgesamt 8.900 Personen in Haft, davon gut zwei Drittel in Strafhaft und ein Drittel in der sogenannten Maßnahme, also verurteilt nach § 21 Absatz 1 oder 2.

Therapie oder nicht Therapie – das ist hier die Frage!

Kann man denn „solche Menschen" therapieren? Haben sie es überhaupt „verdient", dass ihnen geholfen wird? „Die sollte man doch ein Leben lang weggesperrt lassen! Denen geht es doch im Gefängnis viel zu gut!"

Ja, man kann „solche Leute" therapieren. Bei Schizophrenen ist eine gute medikamentöse Behandlung unabdingbar. Sind die Symptome der Krankheit, wie zum Beispiel die Stimmen, unter Kontrolle, sind auch andere Dinge plötzlich wieder möglich. Ergo- oder Musiktherapie, Einzelgespräche und Gruppentherapien. Es ist eine Menge an Beziehungsarbeit nötig, aber wenn einmal eine vertrauensvolle Basis vorhanden ist, kann therapeutisch viel bewirkt werden.

Im Rahmen einer Betreuung und Behandlung in einer Anstalt wird zum Beispiel an der Krankheits- und Delikteinsicht gearbeitet. Versteht jemand, dass er krank ist und Medikamente braucht, ist ein großer Schritt getan. Dieser Weg ist aber oft ein sehr langer. Denken wir nur an uns selbst, wie lange und wie viele Schmerzen wir brauchen, um endlich zum Zahnarzt zu gehen. Ist doch nicht so schlimm, das geht schon noch übers Wochenende.

In der Praxis, nicht nur in der forensischen, ist es oft so, dass Betroffene lange Zeit nicht einsehen wollen und können, dass sie Hilfe benötigen. Die Krankheit, beispielsweise psychotische Schübe im Rahmen einer Schizophrenie, ist schon selbstverständlich geworden. Die Stimmen gehören zu mir, sind meistens furchtbar und machen Angst, manchmal sind sie aber sogar lustig. Außerdem gehen die Schübe wieder vorüber. Ist es ganz schlimm, gibt es immer noch die verschiedenen psychiatrischen Krankenhäuser, wo rasch die richtigen Spritzen und Tabletten verabreicht werden. Wenn es mir dann wieder gut geht, setze ich die Medikamente erneut ab, weil sie sehr unangenehme Nebenwirkungen haben.

Ich fühle mich betäubt, wie ein Zombie, Speichel rinnt mir ununterbrochen aus dem Mund und meine Beine wollen nicht stillstehen. Also ab mit all dem chemischen Zeug in den Müll.

Und so beginnt ein Teufelskreis aus besseren und schlechteren Phasen, an dessen Ende manchmal eine Straftat steht. Erst in der Haft oder Unterbringung kehrt Kontinuität und Stabilität ein und die Betroffenen erkennen den Unterschied zwischen dem Leben mit und ohne Medikamente, zwischen dem Leben mit und ohne psychologische Hilfe. Das ist oft der Zeitpunkt, an dem die Erkenntnis, dass sie krank sind, möglich ist.

Natürlich ist es nicht angenehm zu wissen, dass man den Rest seines Lebens Tabletten und Depotspritzen brauchen wird, aber genau das bietet die Chance auf ein halbwegs normales Leben und auf eine eventuelle Rückkehr in die Gesellschaft. In der Folge wird auch an den sozialen Fähigkeiten gearbeitet, sodass langsam und vor allem behutsam der Weg zurück in ein normal(er)es Leben gefunden werden kann.

Mit Delikteinsicht bzw. -bearbeitung ist die Aufarbeitung dessen gemeint, was die Betroffenen getan haben, wie es dazu kommen konnte und was sie in der Zukunft machen können und müssen, damit es nicht wieder passiert. Das hört sich mitunter einfacher an, als es ist. Die Betroffenen müssen es zuerst einmal schaffen, sich der Tatsache zu stellen, dass sie zum Beispiel jemanden umgebracht haben.

Jeder von uns hat ein Bild von sich selbst und eine oder auch mehrere Identitäten. Das heißt, dass ich mich zu Hause als bestimmte Art von Mensch sehe, in der Arbeit bin ich wahrscheinlich ein bisschen anders, weil es ja auch ein anderes Umfeld ist. Aber im Großen und Ganzen habe ich ein Bild davon, wer ich bin, wer ich in Zukunft sein möchte und wohin ich mich entwickeln möchte. Und nun stellen Sie sich vor, liebe Leserinnen und Leser, es gibt nicht nur die Zuhause-Identität von Ihnen und die Arbeits-Identität, plötzlich gibt es auch die Mörder-Identität. Ihr Bild davon, wer Sie sind, was Sie sind und, noch viel wichtiger, was Sie niemals tun würden, ist auf den Kopf gestellt. Nie im Leben hätten Sie sich gedacht, dass Sie jemand anderem wehtun könnten, geschweige denn ihn umbringen. Und plötzlich ist es doch passiert!

Für Psychologinnen oder Therapeuten sind solche Gespräche sehr herausfordernd. So gern man seine Arbeit macht, man muss es dabei aushalten können, sich ein Tötungsdelikt im Detail anzuhören, es auseinanderzunehmen, die Ursachen zu erforschen und man muss in der Lage sein, gemeinsam mit dem Täter oder der Täterin Faktoren für die Zukunft zu erarbeiten, die weitere Verbrechen verhindern.

Dieser Weg kann ein sehr langer sein. In gewisser Weise ist auch der Täter traumatisiert, sodass er langsam im Rahmen von therapeutischen Gesprächen an das Thema herangeführt werden muss. Ziel dieser Gespräche ist zuerst der Beziehungsaufbau. Klienten, gleichgültig ob in einer Anstalt oder in freier Praxis, müssen Vertrauen aufbauen können. Es muss eine stabile und tragfähige Beziehung zwischen Therapeutin und Klientin vorhanden sein, die auch Rückschläge und Schwierigkeiten aushält. Erst dann können schwierige Themen, wie zum Beispiel ein Tötungsdelikt, angegangen werden.

Ist es einem Menschen aber möglich, sich dem zu stellen, ist ebenfalls ein großer Schritt gelungen. Versteht dieser Mensch die Hintergründe und Ursachen seines Handelns und kann sie für sich selbst verarbeiten und integrieren, so ist im Hinblick auf die Rückfallprävention viel getan.

Bei dissozialen Persönlichkeitsstörungen wird sehr häufig kognitiv-verhaltenstherapeutisch gearbeitet. Bei dieser Therapieform geht es darum, Denkprozesse zu verändern, um in der Folge auch die Gefühle und das Verhalten nachhaltig zu beeinflussen. Diese Therapierichtung geht davon aus, dass alles Verhalten, selbst abnormes, erlernt wurde und somit wieder verlernt werden kann. So können sogar eingelernte Denkprozesse geändert werden, was in der Folge eine Änderung der Gefühle und des Verhaltens zur Folge hat.

Ein schizophrener Patient ist zum Beispiel der Meinung, dass ein Mitbewohner in einer ganz bestimmten Art und Weise seinen Orangensaft trinke, um ihn zu ärgern. Dieser Glaube löst beim Patienten ungeheure Spannung und Angst aus. Alleine der Anblick des anderen aus der Ferne verursacht bereits Spannungszustände. Als ersten Schritt könnte man hier mit Entspannungstechniken arbeiten, um die Angst und Anspannung zu reduzieren. Ziel solcher Übungen ist es, den Patienten zu befähigen diese selbstständig und ohne Anleitung anzuwenden, wenn es nötig ist. In diesem konkreten Fall geht es darum, den Patienten in die Lage zu versetzen, sich so weit zu entspannen, dass es durch die Anwesenheit des anderen nicht mehr zu Angst- und Spannungssituationen kommt. Dieses Beispiel ist hier natürlich verkürzt dargestellt, in der Realität kann das ein sehr langer Prozess sein.

In anderen Ländern (z.B. in Kanada) wurden eigene Therapieprogramme für Sexualstraftäter entwickelt, die sehr erfolgreich sind. Erfolgreich bedeutet in dem Zusammenhang, dass die Rückfallquoten gesenkt werden konnten. Diese Therapiemethoden werden auch im österreichischen Strafvollzug eingesetzt.

Man kann diesen Menschen also nicht nur helfen, sie haben es auch verdient, dass ihnen geholfen wird. Allerdings muss hier gesagt werden, dass es einen geringen Prozentsatz an Straftätern gibt, psychisch krank oder nicht, den man aufgrund seiner Gefährlichkeit nicht resozialisieren kann.

Eigentlich sollte jeder eine zweite Chance erhalten. Denn so toll, wie manche glauben, ist es in den Gefängnissen Österreichs nicht. Wenn jemand ernsthaft an sich arbeitet, bereit ist eine Therapie zu machen und Einsicht in seine Problematik zeigt, soll er die Möglichkeit haben, wieder ein Leben in Freiheit zu führen.

Nun wird ja auch niemand mit seinen sieben Sachen in der Hand und guten Wünschen auf die Straße gestellt. Es wird jährlich gerichtlich überprüft, ob jemand bedingt aus der vorbeugenden Maßnahme entlassen werden kann. Dabei werden das Fortkommen in der Anstalt (Teilnahme an Therapien, Bereitschaft zu arbeiten, allgemeines Verhalten, Einnehmen von Medikamenten etc.) und die Wahrscheinlichkeit eines Rückfalls (die Prognose wird zum Beispiel mithilfe der PCL und anderen Instrumenten erstellt) bewertet. Es kann ein gerichtlich beeideter psychiatrischer Sachverständiger hinzugezogen werden, die jeweilige Anstalt gibt eine Stellungnahme ab und darauf begründet dann das Gericht sein Urteil. Ist so eine Überprüfung, auch Eingabe genannt, positiv, so geht dem Leben in Freiheit eine absolut umfangreiche Vorbereitungszeit voraus.

Der Betroffene muss im Vorfeld bereits über mehrere Jahre unter Beweis stellen, dass er sich „draußen" zurechtfindet. Es gibt Ausgänge, Sozialtrainings, immer mit Begleitung.

Es ist geklärt, wo die Person nach einer Entlassung wohnen wird. Meist ist dies in einer betreuten Einrichtung, sodass es weiter Kontrolle gibt und die Möglichkeit besteht, sich bei Problemen an das jeweilige, meist rund um die Uhr anwesende, Personal zu wenden. Es ist weiters bereits vorher klar, wann und von wo er oder sie sich Medikamente abholen muss. Dies können spezielle Einrichtungen, aber auch niedergelassene Ärzte sein.

Auch wo ein Entlassener seine Psychotherapie in Anspruch nimmt, ist festgelegt, und ob und wo er arbeiten wird. Man spricht hier von gerichtlichen Weisungen, welche erfüllt werden müssen und meist auf die Dauer von zehn Jahren angeordnet werden. Wird eine dieser Weisungen nicht erfüllt, kommt ein Entlassener zum Beispiel nicht, um seine Medikamente zu holen, ergeht sofort eine Meldung an das zuständige Gericht. Das Betreuungsnetz ist also ein sehr engmaschiges, welches die Betroffenen aber erstens unbedingt brauchen und zweitens auch gut annehmen können.

Die „geisteskranken Irren" werden also nicht einfach unvorbereitet auf die Menschheit losgelassen, bereit für die nächste grausige Bluttat, wie es diverse Medien gerne darstellen. Natürlich kommt es immer wieder vor, dass Insassen auf Freigängen erneut Delikte setzen. Dies betrifft geistig Abnorme genauso wie Strafgefangene. Aber es handelt sich hier um Ausnahmefälle und ein gewisses Restrisiko kann man, trotz aller Untersuchungsmethoden und Prognoseinstrumente, niemals ausschließen. Die dafür Zuständigen haben hier natürlich eine enorme Verantwortung zu tragen und die Entscheidungen, wer (bedingt) entlassen wird und wer nicht, werden sicherlich nicht leichtfertig, sondern nach genauer und ausführlicher Überlegung getroffen. Und wo es Bedenken gibt, gibt es auch keine Entlassung!

Ein Beispiel für gelungene Reintegration ist Markus, den wir in Kapitel II kennengelernt haben. Er hat bereits während seiner Unterbringung vom therapeutischen Angebot in der Anstalt profitieren können und hat auch die Nachbetreuungsangebote wie Psychotherapie und Bewährungshilfe verlässlich in Anspruch genommen.

Natürlich kostet das alles Geld. Die Unterbringung in Anstalten genauso wie die Nachbetreuung nach der Entlassung. Aber ist es nicht die Aufgabe einer Gesellschaft, sich auch um die zu kümmern, denen es nicht so gut geht? Selbst wenn sie Schreckliches getan haben?

„Denen geht es ja im Gefängnis viel zu gut!", hört man manchmal. Mein Lieblingsargument ist, dass „die ja sogar

Fernseher da drinnen haben!" Eine Unverschämtheit, wirklich! Ich persönlich möchte weder meiner Freiheit noch meine geistige und körperliche Gesundheit gegen eine Zelle mit Fernseher und einer Stunde Hofgang täglich eintauschen.

Das Studienjahr 2000/01 verbrachte ich im Rahmen eines Auslandsjahres an der University of Redlands in Kalifornien. Über eine Studienkollegin bekam ich die Gelegenheit, das San Quentin State Prison in Kalifornien zu besichtigen. Ein riesiger Komplex, eröffnet 1852, mit einer Kapazität von ca. 3.300 Gefangenen. San Quentin verfügt über einen Todestrakt, die Exekutionen werden mit Giftspritze oder Gas durchgeführt.

Als nicht straffällig gewordener Mensch in dieses Gefängnis hineinzukommen ist gar nicht so einfach. Schon im Vorfeld erhielt ich genaue Anweisungen, wie ich mich zu kleiden hatte: Bei Schönwetter keine Levi's 501, man könnte mich sonst mit den Insassen verwechseln. Der typische Insasse ist erstens nicht weiß, zweitens ein Mann, drittens 1,80 m groß und ungefähr 100 kg schwer. Die Verwechslungsgefahr war also enorm, aber da ich gewarnt wurde, dass es zu Schießereien kommen könnte, trug ich eine grüne Stoffhose. Bei Regenwetter sollte ich auf keinen Fall einen gelben Regenmantel mit Kapuze tragen, auch hier sei die Verwechslungsgefahr mitunter lebensgefährlich.

Nach gefühlten zwanzig Malen, in denen ich alle Taschen leeren, meinen Ausweis vorzeigen und erklären musste, wer ich war und warum ich um Gottes willen hinein wollte, hatte ich endlich alle Hürden überstanden. Ich war umgeben von meterhohen dicken Mauern, Stacheldraht, Wachtürmen und vor allem bis an die Zähne bewaffneten Aufseherinnen und Aufsehern, vor denen ich eigentlich die ganze Zeit über viel mehr Angst hatte als vor den Gefangenen. Ich war mir nicht ganz sicher, wie locker die Maschinengewehre saßen.

Mir wurde erklärt, dass man die Gefangenen an ihrer Kleidung unterscheiden konnte. Orange Overalls für die Neuen, blaue für die Arbeiter. Ein paar trugen tatsächlich blaue Jeans und weiße T-Shirts, welche Aufgabe die hatten, wurde mir nicht gesagt. Ein Zellentrakt sah so aus, dass es vier „Tiers" übereinander gab. Also eine zehn Meter hohe Ansammlung an Zellen, die nur eine Gittertüre hatten, wie im Fernsehen. Eigentlich gedacht für zwei Personen, doch in den meisten waren mehr in einer Zelle. Die Toiletten befanden sich mitten darin. Privatsphäre gab es somit keine, Duschen war ein Mal pro Woche vorgesehen – den Gestank können Sie sich ungefähr vorstellen. Vor den Zellen befand sich ein Steg auf Höhe jeder Zelleneinheit, auf dem die Aufseher auf und ab gingen, jederzeit bereit zu schießen. Eine eigentlich unwirkliche Erfahrung, da ich bis dahin der Meinung war, dass es solche Gefängnisse nur im Fernsehen geben könnte. Ich hatte mich geirrt.

Der Todestrakt ist ein eigenes Gebäude, das ich nicht von innen sehen durfte. Der Psychologe, der mich herumführte, wies aber lapidar auf verschiedene Männer hin, die wohl bald exekutiert werden würden. Charles Manson sei schon dort gewesen, Richard Ramirez, der Night Stalker, sei immer noch da. Gefragt, was er selbst von der Todesstrafe halte, sagte er, er habe keine Meinung, o.k.! Er würde viel testpsychologisch arbeiten und eben mit den Leuten reden. Ich muss gestehen, dass der Psychologe fast das Schrägste an dem ganzen Besuch war.

Nun kann man ein riesiges Gefängnis wie San Quentin kaum mit einer österreichischen Haftanstalt vergleichen. Die kleineren County Jails allerdings schon eher. Während eines Polizeipraktikums in Redlands, Kalifornien, konnte ich auch ein solches besichtigen.

Am meisten im Gedächtnis geblieben ist mir der Geruch, oder besser gesagt der Gestank, der dort herrscht. Vor allem im großen Schlafsaal, in dem bis zu vierzig männliche Insassen untergebracht waren. Kleinere Zellen mit etwas mehr Privatsphäre müssen sich die Häftlinge erst durch ordentliches Verhalten und Arbeitsbereitschaft verdienen.

Auch Rodney King hatte dort einige Zeit abgesessen. In diesem County Jail waren ziemlich harte Kerle inhaftiert, die einiges auf dem Kerbholz hatten und auf eine Verlegung in ein anderes Gefängnis warteten. Mit denen mussten sich oft junge Burschen und Männer eine Zelle teilen, die von den Eltern der noch nicht 14-jährigen Freundinnen wegen Vergewaltigung angezeigt worden waren. Der Aufseher dort erklärte mir, dass dies oft sehr berührende Fälle seien, da die Mädchen selbst keinerlei Strafanzeige erstatten hatten, die Burschen aber nach einigen Wochen im Gefängnis gebrochen waren.

Dort habe ich übrigens keine Fernseher in den Zellen gesehen. Und als ich den Aufseher, der ebenfalls bis an die Zähne bewaffnet war und mich an einen Officer aus dem Zimbardo-Experiment erinnerte, fragte, warum sie die Häftlinge dort doch eher schlecht behandelten (auch hier nur Gitter, keine Türen, die Toilette mitten in der Zelle, Einheitskleidung und ein sehr rauer Umgangston), meinte er: „Du musst ihnen alles wegnehmen und sie zur Nummer machen. Dann lernen sie wieder zu schätzen, was sie in Freiheit hatten." Ich ließ seine Aussage damals unkommentiert.

11. Kaum nachvollziehbar: Serienmorde

Serientäter, wir haben uns mit der Definition im ersten Kapitel bereits ein wenig beschäftigt, faszinieren uns. Dokumentationen zu diesem Thema sind sichere Quotenbringer, Bücher von sogenannten Profilern finden reißenden Absatz. Filme wie „Psycho", „Das Schweigen der Lämmer", und Serien wie „Criminal Minds" oder „C.S.I." fesseln uns an den Bildschirm – je grausiger, desto besser! Wir blicken voll Neugier und Schaulust in die Abgründe der Menschheit.

Betrachten wir die Taten ein solchen Exemplars näher, es wird Sie mit Sicherheit in seinen grausamen Bann ziehen.

Spitzname: Coast to Coast Killer – Tommy Lynn Sells

Oakland in Nordkalifornien im Frühsommer 1964, Tommy Lynn Sells und seine Zwillingsschwester, Tammy Jean, werden in eine nicht unbedingt glückliche und stabile Familie hineingeboren. Die Mutter kümmert sich nicht um ihre Kinder und gibt Tommy, der im Alter von achtzehn Monaten eine Gehirnhautentzündung überlebt hat, in die Obhut seiner Tante, die allerdings in einem anderen Bundesstaat wohnt. Seine Schwester ist an der Entzündung gestorben. Als die Tante das Angebot macht, Tommy zu adoptieren, zeigt sich die Mutter wutentbrannt und nimmt ihren Sohn wieder zu sich. Er ist inzwischen fünf Jahre alt. Besucht hat sie ihn all die Jahre zuvor kein einziges Mal.

Mit sieben Jahren beginnt Tommy mit seinem Großvater gemeinsam Alkohol zu trinken, mit zehn nimmt er zum ersten Mal Drogen. In der Schule ist er kaum, er hört auf nichts und niemanden. Im Glauben an eine gute Aufsicht und Betreuung für ihren Sohn erlaubt die Mutter Tommy, seine Tage bei einem Mann im Nachbarort zu verbringen.

Es stellt sich später heraus, dass dieser Mann Tommy sexuell missbraucht hat.

Im frühen Teenageralter schläft Tommy nackt im Bett mit seiner Großmutter, etwas später versucht er seine Mutter zu vergewaltigen. Mit vierzehn reißt er schließlich von zu Hause aus und zieht fortan durch die Vereinigten Staaten. Er springt auf Züge auf, reist als Autostopper und schlägt sich mit Gelegenheitsarbeiten und Diebstählen durch.

1985 mordet er zum ersten Mal. Auf einem Volksfest in einer Stadt in Missouri trifft er auf Erna, eine zierliche und geschiedene Frau, die mit ihrem kleinen Sohn das Volksfest besucht. Laut Tommys Aussagen lädt Erna ihn am Abend nach Hause ein und sie haben einvernehmlichen Sex. Drei Tage später findet die Polizei die Leichen von Erna und ihrem Sohn. Wie konkret dieser Mord passiert ist, ist nicht bekannt, an Tommys Version gibt es aber Zweifel. Wahrscheinlicher als die Version, dass der Sex einvernehmlich zustande kam, ist, dass er in das Haus eingebrochen ist, Erna vergewaltigte und sie und ihren Sohn anschließend umgebracht.

Nach seiner Verhaftung Anfang 2000 gibt er an in den frühen Achtzigern bereits in Missouri gemordet zu haben. Er habe in ein Haus einbrechen wollen und dabei einen Mann erwischt, der einen kleinen Jungen sexuell missbraucht habe. Daraufhin seien Erinnerungen an die Traumata seiner eigenen Kindheit hochgekommen und er habe den Mann erschossen. Auch an dieser Version des Mordes darf aber gezweifelt werden.

Bis zum Ende der Achtzigerjahre ist von mindestens einem Dutzend weiterer Opfer auszugehen, wobei Tommy Lynn Sells wahllos Männer, Frauen und Kinder, auch Babys ermordete. Er gesteht zwar nach seiner Verhaftung viele Morde, jedoch lügt er immer wieder und macht falsche Angaben zu den Tatabläufen; zu einem guten Teil wahrscheinlich auch bedingt durch seinen jahrelangen schweren Alkohol- und Drogenkonsum.

Im Jänner 1990 wird er wegen Diebstahls verhaftet und inhaftiert, er macht in der Haft einen kalten Entzug und wird medikamentös wegen der daraus folgenden Depressionen und Panikattacken behandelt. Nach einem Jahr wird er entlassen und das Töten geht weiter.

Mitte 1992 vergewaltigt er im Bundesstaat West Virginia eine Frau und will sie erstechen. Sie kann sich jedoch wehren, Sells wird erneut verhaftet und wegen Mordversuchs verurteilt. In der Haft wird eine bipolare Störung diagnostiziert, eine Erkrankung, bei der sich manische Phasen mit Depressionen abwechseln. Während seiner Inhaftierung heiratet er Nora, mit der er 1997 nach seiner Entlassung nach Tennessee zieht. Schon bald beginnt er aber wieder durchs Land zu reisen, arbeitet bei verschiedenen Schaustellern und mordet auch wieder.

Im Februar 1998 landet er in einer kleinen Stadt in Texas und trifft dort Jessica, eine Mutter von fünf Kindern. Schon nach wenigen Tagen quartiert er sich bei ihr ein, während zur gleichen Zeit seine Frau Nora den gemeinsamen Sohn zur Welt bringt, den sie zur Adoption freigibt. Tommy heiratet Jessica, die Ehe ist aber nicht gültig, da er sich von Nora nie scheiden ließ. Doch auch diese zweite Beziehung geht nicht gut. Jessica ist eine sehr gläubige Frau, Tommy hingegen geht nachts oft aus und nimmt weiterhin Drogen. Er arbeitet zwar als Gebrauchtwagenhändler, beginnt aber 1999 wieder durch die Lande zu fahren. Jessica erzählt er, er habe Geschäftstermine bzw. besuche Verwandte. Er ermordet in dieser Zeit mindestens vier weitere Menschen, darunter auch Kinder.

Mit Jessica geht er regelmäßig in die Kirche, wo sich die beiden mit einem Ehepaar anfreunden. Schon bald hat es Tommy auf eine der Töchter abgesehen, die 13-jährige Katy.

Eines Tage befindet sich der Vater von Katy auf einem Campingausflug und Tommy weiß, dass die Mutter mit den Kindern alleine zu Hause geblieben ist. Es ist der 31. 12. 1999.

In den frühen Morgenstunden steigt er durch ein offenes Fenster in das Haus ein und bewaffnet sich mit einem Messer. Er findet Katy im unteren Teil ihres Stockbettes, legt sich zu ihr und schneidet ihr die Unterwäsche auf. Er beginnt sie zu streicheln, woraufhin das Mädchen wach wird und zu schreien beginnt. Tommy schneidet ihr die Kehle durch und sticht mehrmals auf sie ein. Was er nicht weiß, ist, dass im oberen Teil des Bettes eine Freundin von Katy schläft, sie muss alles mitansehen. Auch ihr schneidet er die Kehle durch und flüchtet. Allerdings überlebt das Mädchen und schafft es, bei Nachbarn Hilfe zu holen. Sie identifiziert Sells auf einem Polizeifoto, woraufhin er im Wohnwagen seiner Frau Jessica verhaftet wird.

Genau können alle seine Taten nicht mehr rekonstruiert werden, er gesteht viele, macht aber häufig sehr ungenaue Angaben. Es ist von bis zu 70 Opfern auszugehen.

Tommy Lynn Sells wird zum Tode verurteilt und wartet in einem Gefängnis in Texas auf seine Hinrichtung.

Kann man das Böse messen?

Der amerikanische Psychiater Dr. Michael Stone beschäftigt sich seit vielen Jahren mit Mördern. Er hat unzählige von ihnen interviewt und eine „Skala des Bösen" entwickelt. Der englische Originaltitel „Gradations of Evil Scale", also „Abstufungen des Bösen", ist etwas weniger reißerisch und trifft es meiner Meinung nach auch besser.

Er stuft Tommy Lynn Sells auf der höchsten Stufe der Skala (22, Psychopathischer Foltermörder – Mörder mit Folter als Hauptmotiv, aber nicht notwendigerweise sexuell motiviert) ein. In einem Interview mit Dr. Stone sagt Sells, dass er die Kinder ermordet habe, weil er ihnen Leid ersparen habe wollen. Schließlich habe er vorher die Mütter umgebracht und ein Aufwachsen der Kinder ohne ihre Mutter wäre auch nicht gut gewesen. Außerdem habe er immer lieber mit einem Messer getötet, je mehr Blut, desto größer der Kick. Über die Jahre sei das Töten allerdings zur Routine geworden. Einen echten Kick, so wie beim ersten Mord, habe er nachher nie wieder gespürt.

Tommy Lynn Sells ist ein Serientäter oder Serienmörder. Wie schon besprochen wird sehr häufig in diesem Zusammenhang der falsche Begriff Massenmörder verwendet. Natürlich kann auch ein Serienmörder massenhaft Leute umbringen, der entscheidende Faktor ist hier aber die Zeit. Zwischen den einzelnen Morden liegen bei einem Serientäter meist längere oder lange Zeitintervalle, Wochen oder Monate. Ein Massenmörder, auch als Amokläufer bezeichnet, bringt zu einem bestimmten Zeitpunkt vier oder mehr Menschen um.

Nun gelten mörderische Serientäter ja eher als ein amerikanisches Phänomen, in Österreich gibt es sie kaum. In Deutschland schon häufiger. Besser bekannt sind Serientäter meist unter ihren Spitznamen, die sie im Normalfall von der Presse bekommen. 1925 erlangte zum Beispiel Fritz Haarmann als „Schlächter von Hannover" traurige Berühmtheit. Er tötete 24 junge Männer. Peter Kürten wurde als „Vampir von Düsseldorf" bekannt, er tötete 1938 13 Menschen und wurde dafür hingerichtet. In Österreich könnte man Jack Unterweger als Serientäter bezeichnen. Sein Urteil wurde aber nie rechtskräftig, da er sich vor der Berufungsverhandlung erhängte.

Wir halten uns im Folgenden also an die US-amerikanischen Definitionen und Ausführungen, welche im Crime Classification Manual, also dem Manual zur Klassifizierung von Verbrechen, des FBI zu finden sind.

Wie schon weiter vorne erwähnt ist der wichtigste Faktor bei Serienmorden die Zeit. Ein Täter mordet immer und immer wieder, zwischen den einzelnen Taten vergeht aber jedes Mal eine gewisse Zeitspanne. Man nennt diese Phase auch „Cool-off-Phase", also Zeit, in der ein Täter „wieder herunterkommt", „abkühlt", in der Fantasie von seinen Taten zehrt. Diese Phasen können sich im Laufe der Jahre in ihrer Dauer durchaus verändern, zumeist werden sie kürzer, je länger eine Mordserie dauert.

Ein weiterer wichtiger Faktor der Klassifizierung ist der Modus Operandi, auch MO genannt. Es handelt sich um Handlungsweisen, welche ein Täter während des Begehens eines Verbrechens setzt, um das Verbrechen überhaupt ausführen zu können. Diese Handlungsweisen sind eingelernt und werden über die Zeit beibehalten, da sie in der Vergangenheit gut funktioniert haben. Sie sind aber flexibel und können sich veränderten Umständen anpassen. Es ist sehr wahrscheinlich, dass sich der MO mit dem Täter verändert, da jeder Kriminelle Fehler macht, aus diesen aber lernt und sein Verhalten dementsprechend verändert.

Nehmen wir als Beispiel einen Einbrecher, der noch recht „neu im Geschäft" ist. Bei seinem ersten Einbruch muss er ein Fenster einschlagen, um in das von ihm gewählte Haus zu kommen. Durch den Lärm könnten die Bewohner wach geworden sein, sodass er sich auf der Suche nach Wertgegenständen sehr beeilen muss. Für den nächsten Einbruch besorgt er sich also geeignetes Werkzeug, mit dem er Schlösser aufbrechen kann, was weniger laut ist. So hat er mehr Zeit, sich im Haus umzusehen und gute Beute zu machen.

Unser Neuling ist aber immer noch nervös und verlegt nun seine Aktivitäten auf unbewohnte Häuser, auch die Zeit seiner Einbrüche verschiebt sich. Nunmehr steigt er am frühen Morgen ein. Er hat keine Bewohner zu fürchten und hat mehr Licht, um die Häuser zu durchsuchen.

Zusammenfassend kann man also sagen, dass der MO sich vom nächtlichen Einbrechen in bewohnte Häuser mittels Fenstereinschlagen durch Lernen und Erfahrung gewandelt hat. Und zwar über das Aufbrechen der Fenster hin zum Einsteigen in unbewohnte Häuser in den frühen Morgenstunden. Dieses sich entwickelnde Verhalten findet man oft bei Eigentumsdelikten.

Aber auch bei Gewaltverbrechen kann sich der Modus Operandi im Laufe der Zeit ändern. Sehr häufig hängt dies vom Verhalten des Opfers ab. Wenn ein Vergewaltiger Schwierigkeiten hat, sein Opfer unter Kontrolle zu bekommen, wird er beim nächsten Angriff anders vorgehen und eventuell Werkzeug mitbringen – Seile zum Fesseln, Klebeband zum Knebeln. Er benutzt vielleicht eine Waffe, ein Messer oder eine Pistole, um sein Opfer leichter kontrollieren zu können. Er kann sein Opfer auch mit einer sogenannten „blitz attack" überwältigen, also mit einem Überraschungsangriff. Reicht das alles nicht, kann ein Täter so weit gehen und sein Opfer gleich töten, dann hat er es ganz sicher unter Kontrolle.

Bei einem Serientäter tritt meist auch eine Signatur auf, seine Visitenkarte sozusagen. Es handelt sich dabei um Verhalten, das über den Modus Operandi hinausgeht. Das also nicht zur unmittelbaren Durchführung der Tat nötig ist und Hinweise auf die Persönlichkeit des Täters gibt.

Im Gegensatz zum MO ändert sich die Signatur kaum, einige Details vielleicht, aber nicht das grundsätzliche Verhalten. Natürlich kann das Ausmaß von Verstümmelungen nach dem Tod des Opfers immer mehr werden, je öfter ein Täter Morde verübt. Aber die Signatur, zum Beispiel das postmortale Verstümmeln, ändert sich nicht.

Ein Vergewaltiger zeigt seine Signatur, indem er Dominanzverhalten und Manipulationstaktiken gegenüber seinen Opfern anwendet. Vor allem verbales Verhalten kann eine

Signatur sein. Er verwendet zum Beispiel sehr vulgäre und gewaltvolle Worte. Es kann auch sein, dass er seine Opfer zwingt ihm zu sagen, wie schön sie den Sex mit ihm finden. Dies würde man als Skript bezeichnen. Ohne dieses Skript und wenn das Opfer so nicht mitspielt, ist die Tat für den Täter nicht befriedigend.

Auch am Tatort kann eine Signatur gefunden werden. Viel Blut kann ein Zeichen dafür sein, dass mehr Gewalt angewendet wurde, als eigentlich notwendig war, um das Opfer zu kontrollieren (im Falle einer Vergewaltigung) oder es zu töten. Man kann daraus ablesen, ob das Opfer am Tatort bewegt wurde oder gezwungen wurde sich zu bewegen.

Die Signatur muss allerdings nicht zwangsläufig an jedem Tatort oder bei jedem Opfer eines Serientäters zu finden sein. Wird er unerwartet unterbrochen oder reagiert sein Opfer anders, als von ihm erwartet, kann es zu Abweichungen kommen, da der Täter sein Vorhaben vielleicht abbrechen muss. Dies wiederum führt nicht zur Befriedigung seiner Fantasien, welche im Vorfeld von Serientaten sehr oft auftreten. Über die Zeit werden die Fantasien immer detaillierter und genauer, sie spiegeln die Persönlichkeit des Täters wider. Und irgendwann werden die Fantasien dann eben in die Tat umgesetzt, sie werden in der Realität erprobt und immer wieder inszeniert, bis die Realität der Fantasie entspricht.

Einen weiteren Grund, warum eine Signatur nicht immer zu finden ist, bildet die Tatsache, dass es oft keinen bekannten Tatort und auch kein überlebendes Opfer gibt, sodass die Ermittler schlichtweg keine Signatur finden können. Die Opfer von Serientätern sind sehr häufig sogenannte High Risk Victims, also Personen, die ein sehr hohes Risiko haben, Opfer zu werden. Prostituierte fallen in diese Gruppe, vor allem solche, die auf der Straße arbeiten. Auch Obdachlose oder von zu Hause ausgerissene Jugendliche haben ein erhöhtes Risiko, Opfer zu werden. Niemand vermisst sie, keiner sucht nach ihnen. Die Opfer werden oft auf Mülldeponien „entsorgt" oder an sehr entlegenen Plätzen, sodass mitunter eine sehr lange Zeit vergeht, bis sie gefunden werden. Bis dahin sind sie zumeist schon stark verwest, sodass man sich damit begnügen muss, überhaupt noch die Todesursache feststellen zu können. Das alles macht es natürlich schwieriger, die einzelnen Taten als zusammengehörig und von einem Täter begangen zu identifizieren.

Im Folgenden gebe ich Ihnen noch zwei Beispiele aus dem Crime Classification Manual, um die Konzepte des Modus Operandi und der Signatur greifbar zu machen.

Ein Vergewaltiger dringt in ein Haus ein und bringt das dort lebende Paar in seine Gewalt. Der Mann muss sich auf den Boden auf den Bauch legen, der Täter stellt ihm eine Kaffeetasse mit Unterteller auf den Rücken. Sollte er das Geschirr klappern hören, sei seine Frau tot, droht er ihm. Dann bringt er die Frau in ein Nebenzimmer und vergewaltigt sie. Hier handelt es sich um den Modus Operandi: Die Tasse und der Teller sind ein effektives Mittel, um den Mann unter Kontrolle zu behalten, sodass er die Frau ohne Gefahr vergewaltigen kann.

Ein anderer Vergewaltiger dringt in ein Haus ein, in dem nur die Frau zu Hause ist. Er zwingt sie den Mann unter einem falschen Vorwand nach Hause zu locken. Sobald der Mann da ist, fesselt er ihn auf einem Stuhl und zwingt ihn bei der Vergewaltigung seiner Frau zuzusehen. Hier handelt es sich um eine Signatur. Es reicht ihm nicht, die Frau „nur" zu vergewaltigen. Um seine Fantasien wirklich zu befriedigen, braucht er den Mann des Opfers, der dabei auch noch zusehen muss.

So abstoßend und grausam das alles ist, so sehr faszinieren uns Berichte oder Filme darüber. Nicht umsonst sind Serien wie CSI oder Criminal Minds sehr beliebt und haben hohe Einschaltquoten. Die Special Agents sind cool, gut aussehend, durchtrainiert und können ausgezeichnet mit Waffen umgehen. Sie sind entweder die Frauenhelden oder die geheimnisvollen Einzelgänger, die den weiblichen Beschützerinstinkt wecken. Dazu noch die unglaublichen technischen Möglichkeiten, die Riesenmonitore und Touchscreens, die Labors und ihre schrägen Untersuchungsmethoden und innerhalb von 45 Minuten ist der Fall gelöst, der Mörder hinter Gittern, das überlebende Opfer gut versorgt.

Natürlich wissen wir alle, dass es nicht so einfach ist. Aber für eine kurze Zeit der Wirklichkeit zu entfliehen und Teil der coolen Welt der Spezialermittler zu sein, hat etwas für sich.

Dr. Stone, den wir schon kennengelernt haben, bezeichnet Serienmörder als „moderne Cowboys". So wie die Viehhüter früher gelten auch für Serientäter keine geografischen Grenzen. Genauso wenig wie gesellschaftliche oder Verhaltensgrenzen. Sie ziehen durch das Land und können tun und lassen, was sie wollen. Während sich der Rest von uns an Gesetze hält und seine eigenen aggressiven Impulse unterdrückt.

Wie so oft liegt auch bei der Entwicklung von Serienmördern der Grundstein in der Kindheit. Zu irgendeinem Zeitpunkt geht etwas in der Entwicklung völlig schief. In der Familie stimmt etwas nicht, die Mutter trinkt, der Vater ist Alkoholiker. Auch wenn sich das alles wie billige Klischees anhört: So ist es nun einmal am häufigsten. Ein Kind, im Falle von Serientätern meist ein Junge, wächst heran und lernt, dass es okay ist, sich etwas mit Gewalt zu nehmen. Durch das seltsame Sexualverhalten der Mutter kann er selbst sich nicht gesund entwickeln.

Sehen wir uns ein Beispiel an – den jungen Jerome Brudos. Er findet als Bub ein paar Stöckelschuhe und nimmt sie mit nach Hause. Seine Mutter befiehlt ihm sie wegzuwerfen, was er aber nicht tut. Die Schuhe gefallen ihm. Als seine

Mutter ihn wieder damit erwischt, verbrennt sie diese. Hier kann man den Beginn seines Fetisches festmachen. Die Schuhe wurden durch das Verbot und die seltsame Reaktion der Mutter erst recht interessant, sodass sich das Interesse daran auf krankhafte Weise verstärkte. Es soll hier angemerkt werden, dass Fetische an sich nichts Krankhaftes sind, nur individuelle Ausprägungen von sexuellen Vorlieben. Krankhaft sind sie dann, wenn sexuelle Befriedigung ohne den Fetisch nicht mehr erreicht werden kann bzw. wenn damit verbundene Handlungen strafrechtlich relevant sind.

In der Folge bricht Jerome in die Nachbarhäuser ein und stiehlt dort zuerst hochhackige Schuhe und dann auch Unterwäsche. Seine Mutter ist mit seiner sexuellen Entwicklung völlig überfordert, sodass hier keine adäquate Entwicklung stattfinden kann. Im Gegenteil, nach nächtlichen Samenergüssen muss er sein Leintuch mit der Hand waschen und auf der nackten Matratze schlafen, bis es trocken ist – eine höchst demütigende Erfahrung.

Im Laufe der Zeit bindet Jerome die Trägerinnen der Schuhe in seine Fantasien mit ein. Er hebt in einem nahe gelegenen Grundstück eine Grube aus und stellt sich vor, ein Mädchen darin gefangen zu halten.

Jerome heiratet ein junges Mädchen, er ist selbst noch ein Teenager. Sie putzt für ihn nackt, nur mit High Heels bekleidet, während er Fotos von ihr macht. Die Einbrüche in fremde Häuser gehen immer weiter, bis er eines Nachts eine Bewohnerin auch vergewaltigt. Ein Damm ist gebrochen. Im hinteren Teil seines Hauses richtet er sich eine Folterkammer ein und ermordet insgesamt vier Frauen. Er trennt ihnen ihre Brüste ab und macht daraus Briefbeschwerer. Er schneidet ihnen die Füße ab und zieht ihnen Schuhe aus seiner Sammlung an.

Jerome wird verhaftet und zu drei Mal lebenslänglicher Haft verurteilt. Er stirbt 1969 im Gefängnis.

Sie sehen hier, dass es eine hochgradig unglückliche Verkettung widriger Umstände war, die aus Jerome einen Serientäter werden ließen. Eine schwierige Kindheit, spezielle, vor allem sexuelle Lernerfahrungen, keine korrigierenden und verlässlichen Bezugspersonen und zu guter Letzt auch die Möglichkeiten, Straftaten zu begehen.

Auch wenn man durch Medien und Fernsehen das Gefühl hat, dass es überall nur so wimmelt von Serientätern, ist dies nicht der Fall. Die Chancen, selbst einer zu werden bzw. einem zum Opfer zu fallen, sind glücklicherweise doch eher gering.

12. Ich will, dass du leidest!

Manche Taten sind so unfassbar und schauderhaft, dass wir bis ins Innerste aufgewühlt werden, wenn wir davon hören. Sie lassen uns daran zweifeln, ob die Täter oder Täterinnen noch etwas Menschliches an sich haben. Die Geschichte, die ich Ihnen auf den folgenden Seiten erzählen werde, enthält solche unglaublichen Taten. Sie sind grauenhaft und schlichtweg unbegreiflich.

David Parker Ray und die Toy Box

New Mexico ist der 36. Bundesstaat der USA – heiß und trocken im Sommer, Kälte und Schnee im Winter. Knapp zwei Millionen Einwohner leben hier, die Hauptstadt heißt Santa Fe. Nicht weit entfernt von der Hauptstadt liegt der kleine Ort Truth or Consequences, benannt 1950 nach einer Quizshow im Radio. Am Rio Grande gelegen hat T or C, wie die Stadt meist genannt wird, ungefähr 8.000 Einwohner. Einer von ihnen war David Parker Ray.

Geboren 1939 wächst er mit einem alkoholabhängigen, gewalttätigen Vater auf, der sich nicht durch Liebe und Fürsorge für sein Kind auszeichnet. Die Eltern lassen sich scheiden, als Ray zehn Jahre alt ist. Er und seine Schwester werden von der Mutter zu den Großeltern väterlicherseits geschickt, wo es auch nicht wirklich besser für sie ist. Der Großvater ist ein sehr strenger Mann, der den Kindern sogar vorschreibt, welche Kleidung sie zu tragen haben. David wird deswegen von seinen Freunden und Schulkameraden gehänselt. Die Eltern kommen kaum zu Besuch, den Vater sehen David und seine Schwester irgendwann gar nicht mehr.

David Parker Ray entwickelt sich immer mehr zu einem Einzelgänger und im Alter von dreizehn Jahren beginnt er erstmals über Fesselspiele zu fantasieren. Nur wenige Jahre später setzt er diese erstmals auf grausame Weise in die Tat um. Als Teenager fesselt er eine Frau an einen Baum und foltert sie zu Tode.

In der Schule ist er nicht besonders gut, aber da er ein recht offener junger Mann geworden ist, erleben ihn die meisten Menschen als ganz angenehm und umgänglich. Er hat viele Jobs, arbeitet an einer Tankstelle, als Lastwagenmechaniker und als Park Ranger in T or C.

Berühmt-berüchtigt wurde David Parker Ray schließlich als „Toy Box Killer", benannt nach einem Schuppen auf seinem Grundstück, der nichts anderes als eine Folterkammer war und den er Toy Box, also Spielzeugschachtel, nannte.

Wann genau er ein professionell mordender Sadist wird, kann man nicht mehr genau sagen. Jedenfalls beginnt er in den früher 1990ern mit dem Bau seiner Toy Box.

In dieser schalldichten Kammer gibt es einen Gynäkologenstuhl und unzählige Folterinstrumente – Peitschen, Handschellen, Flaschenzüge, Ketten, Bohrer. Aber auch Kameras und TV-Monitore bringt er an. An den Wänden hängen Anweisungen für seine Komplizinnen, wie die Opfer zu foltern seien. „Lass ihre Augen verbunden, damit sie desorientiert sind", „Aufhängeriemen anbringen", „Berühre und missbrauche ihre Genitalien", „Angst verstärken", „Beschimpfe sie", das alles findet man zusammengefasst in einem Manual: „Psychologische und physische Vorgehensweise – Initiale Behandlung einer Gefangenen." Komplizinnen hat er einige über die Jahre, darunter seine Tochter und seine letzte Lebensgefährtin, bevor er verhaftet wird, Cindy. Die Tür und die Wände sind besonders verstärkt und gesichert, sodass keines seiner Opfer entkommen kann.

Die Fantasien, die erstmals im frühen Teenageralter auftreten, werden immer grotesker. Als David in seinen Dreißigern ist, erreicht er nur mehr über die Vorstellung, eine Frau zu ermorden, einen sexuellen Höhepunkt. In seinen Vierzigern beginnt er schließlich Frauen zu entführen und zu foltern. Er vergewaltigt sie zumeist anal, was eine sehr typische Vorgehensweise von heterosexuellen Sadisten ist.

Laut seinen eigenen Aussagen hat David Parker Ray über viele Jahre lang mindestens eine Frau pro Jahr gefoltert, vergewaltigt und ermordet. Er nennt diese Frauen „Pakete", die er „geliefert bekommt". Er filmt die Folterungen und nimmt sich selbst auf Tonband auf, welches er den zu Tode geängstigten Frauen in seiner Abwesenheit vorspielt.

„Hast du es bequem? Ich bezweifle es. Hände und Füße in Ketten, geknebelt, die Augen verbunden. Du bist desorientiert und verängstigt, kann ich mir vorstellen. Du bist gegen deinen Willen hier. Völlig hilflos. Du wurdest entführt und hierher gebracht, sodass wir trainieren können. Du bist hier als unsere Sexsklavin. Klingt das abwegig? Das ist es wahrscheinlich, aber nur für Nichteingeweihte. Aber wir machen das dauernd."

„Du wirst einen oder zwei Monate hier sein, vielleicht auch drei, wenn du uns anturnst. Wenn es nach meiner Lady ginge, würden wir dich auf unbestimmte Zeit behalten. Sie sagt, es ist genauso viel Spaß, aber weniger Risiko. Ich persönlich mag aber Abwechslung."

Cindy, seine letzte Lebensgefährtin, lernt David 1997 in einem Freizeitpark kennen. Sie ist ein hübsches, blondes Mädchen, das die Vorliebe für ungewöhnlichen Sex mit David Parker Ray teilt. Schon nach sehr kurzer Zeit zieht Cindy zu ihm und bekommt auch schnell mit, dass er Frauen foltert und ermordet. Das interessiert sie und sie ist neugierig einen Serienmörder kennenzulernen, sagt sie später in einem Interview. In seiner Toy Box hält er die Frauen gefangen, Cindy weiß Bescheid. Er erzählt ihr von seinen Morden und fährt mit Cindy auch zu einem vermeintlichen Ablageort, wo sie aber keine Leichen finden. Entlang der Highways hat er alle seine Leichen abgelegt oder vergraben, sagt er.

Als Cindy für einige Tage verreisen muss, besorgt sie ihm eine Frau, ein Paket, für diese Zeit. Sie hilft auch mit, diese Frau zu foltern, hält ihr eine Pistole an den Kopf.

Das letzte Opfer kann aus der Folterkammer flüchten, es läuft nackt und mit einem metallenen Ring um den Hals auf die Straße, wo ein zufällig vorbeikommender Mann die Polizei verständigt. Die Frau gibt genau zu Protokoll wie sie entführt, transportiert und gefoltert wurde.

Im Zuge der polizeilichen Ermittlungen wird erst klar, dass David Parker Ray Jahrzehnte mit der Planung und Ausführung grausamster Verbrechen verbracht hat. Seit seinem 13. Lebensjahr fantasierte er, träumte er von sadistischen Sexspielen. Die Polizei findet Notizen von Ray aus dem Jahr 1955, in denen er Entführungen, sexuelle Folter und auch Mord beschreibt.

In einem dem Wohnort nahe gelegenen Stausee, Parker Ray hatte auf einer Karte Kreuze eingezeichnet, werden jedoch trotz intensiver Suche keine Leichen gefunden. Somit wird er „nur" wegen Entführung und Vergewaltigung vor Gericht gestellt. 2001 wird er zu 224 Jahren Gefängnis verurteilt, ein Jahr später stirbt David Parker Ray im Gefängnis an einem Herzinfarkt. Bis heute ist kein einziges seiner Opfer gefunden worden.

Gary Heidnick – nenn' mich Papa

Im März 1987 ruft eine Frau bei der Polizei in Philadelphia an und behauptet, sie sei mehrere Monate in einem Haus im Keller als Sexsklavin gehalten worden. Sie sagt auch, dass immer noch drei Frauen dort gefangen seien. Als die Polizei zu diesem Haus fährt und Nachschau hält, ist sofort klar, dass etwas nicht stimmt. Die Wände sind mit Geldscheinen und Münzen zugeklebt, auf dem Herd in der Küche liegen menschliche Überreste, im Kühlschrank findet sich ein Arm.

Im Keller stoßen die Polizisten schließlich auf die von der Frau am Telefon erwähnte Folterkammer.

Gary Heidnick, ein selbst ernannter Prediger mit hoher Intelligenz, hat insgesamt sechs Frauen in seinem Keller gefangen gehalten und über Monate hinweg gefoltert, vergewaltigt und schließlich getötet. Sein Ziel war es, diese Frauen zu schwängern und so eine große Kirchengemeinde zu gründen. Er wollte Menschen um sich haben, die zu ihm aufsehen, ihn lieben, ihm gehorchen und loyal sind zu „Papa Heidnick".

Geboren in Cleveland hat Gary keine schöne Kindheit. Sein Vater ist gewalttätig, trinkt und verprügelt seinen Sohn häufig. Wenn dieser ins Bett macht, hängt er das Leintuch aus dem Fenster, sodass es alle sehen können. Gehorcht Gary nicht oder weint er zu viel, hängt ihn sein Vater kopfüber aus dem Fenster.

Als ob das nicht schon genug wäre, erleidet Gary im Alter von sechs Jahren eine Gehirnverletzung, als er beim Spielen von einem Baum fällt. Sein Verhalten verändert sich von da an auffällig. Seine vorher heiß geliebten Haustiere quält er nun. Es ist anzunehmen, dass er auch an Wahnvorstellungen leidet, zumindest sagt er das nach seiner Verhaftung. Als er älter ist, gründet er eine Kirche, ernennt sich zum Bischof und hält Messen. Dies habe ihm die Stimme Gottes befohlen.

Die Frauen, die er in seinem Keller gefangen hält, müssen Unglaubliches erleiden. Sie sind angekettet und er durchsticht ihnen die Trommelfelle, damit sie sich nicht miteinander verständigen können. Immer wieder spielt er laute Musik, damit niemand ihre Schreie hört. Er schlägt und vergewaltigt sie, hetzt sie gegeneinander auf, verpasst ihnen Elektroschocks. Als eine der Frauen stirbt, vermischt er ihre Überreste mit Hundefutter und gibt dieses den anderen Frauen zu essen.

Gary Heidnick ist ein Sadist, der sich über Monate an der Folter dieser Frauen berauscht hat. Nach seiner Festnahme wird er wegen zweifachen Mordes zum Tode verurteilt und am 6. Juli 1999 hingerichtet.

Formel für Psychopathen?

70% der von Dr. Stone untersuchten Mörder bezeichnet dieser als sadistisch. Je höher er auf seiner Skala geht, desto höher ist der Anteil der sadistischen Täter. Betrachtet man nur die Stufen 19 bis 22 der Skala, sind es sogar 81%. Ab der Kategorie 16 sind die meisten Täter als Psychopathen einzustufen, sodass man diese Gruppe als sadistische Psychopathen charakterisieren kann, von denen wiederum die meisten Serientäter sind.

Für Dr. Stone ist David Parker Ray einer der schlimmsten Serientäter. Nicht nur aufgrund seines ausgeprägten Sadismus, auch weil er genaue Aufzeichnungen über die ausgeübten Misshandlungen gemacht hat. Er hat sich Folterinstrumente ausgedacht, seine unglaublichen Fantasien ausgelebt und es trotzdem über Jahrzehnte geschafft, nicht entdeckt und verhaftet zu werden. Dr. Jekyll und Mr. Hyde – ein netter, sozial relativ kompetenter Mann auf der einen Seite, ein grausamer und sadistischer Folterer und Mörder auf der anderen.

In der Literatur und auch in der Forschung findet sich immer wieder folgende „Formel":

Misshandlung + Hirnschaden + psychische Krankheit = Mörder?

Also prügelnde Eltern und eine womöglich sogar dadurch verursachte Hirnverletzung, dazu noch eine kleine Persönlichkeitsstörung und fertig ist der Mörder?

Allerdings ist diese „Formel" nicht ohne Grund mit einem Fragezeichen versehen. Wieso wird jemand zu einem

Mörder, zu einer Sadistin, zu einem Psychopathen? Weil es widrige Umstände erlaubten, weil es keine guten, keine korrigierenden Erfahrungen im Leben gab, weil niemand da war, der helfend eingegriffen hätte.

Es stellen sich im Zusammenhang mit diesen bizarren Taten drei Fragen.

Kann man überhaupt herausfinden, warum Menschen zu solchen extremen Tätern werden? Nun, Forscher und Wissenschafter wie Michael Stone und Robert Hare tun es tagtäglich. Sie führen lange Gespräche mit inhaftierten Tätern, um so die wahren Ursachen herauszufinden. Doch es gibt keine allgemein gültigen für alle passenden Erklärungen.

Kann man verstehen, warum Menschen sich in so grausame Richtung entwickeln? Ja, ich denke, man kann es bis zu einem gewissen Grad nachvollziehen. Wenn ich jahrelang zu Hause gequält, misshandelt und vernachlässigt werde, entstehen Gefühle von Wut und Hass und es kommt das Bedürfnis nach Rache auf. Sind die, an denen ich mich eigentlich rächen will, nicht verfügbar, trifft es eben andere.

Zuletzt noch die Frage: Will man verstehen, wie es so weit kommen kann? Ich denke, die Gesellschaft muss es verstehen wollen und muss sich damit auseinandersetzen, um es zukünftig verhindern zu können.

Abgesehen von den oben genannten Faktoren gibt es noch weitere, die das Risiko erhöhen, zu einem Gewalttäter zu werden. Das Fehlen einer männlichen Bezugsperson, meist des Vaters, Vernachlässigung durch die Mutter, sexueller Missbrauch in der Kindheit, ein niedriger sozioökonomischer Status etc.

Aber es gibt keinen einzigen Faktor, den man bei allen sexuellen Sadisten gefunden hat. Es gibt auch keinen Faktor, dessen Vorliegen es zu 100% verhindert, ein sexueller Sadist zu werden.

Sowohl bei David Parker Ray als auch bei Gary Heidnick finden sich aber gehäuft einige der Risikofaktoren – Misshandlung, gewalttätige Väter, vernachlässigende Mütter, Alkoholmissbrauch. Auch von einer psychischen Störung im Sinne einer Psychopathie ist auszugehen.

Doch diese Faktoren treffen genauso bei unzähligen anderen Menschen zu, die keine Mörder werden. Warum das so ist, wird auch in den nächsten Jahrzehnten Gegenstand der Forschung sein.

Fragen Sie sich vielleicht, ab wann es denn für uns „Normale" gefährlich werden könnte, ab wann Sie sich Sorgen machen müssen, dass Ihre dunklen Wünsche Sie auf einen gefährlichen Weg führen, liebe Leserinnen und Leser?

Wenn Sie unbändige Schadenfreude verspüren, weil der „blöden Kuh" aus dem Büro nebenan, die sich beim Chef immer so einschleimt, der Stöckel vom Schuh abbricht? Nein, sicher nicht! Zumindest, solange Sie nicht selbst am Stöckel gesägt haben, das wäre bedenklich.

Wenn Sie im Schlafzimmer gerne einmal die Handschellen auspacken? Nein, auch dann gibt es keinen Grund zur Sorge, solange alles, was Sie und Ihre Partnerin oder Ihr Partner tun, auf beiden Seiten freiwillig ist.

Gefährlich wird es dann, wenn einer leidet, Schmerzen hat und das alles nicht will. Und wenn Sie trotzdem nicht damit aufhören können, weil Sie merken, dass es Ihnen Spaß und Erregung bringt.

Es ist keine Katastrophe für die Entwicklung eines Kindes, wenn es einmal Ameisen mit Sonne und Lupe verbrennt. Oder einer Fliege die Flügel ausreißt. Viele Dinge tun Kinder nun einmal, um sich, ihre Umwelt und Mitmenschen auszutesten, um zu lernen und auch um Fehler zu machen. Steinigt Ihr Kind Katzen, legt es Feuer, lügt es den ganzen Tag, dann wird es schon brenzliger und Sie sollten genauer hinsehen.

Macht es mit sieben oder acht Jahren noch ins Bett? Ja?

Das kann organisch sein oder stressbedingt. Vergessen Sie nicht, dass schon Volksschulkinder enormem Stress und Druck in der Schule ausgesetzt sind. Vielleicht leidet das Kind unter der Trennung der Eltern? All das kann Bettnässen auslösen. In Kombination mit Brandstiftung und Tierquälerei *kann* es, *muss* aber kein Alarmsignal sein. In der Literatur spricht man hier von einer „Triade des Verhaltens". Michael Stone hat unzählige Serientäter interviewt und festgestellt, dass einer von zwanzig diese Triade aufweist. Andere zeigten in der Kindheit nur zwei der Verhaltensweisen, wieder andere nur eine. Die Wissenschaft ist sich nur in dem Punkt einig, nämlich dass die Triade ein Alarmsignal für ein erhöhtes Gewaltrisiko sein kann, es aber nicht sein muss.

Also, liebe Leserinnen und Leser, hundertprozentige Antworten gibt es nicht. Aber es kann nie schaden, aufmerksam zu sein, seinem Kind Zeit, Zuwendung und Liebe zu schenken. Den Nachbarn einmal zu fragen, wie es ihm geht, die Jugendlichen vor dem Haus nicht immer gleich anzuschreien, sondern sie auch toben zu lassen. Nur wer mit offenen Augen durchs Leben geht, kann Veränderungen jeglicher Art erkennen und sein Handeln daran ausrichten!

IV. Täter und Opfer

13. Kann man Gewalttäter behandeln?

Wie im Kapitel „Therapie oder nicht Therapie" schon kurz erwähnt gibt es natürlich Therapien und besonders geeignete Therapieformen für Gewalttäter. Ist jemand im Maßnahmenvollzug (oder im Maßregelvollzug, wie es in Deutschland heißt) untergebracht, kommt er einer Behandlung eigentlich nicht aus, denn ohne Therapie gibt es kaum eine Chance auf Entlassung. Strafgefangene, die nach Ablauf der verhängten Freiheitsstrafe ohnehin nach Hause gehen, kann man natürlich nicht zwingen eine Therapie zu absolvieren. Nichtsdestotrotz gibt es in österreichischen Gefängnissen eine Vielzahl an Therapieangeboten.

Häufig ist eine Basisgruppe der Einstieg. Es handelt sich hier um eine Gruppe, in der ganz basale Informationen über den (Maßnahmen-)Vollzug besprochen werden. Dies sind rechtliche Informationen (z.B. zur bedingten Entlassung) bzw. Informationen darüber, wer wofür zuständig ist in der Anstalt oder welche Therapieangebote es gibt.

Parallel dazu gibt es die Angebote der Ergotherapie oder der Sonder- und Heilpädagogik.

„Ergo" kommt aus dem Griechischen und bedeutet so viel wie Werk oder Arbeit. In der Ergotherapie, sowohl in der Forensik als auch in anderen Settings, geht es also darum, etwas herzustellen bzw. konkrete Tätigkeiten auszuführen. Unterschieden werden verschiedene Tätigkeitsbereiche. Zum einen Selbstversorgung – die Klienten lernen sich wieder selbstständig anzuziehen, sich generell zu pflegen. Sie lernen in Kochgruppen gemeinsam zu planen, was sie gerne essen möchten, sie schreiben einen Einkaufszettel, sie gehen eventuell mit Betreuerinnen einkaufen und bereiten das Essen in der Gruppe zu. Dies alles mag sehr banal erscheinen, aber es gibt sehr viele Klienten, die damit Probleme haben. Sei es aufgrund einer psychischen Erkrankung, wir erinnern uns an die Symptome der Schizophrenie, sei es aufgrund einer jahrelangen Haftstrafe, während der die Häftlinge gewisse Dinge, wie zum Beispiel Einkaufen und Kochen, ganz einfach verlernen, weil sie das in der Haft ohnehin nicht brauchen.

Ein weiterer Bereich, mit dem sich die Ergotherapie beschäftigt, ist die Freizeit. Die Tage sollen strukturiert werden durch sinnvolle Tätigkeiten, wobei auch der Spaß nicht zu kurz kommen soll.

Als dritten Teilbereich gibt es die Produktivität. Hier geht es um Alltägliches wie Sauberkeit und Putzen, aber ebenso um tatsächliches Arbeiten und das Herstellen von Dingen wie Vasen, Aschenbechern, Bilderrahmen, Fotoalben, Seidentüchern etc.

Ziel der Ergotherapie ist es, durch Verbesserung, Widerherstellung oder Kompensation der beeinträchtigten Fähigkeiten wieder zu einem zufriedenstellenden alltäglichen und soziokulturellen Leben zu finden. Der Zugang zum Klienten oder zur Klientin wird über die verschiedenen Werkmaterialien gefunden, wobei auf jeden Einzelnen eingegangen und das Therapieprogramm auf ihn oder sie abgestimmt wird.

All das mit dem langfristigen Ziel, einen Menschen wieder dazu zu befähigen, selbstständig, in Freiheit und vor allem ohne Konflikte mit dem Gesetz zu leben.

Die Sonder- und Heilpädagogik beschäftigt sich im Allgemeinen mit Menschen, die einen besonderen Förderbedarf aufweisen. Wir kennen das aus dem Kindergarten oder aus der Schule. Das Wort „Heil" meint hier aber nicht das Heilen im medizinischen Sinn. Es kommt vom griechischen

„holos" und bedeutet „ganz". Ziel der Sonder- und Heilpädagogik ist es also, die Menschen ganzheitlich zu betrachten und zu behandeln, mit dem Ziel, sie wieder in die Gesellschaft und in ein normales Leben, so weit das möglich ist, zu integrieren.

In der Sonder- und Heilpädagogik wird viel handwerklich gearbeitet, mit den verschiedensten Materialien. Holz, Glas, Papier. Es wird Schmuck hergestellt, aber es werden ebenso Alltagsgegenstände fabriziert. Jeder Klient kann für sich herausfinden und entscheiden, welche Tätigkeiten ihm liegen und Spaß machen.

Ziel ist es, Menschen zu helfen, wieder Beziehungen aufzunehmen, verantwortlich zu handeln und selbstständig Aufgaben zu übernehmen.

Durch das Arbeiten in Gruppen, so passiert Sonder- und Heilpädagogik häufig, lernen die Klientinnen und Klienten einen normalen Umgang miteinander. Vielen ist es aufgrund ihrer früheren Erfahrungen nicht möglich, nach etwas zu fragen. Braucht jemand beispielsweise den roten Stift, nimmt er ihn einfach – und wenn es sein muss, eben einem anderen aus der Hand. Dies mag sehr trivial klingen, aber was geschieht, wenn jemand das in einem Geschäft macht oder einer anderen Person am Bankomat einfach die Geldbörse abnimmt, weil er Geld braucht? Ganz genau: Es ist eine Straftat und bedeutet einen Konflikt mit dem Gesetz. Und diese sollen nach einer allfälligen Entlassung tunlichst verhindert werden.

Auch einen sozialen Dienst gibt es in jeder Anstalt. Ausgebildete Sozialarbeiterinnen sind per Gesetz dazu angehalten, die Strafgefangenen anzuleiten, den Kontakt zu ihren Angehörigen zu pflegen und ihr Vermögen zu verwalten. Des Weiteren haben sie die Insassen im Hinblick auf eine Entlassung zu unterstützen – wo wird jemand wohnen, wo kann er arbeiten?

In der Praxis haben Sozialarbeiter allerdings noch einiges mehr zu tun. Sie arbeiten ebenso therapeutisch im Einzel- und Gruppensetting und leisten sehr viel Beziehungsarbeit.

In Bezug auf eine spätere Entlassung nehmen sie Kontakt mit eventuellen späteren Arbeit- und Quartiergebern, mit Behörden und auch Bezugspersonen der Patientinnen und Patienten auf, die zu einem späteren Zeitpunkt unterstützend zur Seite stehen können.

Zusätzlich zur Arbeit mit den Menschen darf natürlich die Administration nicht vergessen werden. Alles muss im Sinne einer qualitätsvollen Arbeit dokumentiert werden, man sitzt also auch viel in Besprechungen und Teams. Dies gilt selbstverständlich nicht nur für Sozialarbeiter, sondern für alle Berufsgruppen im Strafvollzug.

Die, von denen man diese Einzel- und Gruppenangebote eher erwartet, sind ja eigentlich die Psychologinnen, zu denen auch ich gehöre. Beziehungsarbeit, Krisenprävention und -intervention, Deliktbearbeitung, Krankheitseinsicht, Leistungs- und Persönlichkeitsdiagnostik, Empathietraining, soziales Kompetenztraining, Deliktgruppen. All das und noch viel mehr leisten Psychologen im Strafvollzug.

Meine Arbeit sieht in der Praxis so aus, dass ich mit den Patienten im Einzel- und Gruppensetting arbeite. Wie schon an anderer Stelle ausführlicher beschrieben, geht es in den Einzelgesprächen um Beziehungsaufbau, Krankheitseinsicht, Deliktbearbeitung und Stabilisierung. An manchen Tagen darf aber auch einfach nur getratscht werden, es müssen nicht immer schwerwiegende Probleme gewälzt werden. Es darf gelacht und gescherzt werden. Dies schafft die nötige vertrauensvolle Basis, auf der später wieder an belastenden und vielleicht Angst machenden Dingen gearbeitet werden kann.

Im Gruppensetting geht es neben den jeweiligen Themen auch immer um Soziales. Andere ausreden lassen, niemanden beschimpfen, Gefühle benennen und vor anderen ausdrücken, die Meinung anderer akzeptieren, Fähigkeiten, die ebenso von uns „Normalen" erwartet werden. All das sind Dinge, die ein Klient in Freiheit wieder brauchen wird, um gut über die Runden zu kommen. Die Aufgabe der Psychologinnen ist es, adäquate Lernangebote und Therapiemöglichkeiten zur Verfügung zu stellen.

Auch die Ärztinnen und Ärzte, Krankenschwestern und -pfleger gehören zum Behandlungspersonal, wobei diese Berufsgruppen in den Sonderanstalten des Maßnahmenvollzuges einen besonderen Stellenwert haben. Abgesehen von den üblichen medizinisch-psychiatrischen Aufgaben leiten die Ärzte im Maßnahmenvollzug auch noch Gruppen, wie die psycho-edukative Gruppe, in der es um Krankheitsverständnis und -einsicht geht.

Last but not least möchte ich hier noch die Berufsgruppe erwähnt wissen, ohne die all die anderen meiner Meinung nach ihre Arbeit gar nicht machen könnten – die Justizwache. Ohne die Beamtinnen und Beamten, die tagtäglich an der Front sind und die für die Sicherheit im Haus und der Mitarbeiterinnen sorgen, wäre all das oben Erwähnte nicht möglich. Sie stellen wichtige und oft unterschätzte Bezugspersonen und positive Rollenvorbilder für Insassen dar!

Ziel all dieser Bemühungen im Straf- und Maßnahmenvollzug ist es einerseits natürlich, die Insassen zu resozialisieren. „Der Vollzug der Freiheitsstrafen soll den Verurteilten zu einer rechtschaffenen und den Erfordernissen des Gemeinschaftslebens angepassten Lebenseinstellung verhelfen und sie abhalten, schädlichen Neigungen nachzugehen. Der Vollzug soll außerdem den Unwert des der Verurteilung zugrunde liegenden Verhaltens aufzeigen." So steht es in § 20 des Strafvollzugsgesetzes.

Andererseits sollen sie auch die Betreuung, Behandlung und Therapie erhalten, die sie brauchen, um nach der Entlassung eben nicht mehr den schädlichen Neigungen nachzugehen, sprich um nicht mehr rückfällig zu werden.

Ein spezielles Therapieprogramm für Sexualstraftäter ist zum Beispiel das SOTP, das Sex Offender Treatment Program. In England und Wales wird es derzeit in 25 Gefängnissen angewendet, zwischen 650 und 700 Insassen profitieren davon. In einem ersten Schritt werden die potenziellen Teilnehmer einer Erstuntersuchung unterzogen, die aus verschiedenen Tests und Interviews besteht. So soll überprüft werden, ob die Person für das Programm geeignet ist und auch davon profitieren kann. Danach folgt ein Kernprogramm, in dem es darum geht, Verleugnung und Bagatellisieren aufseiten des Täters zu reduzieren. Sehr häufig werden die Tat selbst, die Verletzungen und Folgen für das Opfer heruntergespielt. Die Frau sei doch „nur gestoßen" worden, das sei doch wirklich nicht so schlimm gewesen. Den Sex habe sie auch gewollt, dass sie nun aufgrund der inneren Verletzungen keine Kinder mehr bekommen könne, sei blöd. Aber sie könne doch welche adoptieren.

Auch Verständnis und Empathie für das Opfer sollen in diesem Teil des Programms gefördert werden. Als abschließender Teil wird ein Rückfallverhinderungsplan erstellt. Dieser Teil der Therapie umfasst 180 Stunden.

Es gibt darüber hinaus ein adaptiertes Kernprogramm, welches sich speziell an Straftäter mit einem IQ unter 80 richtet. Es geht dabei nicht so sehr um Empathietraining, sondern mehr um das Erlernen von praktischen Alltagsfähigkeiten und Strategien zur Rückfallvermeidung.

Hat jemand das Kernprogramm absolviert, benötigt aber aufgrund seiner Gefährlichkeit oder Störung noch weitere Behandlung, so gibt es das erweiterte Kernprogramm. Hier ist auf kognitiver, also intellektueller, Ebene schon einiges gefordert. Es sollen dysfunktionale Denkmuster identifiziert und wenn möglich auch verändert werden. Sexualstraftäter sind oft der Meinung, dass Frauen Ja meinen, wenn sie Nein sagen. Und dass kurze Röcke eine absolute Aufforderung zum Sex seien. Diese Denkmuster müssen identifiziert und aufgebrochen werden, um in der Folge das Verhalten und schließlich Rückfälle zu verhindern.

Weiters geht es darum, mit seinen Emotionen besser umgehen zu können, das Verhalten in intimen Beziehungen zu ändern, und auch darum, abweichende Fantasien und sexuelle Verhaltensweisen anzusprechen. Man darf nicht vergessen, dass es schon einer gewissen Stärke bedarf, sich selbst einzugestehen, dass man ein Vergewaltiger, Missbraucher oder eine Mörderin ist. Zu guter Letzt geht es darum, all das nun Genannte so zu begreifen und zu verstehen, dass man die Zusammenhänge mit dem kriminellen Verhalten und seinen Straftaten erkennen kann. Dieser Teil des Programms umfasst 140 Stunden Gruppentherapie und 30 Stunden Einzeltherapie, es wird aber außerdem an die individuellen Bedürfnisse des jeweiligen Straftäters angepasst.

Für jene Insassen, deren Kernprogramm schon längere Zeit her ist, die aber nun vor einer Entlassung stehen, gibt es noch das sogenannte Booster Program, also eine Auffrischung. Das Gelernte wird wiederholt, wobei besonderes Augenmerk auf den Rückfallverhinderungsplan gelegt wird. Es wird in 50 Stunden im Gruppensetting durchgeführt.

SOTP ist ein Therapieprogramm, das auf kognitiv-verhaltenstheoretischen Annahmen basiert. Was das ist, haben wir in einem anderen Kapitel bereits erfahren. Es handelt sich um eine Therapiemethode, die abweichende Denkprozesse identifiziert (Frauen mit kurzen Röcken wollen Sex), diese durcharbeitet und korrigiert. Dieses Konzept hat sich Untersuchungen zufolge als das Wirksamste gegen Rückfälle erwiesen.

In England und Wales werden die Gruppen von Menschen geleitet, die aus den verschiedensten Professionen kommen. Sie werden vorher sorgfältig ausgewählt und dann zu einem nationalen Training geschickt, wo sie die nötige Qualifizierung erwerben. Es sind hier also nicht notwendigerweise Therapeutinnen oder Psychologen am Werk, sondern die Leute, die am geeignetsten sind. Außerdem gibt es ein Manual, mit dem alle Gruppenleiter im Land arbeiten und das sehr genau zu befolgen ist. So kann die Kontinuität und auch objektive Überprüfbarkeit des Programms gewährleistet werden. Den Gruppenleiterinnen steht regelmäßige Supervision zur Verfügung, diese ist sogar verpflichtend. Das ist auch das Um und Auf, um in so einem Arbeitsumfeld mit oft sehr schwierigen Klientinnen und Klienten über die Zeit professionell und kompetent arbeiten zu können.

Das SOTP wird auch in österreichischen und deutschen Gefängnissen angewendet. Leider gibt es in der Fachliteratur noch kaum gesicherte Studien und Ergebnisse, was Rückfallszahlen betrifft. Dies liegt zum einen daran, dass viele Untersuchungen verschiedene Definitionen von Rückfall haben (einschlägiger versus allgemeiner Rückfall), zum anderen daran, dass es keine Kontrollstudien gibt, um die wirkliche Senkung des Rückfallsrisikos bzw. der tatsächlichen Rückfälle überprüfen zu können. In den wenigen Untersuchungen, die es gibt, lassen sich aber dennoch günstige Behandlungseffekte nachweisen, sodass man sagen kann, dass eine Behandlung von Sexualstraftätern auf jeden Fall angezeigt ist.

Wir haben uns bisher recht ausführlich mit den verschiedensten Therapieangeboten in den Haft- und Sonderanstalten beschäftigt. Nun wollen wir uns noch ein wenig genauer anschauen, was passiert, wenn jemand wieder in die Freiheit entlassen wird. Wie schon an anderer Stelle erwähnt, werden die Leute ja nicht einfach mit guten Wünschen und ihrem Koffer in der Hand auf die Straße gestellt. Einer Entlassung gehen umfangreiche Vorbereitungsmaßnahmen voraus, zu denen auch das Organisieren ambulanter (psycho)therapeutischer Behandlung gehört – ein unumstößlicher Faktor in der Verhinderung weiterer Straftaten und Rückfälle.

In Wien bietet zum Beispiel das Forensisch Therapeutische Zentrum Menschen Hilfe an, die bereits straffällig geworden oder gefährdet sind Straftaten zu begehen, mit dem klaren Ziel, weitere Straffälligkeit zu verhindern. Angewandt werden psychotherapeutische, psychiatrische, psychologische und sozialarbeiterische Methoden. Spezialisiert hat sich das Zentrum auf Menschen mit psychischen Störungen, die forensisch-rechtlich relevant sind. Also Menschen, die zum Beispiel bereits einmal nach § 21 Abs 2 verurteilt worden sind. Forensisch-therapeutische Zentren gibt es auch in den Bundesländern.

Ein sehr umfassendes Angebot bietet außerdem die Männerberatung Wien. Es handelt sich um eine Beratungsstelle, die sich ganz allgemein mit den verschiedensten Problemen von Männern befasst (Trennungen, Lebenskrisen etc.), die sich aber auch auf forensische Klientel spezialisiert hat. In Einzel- und Gruppensettings (sowohl in Anstalten als auch ambulant) werden Therapieprogramme angeboten für Sexualstraftäter, für Gewalttäter, für Jugendliche und für Maßnahmepatienten und sie sind nur ein Auszug aus dem vielfältigen Angebot. Auch Männerberatungsstellen gibt es in ganz Österreich.

Das „Wiener Anti-Gewalt-Programm: ein opferorientiertes Täterprogramm" wird von der Wiener Interventionsstelle gegen Gewalt in der Familie in Zusammenarbeit mit der Männerberatung angeboten. Zielgruppen sind einerseits gewalttätige Männer, aber auch deren von der Gewalt betroffene Frauen und Kinder. Ziel des Programms ist es, gewalttätiges Verhalten zu verändern bzw. zu beseitigen und gewaltfreie Arten der Kommunikation und des Zusammenlebens zu erlernen. Am Ende soll eine verbesserte Lebensqualität für alle stehen. Basierend auf einer umfangreichen Diagnostik wird im Gruppensetting gearbeitet. Einzelsettings sind aber ebenso möglich. Zuweisungen kommen von der Justiz oder vom Jugendamt, viele Menschen nehmen auch freiwillig die Angebote in Anspruch. Ich wiederhole mich nun, aber in diesem Fall mache ich das gerne, auch Interventionsstellen gibt es in ganz Österreich.

Sie erinnern sich an Archibald McCafferty aus Kapitel I? Er tötete drei Menschen, um seinen kurz zuvor im Alter von sechs Wochen verstorbenen Sohn wieder zum Leben zu erwecken. Auch wenn sein privates Glück nicht von Dauer war, so möchte ich hier doch ein paar Punkte anführen, die zeigen, dass sich Menschen ändern können. Archie hat ohne Zweifel viel Leid verursacht, er hat drei Menschen ermordet, er hat seine erste Frau schlecht behandelt, er hat seinen eigenen Eltern viele Sorgen bereitet.

Aber trotz all dieser negativen Dinge, trotz 25 Jahren im Gefängnis, hat er es geschafft, sein Leben doch noch zu verändern und in den Griff zu bekommen. Er hat die Fähigkeit, eine lange und stabile Partnerschaft zu führen. Seine Jahre mit Amanda zeigen das.

Selbst wenn es nur wenige Wochen waren, trägt Archie doch die Fähigkeiten in sich, ein guter und liebender Vater zu sein.

In den Jahren davor, auch wenn es schlechte waren, konnte Archie aber um Hilfe bitten. Er erkannte, dass er psychiatrischen Beistand brauchte, und wies sich selbst in ein Krankenhaus ein.

Archibald McCafferty hatte eine intakte Familie. Trotz der Verhaltensauffälligkeiten, die er als Kind zeigte, und obwohl sein Vater sehr streng und vielleicht manchmal gewalttätig war, wurden Archie doch Grundregeln des Zusammenlebens und ein Gewissen beigebracht. Auch wenn das alles erst gut dreißig Jahre später zur Wirkung kam.

Die Hetzjagd durch die Medien, die sogar zum Scheitern seiner Ehe beigetragen hat, machte es ihm nicht leicht. Aber Archie hat es geschafft und lebt, wie schon in Kapitel I erwähnt, seit vielen Jahren unauffällig in seiner Heimatstadt.

14. Die Opfer nicht vergessen!

"Vergeben ist das Aufgeben der Hoffnung auf eine bessere Zukunft – für die Opfer und Hinterbliebenen." (Ein Gefängnisseelsorger)

Wir haben nun viel darüber gelesen, warum und auf welche Art jemand foltert, quält und mordet. Ich möchte meine Ausführungen dazu, wie auch einleitend erwähnt, als Erklärungen verstanden wissen, nicht als Entschuldigungen. Wissenschaftliche Erkenntnisse und die Forschung, die auf diesem Gebiet passiert, genauso wie die Therapien und Behandlungen, tragen dazu bei, Taten und somit auch weitere Opfer zu verhindern.

Über all die Täter und das Warum und Weshalb darf man aber eben jene Opfer nicht vergessen: die Überlebenden eines Gewaltverbrechens, die Tag für Tag mit ihren Erfahrungen und eventuellen Folgeschäden leben müssen, die Angehörigen, die jemanden durch ein Gewaltverbrechen verloren haben. Ihre Verluste sind kaum nachzuvollziehen und es mag wie Hohn klingen, wenn die Täter in der Haft Therapie und Behandlung auf Steuerkosten erhalten.

Gleichgültig ob Überlebende oder Angehörige, Opfer sind traumatisiert und sie brauchen Hilfe, Unterstützung, Verständnis und Therapie.

Sehr häufig leiden Opfer an einer sogenannten Posttraumatischen Belastungsstörung. Sie drückt sich durch erhöhte Reizbarkeit und Ängstlichkeit aus, durch Flashbacks, nicht kontrollierbare Erinnerungen, Schlafstörungen, Aggressionen und vieles mehr.

Um verständlicher zu machen, was es heißt, an Flashbacks zu leiden, möchte ich Ihnen Hannah vorstellen. Ich lernte sie im Frauenhaus kennen. Sie war eine bildhübsche, gebildete Frau, die in ihrer Heimat als Bankangestellte in höherer Position tätig war. Der Umgang mit Zahlen einerseits und Menschen andererseits machte ihr viel Spaß. Eines Tages wurde sie auf dem Nachhauseweg von einer Gruppe junger Männer überfallen, die sie prügelten, zu Boden stießen und sie traten. Ausgesprochen hat sie es nie, aber wahrscheinlich wurde sie auch vergewaltigt. Sie schrie um Hilfe, aber niemand kam. Im Gegenteil, einige ihrer Arbeitskollegen schauten von den Bürofenstern aus zu!

Während meiner Arbeit mit ihr erzählt mir Hannah immer wieder, dass es ihr nach dem Haarewaschen so schlecht gehe. Sie wolle sich die Haare schon gar nicht mehr waschen, da sie nachher immer unkontrolliert weinen müsse und heftige Unterleibsschmerzen bekomme. Gefragt, wie sie sich denn die Haare wasche, sagt sie, dass sich auf den Boden vor die Wanne hinknie, den Kopf über die Wanne halte und sich so wasche. Ich frage Hannah dann, ob sie sich erinnern könne, während des Überfalls in so einer Position gewesen zu sein. Hinzufügen möchte ich hier, dass ich sehr lange mit Hannah gearbeitet habe, unsere Beziehung war also stabil und tragfähig, was eine wichtige Voraussetzung dafür ist, solche Themen anzusprechen.

Zuerst sagte sie ganz empört Nein, dann verstummte sie einige Minuten, um danach zu sagen: „Doch, ich musste vor ihnen knien und sie beschimpften mich und traten mich in den Bauch."

Ausgelöst durch die Körperhaltung (solche Auslöser bezeichnet man auch als Trigger) wurden bei Hannah unkontrollierbare Erinnerungen an ihr Trauma ausgelöst. Bildfetzen, Gerüche, Geräusche, all das kann als Flashback auftauchen. Und es macht wahnsinnige Angst. Weil man es eben nicht kontrollieren kann, weil man nicht weiß, wann es kommt, und weil man glaubt völlig verrückt zu werden.

Hannahs Weinen und die Unterleibsschmerzen ließen nach, nachdem sie herausgefunden hatte, was beim Haarewaschen passiert war und nachdem sie sich immer wieder bewusst gemacht hat, dass die schreckliche Situation vorbei und sie in Sicherheit ist.

Häufig flüchten sich Betroffene in Alkohol oder Drogen, weil sie ihren psychischen Zustand einerseits oft nicht verstehen, andererseits irgendwann einfach nicht mehr aushalten.

In meiner Zeit als Psychologin im Asylbereich habe ich oft die Frage gestellt bekommen: „Warum geht es mir jetzt so schlecht? Jetzt bin ich doch hier in Österreich und in Sicherheit."

Während des traumatischen Erlebnisses selbst ist man mit Überleben beschäftigt. Die psychischen Folgen zeigen sich meist erst, wenn man eigentlich schon in Sicherheit ist. Und das verwirrt und macht Angst. Angst davor, verrückt geworden zu sein, sein Leben nicht mehr in den Griff zu bekommen. Aber erst wenn die basalen menschlichen Bedürfnisse (wieder) befriedigt sind, Nahrung, ein Dach über dem Kopf, beginnt die Seele zu arbeiten und versucht das Erlebte zu integrieren. Oft auf seltsame Weise.

Nicht nur Folter oder andere Verbrechen können traumatisieren. Auch verhältnismäßig harmlose Vorfälle, wie ein kleiner Autounfall, können psychische Folgen haben.

Erleben wir eine traumatische Situation, einen Raubüberfall oder eine Vergewaltigung, einen Banküberfall, so ist nachher nichts mehr so, wie es vorher war. Unsere Welt steht Kopf, wir haben die Kontrolle verloren. Prinzipiell geht der Mensch erstens davon aus, dass er die Geschehnisse um sich herum kontrollieren, beeinflussen und auch verstehen kann. Zweitens nehmen wir an, dass andere uns nichts Böses wollen. Und drittens glauben wir an unsere eigene Unverletzlichkeit, uns passiert schon nichts. Ja, und plötzlich passiert doch etwas. Krieg, ein Überfall, eine Lawine, eine Überflutung, eine Vergewaltigung. Im Gehirn kann das Geschehene nicht richtig verarbeitet werden. Die Situation kann nicht in ihrer Gesamtheit erfasst werden, es werden nur einzelne Fragmente abgespeichert, die sich immer wieder melden. Ein bestimmter Geruch, ein Geräusch, das Aussehen einer anderen Person, eine Uniform – all das können Trigger sein, die unkontrolliert Erinnerungen an das Trauma auslösen. Das Ereignis bricht mit voller Wucht und allen Sinneseindrücken über einen herein.

Natürlich gibt es Unterschiede in der Verarbeitung, dies hängt immer von der Person ab, die ein traumatisches Erlebnis hatte. Was den einen völlig aus der Bahn wirft, berührt die andere eher weniger. Trotzdem braucht es in den meisten Fällen professionelle Hilfe, um so ein Erlebnis verarbeiten zu können.

Die Angehörigen eines Verbrechensopfers müssen mit einem Verlust umgehen, für den es keine Wiedergutmachung gibt. Unendliche Trauer, unzählige unbeantwortete Fragen: Hat mein Kind gelitten, war es gleich tot, hat es Schmerzen gehabt, was hat es zuletzt gedacht? Die Frage, ob man etwas hätte tun können, um das Verbrechen zu verhindern. Es gab keine Möglichkeit, sich zu verabschieden, viele Dinge, die man vielleicht noch gern gesagt oder geklärt hätte, diese Chance wurde einem durch den Täter genommen. An solchen Schicksalsschlägen zerbrechen Familien. Auch weil jeder anders trauert. Die einen versinken in der Trauer und brauchen sehr lange, um wieder in ihr „altes" Leben zurückzufinden. Andere verarbeiten Verluste mit Arbeit und ständiger Beschäftigung. Vielleicht, um keine Zeit zum Nachdenken zu haben. Wenn sich Partner dann gegenseitig nicht mehr verstehen, kommt es unweigerlich zu Konflikten im ohnehin schon mehr als brüchigen Familiengefüge.

Ein Kind oder einen nahen Verwandten durch ein Tötungsdelikt zu verlieren ist fast unvorstellbar. Dazu kommt der Prozess, in dem alles erneut aufgerollt wird, sofern der Täter oder die Täterin überhaupt gefasst wird.

All das kann eine Zerreißprobe für die Angehörigen und die Familien sein. Und wenn dann auch noch relativ milde Strafen verhängt werden, ist das Drama perfekt.

In Österreich ist der Opferschutz gesetzlich geregelt, und zwar im Verbrechensopfergesetz (VOG). In Deutschland gibt es dazu vergleichbar das Opferentschädigungsgesetz (OEG). Opfer eines Verbrechens haben Anspruch auf Unterstützung, gleichgültig ob die Verletzung des Rechts körperlicher (Mord, Körperverletzung, gefährliche Drohung, Verletzen der sexuellen Identität etc.), ideeller (z.B. Beleidigung) oder materieller (Diebstahl, Sachbeschädigung u.a.) Natur war. Wurde jemand ermordet, so haben auch die Angehörigen Anspruch auf Hilfe und Unterstützung.

Die Unterstützung kann in juristischer, psychologischer oder auch finanzieller Form geschehen. Ebenso werden Notunterkünfte zur Verfügung gestellt. All diese Leistungen erbringen Organisationen im Opferschutzbereich. Zum Beispiel Rechtsberatungsstellen, Interventionsstellen, Frauenberatungsstellen, Frauenhäuser, Frauennotrufe, Kinderschutzstellen, Männerberatungsstellen und sonstige Vereine, von denen einige im Anhang angeführt werden.

Liebe Leserinnen und Leser, unsere gemeinsame Reise durch die Untiefen menschlichen Verhaltens ist hier nun zu Ende. Ich hoffe sehr, Sie haben das eine oder andere Neue gehört, Informationen und Wissen gewonnen und Interessantes erfahren.

Ich hoffe auch, dass Sie angeregt wurden Meinungen und Vorurteile zu überdenken, kritisch zu sein und auch einmal den Mut zu haben, aufzustehen und anders zu sein als die anderen!

V. Anhang

Beratungsstellen

Deserteurs- und Flüchtlingsberatung
http://deserteursberatung.at

Einrichtungen für Kinder in Krisensituationen
DIE BOJE
www.die-boje.at
DIE MÖWE
www.die-moewe.at

Interventionsstellen gegen Gewalt
www.wiener-interventionsstelle.at
KINDER- UND JUGENDANWALTSCHAFT
www.kija.at

Prozessbegleitung
www.prozessbegleitung.co.at

Stalking
www.frauensache.at
www.liebeswahn.de
www.stalking.at
www.stalking-forum.de

Hilfe für Frauen
Verein Autonome Österreichische Frauen-Häuser
www.aoef.at (mit Links zu den verschiedensten Gewaltschutz-
    zentren und Interventionsstellen in ganz Österreich)

Verein Frauenhäuser Wien
www.frauenhauser-wien.at
Weißer Ring
www.weisser-ring.at

Beratung für Folteropfer
HEMAYAT – Beratungszentrum für Folter- und Kriegsüberlebende
www.hemayat.org

Sonstige Hilfestellen
www.gewalt-ist-nie-ok.at
www.haltdergewalt.at
www.maenner.at
www.netzwerk-frauenberatung.at

Quellen

3SAT 9. 9. 2011, Tatort Familie – Gewalt in der Beziehung.
Aamodt, M. (2010). Serial Killers. O. V.
Bäuml, J., Pitschel-Walz, G., Berger, H., Gunia, H., Heinz, A., Juckel, G. (2005). Arbeitsbuch PsychoEdukation bei Schizophrenie (APES). Mit Manual für die Gruppenleitung. Schattauer Stuttgart.
Berner, W., Briken, P., Hill, A. (Hrg.) (2007). Sexualstraftäter behandeln mit Psychotherapie und Medikamenten. Deutscher Ärzte-Verlag Köln.
Bock, T., Buck, D., Esterer, I. (2007). Stimmenreich. Mitteilungen über den Wahnsinn. BALANCE buch + medien verlag Bonn.
Bundesministerium für Familie, Senioren, Frauen und Jugend (2004). Lebenssituation, Sicherheit und Gesundheit von Frauen in Deutschland. Eine repräsentative Studie zu Gewalt gegen Frauen in Deutschland. Zusammenfassung zentraler Studienergebnisse.
Cavelius, A. (2002). Die Zeit der Wölfe. Eine tschetschenische Familie erzählt. Ullstein Berlin.
Davison, G. C., Neale, J. M. (1998). Klinische Psychologie. 5., aktualisierte Auflage. PsychologieVerlagsUnion Weinheim.

Dilling, H. et al (Hrg.) (2005). Internationale Klassifikation psychischer Störungen. ICD-10 Kapitel V (F). Klinisch-diagnostische Leitlinien. 5., durchgesehene und ergänzte Auflage. Verlag Hans Huber Bern Göttingen Toronto Seattle.

Discovery Channel (2006–2008); Puls 4, Februar bis September 2011, Die Skala des Bösen.

Doralt, W. (Hrg.) (2004). Kodex des österreichischen Rechts. Sammlung der österreichischen Bundesgesetze. Strafrecht, 21. Auflage, Stand 1. 2. 2004. LexisNexis Verlag Wien.

Douglas, J. E., Burgess, A. W., Burgess, A. G., Ressler, R. K. (2006). Crime Classification Manual. Second Edition. A standard system for investigating and classifying violent crimes. Jossey-Bass San Francisco.

Ehrlich, A. (2006). Hexen Mörder Henker. Die Kriminalgeschichte Österreichs. Amalthea Wien.

Eidt, M. (2007): Vergleich des 2- und 3-Faktoren-Modells der Psychopathy Checklist-Revised (PCL-R) bei der Rückfallprognose von Straftätern. Dissertation zum Erwerb des Doktorgrades der Medizin an der Medizinischen Fakultät der Ludwig-Maximilians-Universität zu München. URL: http://edoc.ub.uni-muenchen.de/7247/1/Eidt_Matthias.pdf

Finzen, A. (2003). Schizophrenie. Die Krankheit behandeln. 2., korrigierte Auflage. Psychiatrie-Verlag Bonn.

Finzen, A. (2008). Schizophrenie. Die Krankheit verstehen. 8., aktualisierte Auflage. Psychiatrie-Verlag Bonn.

Gangster Girls, Regie: Tina Leisch, 2008

GEOkompakt, Die Grundlagen des Wissens Nr. 25, 2010. Gut und Böse.

Gewaltschutzzentrum OÖ. (2009). Hinter der Fassade. Broschüre zur Ausstellung Gewalt in der Familie. Linz

Hare R. D. (1970). Psychopathy. Theory and Research. John Wiley & Sons Inc.

Hare, R. D. (1993). Without conscience. The disturbing world of the psychopaths among us. Guildford Press New York.

Hermann, J. (2006). Die Narben der Gewalt. Traumatische Erfahrungen verstehen und überwinden. Junfermann Paderborn.

Hoffmann, J. (2006). Stalking. Springer Medizin Verlag Heidelberg.

http://gamestudies.typepad.com
http://info.med.yale.edu/psych/clinics/schizophrenia.html
http://library.thinkquest.org
http://pmooe.at/sitex/index.php/page.222/
http://tierpark.lauftext.de

Huber, M. (1995). Multiple Persönlichkeiten: Überlebende extremer Gewalt. Ein Handbuch: Seelische Zersplitterung nach Gewalt. Junfermann Paderborn.
Huber, M. (2009). Trauma und die Folgen. Trauma und Traumabehandlung Teil 1. 4. Auflage. Junfermann Paderborn.
Huber, M. (2009). Wege der Traumabehandlung. Trauma und Traumabehandlung Teil 2. 4. Auflage. Junfermann Paderborn.
Insel des Terrors – Das Massaker von Utoya, Regie: Tommy Gullikson, RTL 2, 3. 1. 2012.
Jo Goll (2010). Verlorene Ehre. Der Irrweg der Familie Sürücü. Regie: Matthias Deiß.
Kalat, J. W. (2009). Biological Psychology. Wadsworth California, http://books.google.at.
Kette, G. (1991). Haft. Eine sozialpsychologische Analyse. Hogrefe Göttingen.
Kraus, H., Logar, R. (o. J.). Das Wiener Anti-Gewalt-Programm. Ein opferorientiertes Täterprogramm.www.interventionsstelle-wien.at
Kurier
Madeja, M. (2010). Das kleine Buch vom Gehirn. ReisEführer in ein unbekanntes Land. Verlag C. H. Beck oHG München.
Mann, R. E. (o. J.). The Sex Offender Treatment Programme HM Prison Service England & Wales. O. V.
Milgram, S. (1974). Das Milgram-Experiment. Zur Gehorsamkeitsbereitschaft gegenüber Autorität. 16. Auflage 2009. Rowohlt.
Nedopil, N. (2006). Prognosen in der Forensischen Psychiatrie . Ein Handbuch für die Praxis. Pabst Science Publishers Lengerich
ORF 2, 14. 12. 2010, Menschen töten – kreuz & quer.
ORF 2, 27. 1. 2012, Interview mit Mag. Karin Gruber – Winterzeit
Ottomeyer, K., Peltzer, K. (2008). Überleben am Abgrund. Psychotrauma und Menschenrechte. Druckerei Drava Klagenfurt.
Politkovskaja, A. (2006). Tschetschenien. Die Wahrheit über den Krieg. DuMont Köln.
Politkovskaja, A. (2007). In Putins Russland. DuMont Köln.
Reddemann, L. (2009). Eine Reise von 1000 Meilen beginnt mit dem ersten Schritt. Seelische Kräfte entwickeln und fördern. Herder Freiburg.
Reddemann, L. (o. J.). Trauma und Resilienz. www.luise-reddemann.info
Reddemann, L., Dehner-Rau, C. (2008). Trauma. Folgen erkennen, überwinden und an ihnen wachsen. Ein Übungsbuch für Körper und Seele. Trias Stuttgart.
Reemtsma, J. P. (2006). Natur der Gewalt. Vortrag am 33. Deutschen Soziologentag in Kassel, 9. Oktober 2006.

Roder, V., Brenner, H.D., Kienzle, N., Hodel, B. (1997). IPT Integriertes psychologisches Therapieprogramm für schizophrene Patienten. Materialen für die klinische Praxis. 4., überarbeitete Auflage. Psychologie Verlags Union Weinheim.
Salzburger Nachrichten
Schanda, H. (2005). Die Behandlung gewalttätiger psychisch Kranker – eine Spezialaufgabe der forensischen Psychiatrie?. In: Journal für Neurologie, Neurochirurgie und Psychiatrie. Zeitschrift für Erkrankungen des Nervensystems. 6 (4), 14–19. www.kup.at/kup/pdf/5447.pdf
Schanda, H. (2011). Die Behandlung zurechnungsunfähiger geistig abnormer Rechtsbrecher. Vorlesung WS 2011/12. http://strafrecht.univie.ac.at/personal/lehrbeauftragte/hans-schanda/
Steinert, T. (2008). Basiswissen: Umgang mit Gewalt in der Psychiatrie. Psychiatrie Verlag Bonn.
Stompe, T. (2009). Psychopathie – Geschichte und Dimensionen. In: Neuropsychiatrie Band 23, Nr. S1/2009, 3–9.
Stompe, T., Schanda, H. (2009). Schizophrenie, Psychopathie und Delinquenz. In: Neuropsychiatrie Band 23, Nr. S1/2009, 42–47.
Stone, M. H. (2009). The Anatomy of Evil. Prometheus Books New York.
Streit, P. (2010). Jugendkult Gewalt. Was unsere Kinder aggressiv macht. Uebereuter Wien.
Wolter, B. (2005). Resilienzforschung – Das Geheimnis der inneren Stärke. In Systhema 3/2005, 19. Jahrgang, 299–304.
Wong, S., Hare, R. D. (2066). Guidelines for a Psychopathy Treatment Program. MHS Canada.
www.abendblatt.de
www.amnesty.ch
www.aoef.at
www.bmi.gv.at
www.brainworker.ch
www.campus.de
www.deutschland-im-mittelalter.de
www.duden.de
www.ergoaustria.at
www.faz.net
www.frauenhauskoordinierung.de
www.frauensache.at
www.ftzw.at
www.gesetze-im-internet.de
www.help.gv.at
www.houseofhorrors.com
www.if-weinheim.de

www.justiz.gv.at
www.maenner.at
www.nytimes.com
www.psychology48.com
www.ris.bka.gv.at
www.serien-killer.com
www.spiegel.de
www.stalking.at
www.statistik.at
www.stern.de
www.strafvollzug.justiz.gv.at
www.thelucifer-effect.com
www.tz-online.de
www.welt.de
www.wissenschaft-online.de
www.youtube.com, Die Rache der Marianne Bachmeier, Regie: Michael Gramberg (2000).
www.zeit.de
ZDF 6. 12. 2011, 37 Grad Rufmord im Internet – Cybermobbing unter Schülern,
Zehetgruber, C. (2007). Der Ehrenmord in Österreich, Deutschland und der Türkei. Strafrechtliche Fragen eines gesellschaftlichen Phänomens. In: Berliner Online-Beiträge zum Völker- und Verfassungsrecht Nr. 6/2007.
Zimbardo, P. (2008). Der Luzifer-Effekt. Die Macht der Umstände und die Psychologie des Bösen. Spektrum Akademischer Verlag.